本系列教材编写出版得到

山东大学高质量教材项目

资　　助

中国考古学通论系列教材
主 编：白云翔 方 辉

# 旧石器时代考古

李占扬 王 伟 编著

科学出版社
北 京

# 内 容 简 介

旧石器时代是人类经历的最漫长且传奇的时期，旧石器时代考古是研究人类从诞生到进入新石器时代的一门学科。人类起源与演化是科学界高度重视的重大学术问题之一。本教材突出第四纪地质学和年代学在旧石器时代考古中的基础性作用，系统地介绍了早期人类体质特征演化和旧石器文化发展的事例，阐述了第四纪地层划分、环境变化、考古定年研究的理论与方法，增添了新技术和新方法在旧石器时代考古中应用的相关内容。

本教材可供高等院校考古学、文物学和博物馆学专业本科生使用，也可供考古文博从业人员进修选用。

图书在版编目(CIP)数据

旧石器时代考古 / 李占扬，王伟编著 . -- 北京：科学出版社，2025.3.（中国考古学通论系列教材 / 白云翔，方辉主编）. -- ISBN 978-7-03-080953-7

I. K871.11

中国国家版本馆 CIP 数据核字第 2024SK1623 号

责任编辑：樊 鑫 / 责任校对：张亚丹
责任印制：赵 博 / 封面设计：金舵手世纪

科学出版社 出版
北京东黄城根北街 16 号
邮政编码：100717
http://www.sciencep.com
北京中科印刷有限公司印刷
科学出版社发行 各地新华书店经销
*
2025 年 3 月第 一 版 开本：787×1092 1/16
2025 年 10 月第二次印刷 印张：15 1/4 插页：2
字数：362 000
**定价：120.00 元**
（如有印装质量问题，我社负责调换）

# 中国考古学通论系列教材编写委员会

主　　编　白云翔　方　辉
副 主 编　王　芬
委　　员　（按姓氏拼音排序）
　　　　　白云翔　陈雪香　陈章龙　方　辉　付龙腾
　　　　　胡松梅　靳桂云　郎剑锋　李占扬　李志敏
　　　　　刘　军　路国权　栾丰实　马清林　宋艳波
　　　　　唐仲明　王　灿　王　芬　王　华　王建波
　　　　　王　强　王　青　王　伟　徐树强　张　昀
　　　　　赵永生　赵志军
秘　　书　宋艳波（兼）

# 总　　序

我国现代考古学已经走过了从艰难曲折到创造辉煌的百年历程，实证了我国百万年人类史、一万多年文化史和五千多年文明史，揭示了源远流长、博大精深的中华古代文明及其对人类文明的贡献，考古事业进入到空前发展、空前繁荣的新时代。在新的百年征程的历史起点上，不断完善中国考古学的学科体系、学术体系和话语体系，加快构建中国考古学自主知识体系，努力建设中国特色、中国风格、中国气派的考古学，成为一个重大的时代命题。

我国考古学的大发展和大繁荣，需要一大批新时代的考古学专业人才。因为，世上一切事物中人是最可宝贵的，人才是第一资源，在事业发展中具有基础性和战略性地位和作用。"人才之成始于学"，考古学专业人才的培养始于大学的专业教育，而专业教育离不开专业教材。"立国根本，在乎教育；教育根本，实在教科书"（《中华书局宣言书》，1912年）。教材在学校教育中具有基础性的地位和作用，教材建设是课程建设的核心和育人育才的重要依托、坚定文化自信的重要基础，这都是不言而喻的。

历史地看，新中国成立以后，从考古学专业教育出现——1952年文化部、中国科学院和北京大学共同举办第一届"全国考古工作人员训练班"（1952~1955年共举办四届）、北京大学历史系创办我国首个考古专业开始，就重视并着手考古教材或讲义的编写，尽管当时以及后来很长一段时间大多是供内部教学使用的油印本或铅印本。如北京大学历史系印行的1954~1955学年度夏鼐等讲授、单庆麟整理的《考古学通论》，是首部中国考古学通论讲义；1955年6月，山东师范学院教务处印行了荆三林编著的《考古学通论》（山东师范学院历史系三年级用）；1958年北京大学印行了包含旧石器、新石器、商周、战国秦汉、南北朝至宋元考古的《中国考古学》讲义油印本，"被视为中国考古界首创"。1960年印行的北京大学历史系考古专业中国考古学编写组编著的《中国考古学（初稿）》（共4册）征求意见铅印本，是"北京大学历史系考古专业成立以来，第一部经过长时间积累和修改的中国考古学教材——对后来的考古教学产生了深远影响"（《战国秦汉考古·整理说明》第20页，上海古籍出版社，2014年），虽然封面上标注为"（本书仅供提意见之用）"，但为当时各高校考古教学所采用。以此为基础并经过修订，北京大学历史系考古教研室于1972~1974年又陆续印行了五卷本的《中国考古学》（"试用教材，请提意见"）铅印本，为当时全国各高校考古专业教学普遍采用。此后，其他高校也陆续自编中国考古学通论讲义。

就正式出版物来说，除了《苏联大百科全书选译·考古学》（人民出版社，1954年），苏联学者A.B.阿尔茨霍夫斯基著、楼宇栋等翻译的《考古学通论》（科学出版社，1956年）等译著外，我国学者编写的最早的考古学教材是中国科学院考古研究所作为所内工作人员业务学习材料而编著的《考古学基础》（科学出版社，1958年。以此为基础修订而成的《考古工作手册》，1982年由文物出版社出版），以及供短期训练班教学参考用的《考古教材》（文物出版社，1959年）——实际上都是考古学概论性的教材。北京大学历史系考古教研室商周组编著的《商周考古》（文物出版社，1979年），虽然是"考古专业教学参考书"，但实际上是第一部中国考古学断代考古的教材。20世纪80年代，易漫白著《考古学概论》（湖南教育出版社，1985年），蔡凤书、宋百川主编的《考古学通论》（山东大学出版社，1988年），孙英民、李友谋主编的《中国考古学通论》（河南大学出版社，1990年）等先后出版。文化部文物局组织、安金槐主编的《中国考古》（上海古籍出版社，1992年），作为"各地文物博物馆干部培训教学使用，也可作为大专院校文博专业学生的参考书"的系列教材之一，是当时影响最大的中国考古学通论教材。20世纪90年代以后，考古学教材的数量逐渐增多，尤其是近十多年来更是出现了内容广泛、类型多样的态势——既有考古学概论、通论性教材，也有断代考古、专题考古、科技考古以及区域考古等教材，在我国考古学专业人才的培养教育中发挥了重要作用。但总体上看，现有的考古学教材还不适应或不能完全适应新时代考古学专业人才培养的需要——"目前近70家高校开设考古文博相关专业"（《中国文物报》2024年9月27日第6版）。在我国考古学大发展、大繁荣的新时代，考古学专业人才的培养呼唤更多、更好、更新、更系统的考古学专业教材，尤其是考古学专业教育的基础性教科书。"中国考古学通论"是我国考古学专业本科生最基本的主干课程，也是文物与博物馆专业本科生的主干课程之一，因此，编写出版一套以断代考古为主、专题研究为辅的中国考古学通论系列教材已经是势在必行。

正是基于上述认识，我们组织编写了本"中国考古学通论系列教材"。本系列教材由13册构成，其中，断代考古8册，从旧石器时代考古到宋元明清考古；科技考古3册，即《人类骨骼考古》《动物考古》《植物考古》；文物保护和文化遗产2册，即《文物保护科学与实践》和《文化遗产概论》。之所以作如此构成，主要基于本系列教材的定位、我国考古学的总体态势以及考古学教材现状等的综合考量。

本系列教材定位于考古学专业本科生、文物与博物馆专业本科生必修课"中国考古学"的教材，跨专业考入的考古学硕士研究生、文物与博物馆专业硕士研究生补修"中国考古学"的教材，以及在职文物考古业务人员培训提高业务水平的参考书。就中国考古学通论而言，从旧石器时代到宋元明清时期各个时段的断代考古，作为中国考古学的主体，无疑是最基本的内容，所以，本系列教材设有8册，实现从旧石器时代考古到明清考古的全覆盖。现代考古学的突出特征之一是文理交叉、文理融合，而以现代科学技术应用为基本内涵的"科技考古"的广泛开展和不断深入，是现代考古学发展的总体趋势之一。科技考古领域众多，并且新的研究领域或分支学科日益增多，难以在一套通论性教材中全部囊括，本系列教材仅选择在我国研究历史长、普及程度高的人类骨骼考古、动物考古和植物考古各编写1册。考古发掘和研究离不开文物，文物保护在考古发掘和研究中具有举足轻重的地位；考古学的对象和资源主要是地下历史遗迹和遗物等文化遗存，而这些地下文化遗存又是整个文化遗产的重要组成部分，对其保护和利用是考古学的题中应有之义。有鉴于此，本系列教材设有《文物保护科学与实践》和《文化遗产概论》各1册。这样的设计，也充分体现了我国新文科建设理念。

这里需要说明的是：就考古学通论系列教材来说，本应设有"概论"一册，但鉴于已有作为"马克思主义理论研究和建设工程重点教材"的《考古学概论》（高等教育出版社，2015年第1版、2018年第2版）等多种概论性教材，故本系列不再"重起炉灶"编写；田野考古作为现代考古学最基本的特征，是其四大支柱——断代考古、专题考古、科技考古和区域考古的基础，但鉴于2022年北京大学出版社和吉林大学出版社已先后出版2个版本的《田野考古学》（吉林大学版是第5版），故本系列不再重新编写；（传统的）专题考古门类众多，（综合性）区域考古分区多样，暂不纳入本系列教材之中；文物尤其是历史文物、博物馆尤其是历史类博物馆与考古学密切相关，况且考古学一级学科之下设有博物馆学二级学科、而且有文物与博物馆本科专业，但鉴于已有作为"马克思主义理论研究和建设工程重点教材"的《文物学概论》和《博物馆学概论》，故未将有关文物和博物馆的教材纳入本系列之中。

作为教材来说，它不仅是培养人才的重要手段、传播知识的主要载体、学校教学的基本依据和关键支撑，而且是立德树人的关键要素之一。基于本系列教材是"基础性"教材的定位，而考古学又是理论性和实践性俱强、世界性和民族性兼具、多学科交叉融合性突出的人文学科，本系列教材编写的指导思想、总体思路和具体做法如下：

——坚持以辩证唯物主义和历史唯物主义为指导，始终把正确的政治方向、学术导向和科学精神贯穿于本系列教材之中，以培养新时代考古专业人才为宗旨；

——坚持以百年来我国考古学发展及其成就的总结和展示为主线，从中国古代社会历史的实际出发，紧紧围绕百万年人类史、一万多年的文化史、五千多年的文明史、两千多年统一多民族国家史和博大精深的中华古代文明及其对人类文明的贡献进行考古学书写；

——注重基础性，即注重基本原理、基本方法、基本概念、基本知识、基本材料、基本认识的简明准确的叙述，以及学科发展史的简明梳理；

——注重系统性，即充分吸收和借鉴前人研究成果和教材编写经验，注重体系的构建，各册尝试建立各自的学科框架体系和知识体系，简明准确地叙述各自的学科性质、主要特点、基本任务及其成就；

——注重前沿性，即注重新理论、新方法、新实践、新发现、新认识和新进展的叙述，以及面临问题和发展趋势的思考；

——注重规范性，即注重概念和术语的专业性和科学严谨，数据、年代等的详实准确，文字表述、图表等清晰明了，引文、注释等符合学术规范；

——突出教材属性，强调突出重点与兼顾一般相结合、重点详述与总体概述相结合、点与面有机结合、理论阐述与案例分析相结合、作者学术观点的系统论述与不同学术观点的介绍相结合，强调重"述"轻"论"适当"评"；

——突出中国特色，强调立足中国，放眼世界，既关注外国考古学理论和方法在中国的传播和应用，更关注中国考古学人在考古学理论和方法上的探索、实践和创新，基于现代考古学的中国实践及其成就，用中国学人的历史观、价值观和话语系统进行中国考古学的叙事，探索和尝试构建体现新文科背景下我国自主知识体系的中国考古学教材体系。

金秋十月，正是收获的季节。在山东大学和考古学院（文化遗产研究院）的大力支持下，经过大家的共同努力，这套"中国考古学通论系列教材"即将付梓出版了。这套系列教材是各位编写者及相关人员同心协力，历时2年多倾力打造的，是团队共同努力的结果。2022年上半年进行调研，包括召开本科生、研究生和教师座谈会，在此基础上经过反复沟通和协调，确定了本系列教材的分册构成及编写者，并于2022年9月30日正式启动。2022年10月15日起，各册编写提纲陆续提交，由主编审阅并提出意见和建议后返回编写者修改完善，随后进入编写阶段。2023年11月起，各册初稿陆续提交，由主编和校内外专家同时审稿，然后将审稿意见返回编写者修改完善。2024年5月，同科学出版社正式签署出版协议。2024年6月21日起，修改后的定稿陆续正式交稿给科学出版社，由出版社组建的统一管理、分工负责的编辑团队负责编辑出版。这套系列教材陆续跟读者见面，已经是指日可待了。

这里还要说的是，这套系列教材编写的指导思想和目标是明确的，编写的要求是总体一致而各册突出其特色——或是侧重于考古发现和研究成果的系统梳理，或是侧重于结合案例分析对理论和方法及其应用的介绍——因各册的内容不同而有异，编写者们也尽心竭力了——尽管如此，我们毕竟缺乏组织编写系列教材的经验，不足之处在所难免，盼望学界同仁和读者朋友不吝赐教，以便今后不断修订完善。

这套系列教材的编写出版，如果对我国考古学专业人才的培养和在职业务人员能力的提高，对我国考古事业的繁荣和发展，对我国现代考古学学科体系、学术体系、话语体系和自主知识体系的构建和完善，对中国特色、中国风格、中国气派考古学的建设，对中国考古学走向世界，对增强、彰显和弘扬文化自信等能有所助益，则幸莫大焉。

白云翔　方　辉<br>
2024年10月

# 目 录

第一章 绪论 / 1
　第一节 旧石器时代考古概说 / 1
　　一、基本概念 / 2
　　二、研究的内容 / 3
　第二节 中国旧石器时代考古的历史与现状 / 5
　　一、草创时期 / 5
　　二、以中国猿人研究为中心的时期 / 6
　　三、我国旧石器考古学的发展时期 / 7
　　四、改革开放以来的快速发展时期 / 7
　第三节 本教材的内容与特色 / 12
　　一、主要内容 / 13
　　二、特色与创新 / 13
　思考题 / 14
　延伸阅读 / 14

第二章 第四纪地质与环境 / 15
　第一节 第四纪及其分期 / 15
　　一、第四纪 / 15
　　二、第四纪分期 / 15
　　三、第四纪沉积物及其特征 / 16
　　四、中国第四纪地层 / 18
　第二节 第四纪地貌及沉积类型 / 22
　　一、河流与湖泊 / 24
　　二、岩溶 / 30
　　三、黄土 / 33

第三节 第四纪哺乳动物群 / 35
　　一、动物地理区 / 35
　　二、中国第四纪哺乳动物群 / 36
第四节 中国第四纪气候变化概况 / 39
　　一、中国上新世气候 / 40
　　二、中国早更新世（2.5～0.78Ma BP）气候 / 40
　　三、中国中更新世（0.78～0.128Ma BP）气候 / 40
　　四、中国晚更新世（128～11.7ka BP）气候 / 41
　　五、中国全新世（11.7ka BP 至今）气候 / 42
思考题 / 44
延伸阅读 / 45

## 第三章　旧石器时代考古年代学 / 46

第一节 $^{14}$C 定年 / 48
　　一、原理 / 48
　　二、样品采集和分析 / 49
第二节 铀系定年 / 50
　　一、原理 / 50
　　二、样品分析 / 51
第三节 释光定年 / 52
　　一、原理 / 52
　　二、样品采集和分析 / 54
第四节 电子自旋共振定年 / 55
第五节 古地磁定年 / 56
　　一、原理 / 56
　　二、样品的野外采集 / 57
　　三、实验室分析 / 57
第六节 宇宙成因核素定年 / 58
　　一、基本概念 / 58
　　二、宇宙成因核素测年法 / 59
　　三、采样时的注意事项 / 60
思考题 / 60

延伸阅读 / 60

## 第四章　人类的演化 / 61

### 第一节　古人类学研究简史 / 61
### 第二节　灵长类的系统发育 / 64
### 第三节　中新世大猿的演化 / 65
一、原康修尔猿 / 65
二、森林古猿 / 65
三、西瓦古猿和禄丰古猿 / 66
四、巨猿 / 66

### 第四节　最早的人科成员 / 67
一、撒哈尔人 / 67
二、地猿 / 68
三、原初人 / 68

### 第五节　南方古猿 / 68
一、南方古猿阿法种 / 69
二、南方古猿非洲种 / 70
三、南方古猿源泉种 / 70
四、傍人 / 70

### 第六节　能人 / 71

### 第七节　直立人 / 72
一、直立人的形态特征 / 72
二、直立人走向全世界 / 72
三、非洲直立人 / 72
四、中国直立人 / 74
五、印度尼西亚直立人 / 78

### 第八节　中更新世古老型人类 / 78
一、欧洲 / 79
二、非洲 / 80
三、中国 / 81

### 第九节　尼安德特人与丹尼索瓦人 / 85
一、尼安德特人 / 85

二、丹尼索瓦人 / 86
第十节　智人与现代人起源 / 86
一、现代人的起源与演化 / 86
二、世界各地的早期现代人 / 87
思考题 / 92
延伸阅读 / 92

## 第五章　旧石器研究方法与理论 / 93
第一节　石制品原料 / 93
一、原料的选择 / 93
二、旧石器时代常见原料 / 96
三、原料的运输 / 98
第二节　石制品生产 / 99
一、石制品的破裂特征 / 99
二、石制品的破裂机制 / 101
三、石制品的生产技术 / 103
第三节　石制品研究方法 / 110
一、分类 / 110
二、观测 / 123
三、功能分析 / 128
第四节　石制品研究理论 / 133
一、文化历史考古学 / 133
二、过程主义考古学 / 133
三、石器技术组织 / 134
思考题 / 136
延伸阅读 / 136

## 第六章　国外旧石器文化 / 137
第一节　非洲的旧石器文化 / 137
一、早期石器时代（ESA）/ 137
二、中期石器时代（MSA）/ 145
三、晚期石器时代（LSA）/ 151

第二节　欧洲的旧石器文化 / 153
　　一、旧石器时代早期（LP）/ 153
　　二、旧石器时代中期（MP）/ 156
　　三、旧石器时代晚期（UP）/ 159
思考题 / 164
延伸阅读 / 164

## 第七章　中国的旧石器文化 / 165

第一节　中国北方地区 / 165
　　一、早更新世 / 165
　　二、中更新世 / 171
　　三、晚更新世 / 177
第二节　中国南方地区 / 191
　　一、早更新世 / 191
　　二、中更新世 / 192
　　三、晚更新世 / 197
第三节　青藏高原地区 / 201
　　一、中更新世 / 201
　　二、晚更新世 / 203
思考题 / 204
延伸阅读 / 204

## 第八章　新技术在旧石器时代考古中的应用 / 205

第一节　分子生物学 / 205
　　一、古基因组方法简介 / 205
　　二、古蛋白质组方法简介 / 206
　　三、典型应用 / 207
第二节　深度学习 / 209
　　一、方法简介 / 209
　　二、典型应用 / 210
第三节　地球化学 / 215
　　一、非传统稳定同位素 / 215

二、典型应用 / 220

　　三、牙切片元素图像 / 222

　　四、典型应用 / 225

思考题 / 227

延伸阅读 / 227

# 后记 / 228

# 第一章 绪 论

旧石器时代是人类诞生后经历的第一个时代，它和新石器时代同属史前时期。以中国考古学分期为例，旧石器时代是史前时期的第一阶段，大约从距今300多万年前至距今约1万年前；新石器时代是史前时期的第二阶段，大约从距今1万多年至距今5000～4000年前。史前时期考古对应于历史时期考古，即夏代以后的各期考古。

## 第一节 旧石器时代考古概说

1819年，丹麦皇家博物馆馆长汤姆森（Christian J. Thomsen），根据馆藏史前古物将史前时代分为石器时代、青铜时代、铁器时代三个时期。1836年，汤姆森在他所著的《北欧古物导论》一书中，阐述了他的"三期说"理论。1865年，英国学者卢伯克（John Lubbock）又把石器时代分为旧石器时代和新石器时代。1872年，爱尔兰学者韦斯特罗普（Hodder Westropp）在旧石器时代和新石器时代之间又划分了一个过渡期，称之为中石器时代。1877年，意大利学者基耶里克（Gaetano Chieric）提出在新石器时代和青铜时代之间，有一个铜石并用时代，并作为过渡期。

北欧的一些地区，石器时代、青铜时代和铁器时代均未出现文字，都没有进入"文明"时代，而属于史前时代。在中国这三个时代基本上是和中国古代社会发展的三个阶段相一致的。

整个原始社会时期，人类主要使用石器从事生产劳动。考古学将人类主要使用石质工具进行生产的时代称为石器时代。石器时代是人类历史上的开端，它是一个漫长的历史阶段，在人类历史上大约延续了300多万年，约占整个人类历史的99%。

旧石器时代是以使用打制石器为标志的人类物质文化发展阶段，但也有木质、骨质和陶质工具。由于体质和智力水平的限制，当时人类所使用的工具主要还是石质的，且其制作方法主要采用直接打击法，在考古学上被称为"旧石器时代"。

旧石器时代人类生活资料主要靠狩猎和采集来提供，食物构成主要是野生动植物。地质时代属于更新世（第四纪的第一个世），旧石器时代是人类发展史上的最早阶段，也是人类历史上最漫长的发展阶段。其时期划分一般采用三分法，即旧石器时代早期、中期和晚期。中国由于资料所限，学界对于中国是否存在旧石器时代中期意见不一致。旧石器时代的文化在世界范围内分布广泛，由于地域的不同，以及发展的不平衡性，各地区的文化面貌存在着相当大的差异。

国外旧石器时代早期以非洲奥杜韦文化和阿舍利文化为代表，中期以欧洲莫斯特文化为代表，晚期在西欧有奥瑞纳文化、格拉维特文化、梭鲁特文化和马格德林文化的交替。

中国旧石器时代早期主要有元谋人遗址、北京人遗址等，相当于中期的主要有灵井许昌人遗址、丁村遗址、许家窑－侯家窑遗址等，晚期有水洞沟遗址、下川遗址等。

## 一、基本概念

### （一）什么是考古学

考古学是通过对实物资料的调查、发掘和研究来探讨人类演化与社会历史发展规律的科学。在当前，用自然科学的方法研究考古学的问题，已是考古学研究的主要趋势，又由于人工智能、机器学习技术在考古学中逐步得到应用，自然科学与社会科学的交叉，考古学已进入新的发展时期。

### （二）考古学与历史学的关系

历史学研究中所使用的资料，大致可以分为两类：一为文献资料，历代流传下来的各种文献典籍，如《诗经》、《论语》、二十四史；另一类是实物资料，即古代人类遗留下来的居址、用火遗迹、城址、作坊、工具、日用器皿、武器、装饰品、艺术品、铭刻、墓葬以及人的骨骼等。实物资料是考古学研究的对象，所以说考古学同历史学之间既有联系又有区别。

关于考古学应属于哪门学科的问题，争议由来已久，在全世界范围内没有统一的标准。一些国家把考古学列为自然科学的科目，其主要依据是在考古学的研究中，很多是依赖自然科学手段，例如地质学、测绘学、年代学、生物学等；有些国家将考古学列入大学艺术系的一部分，如英国；还有一些国家把考古学独立于人文科学和自然科学之外，认为是边缘科学，其中大多数国家是把考古学列入人文科学之中，如中国、日本等。从目前发展水平而言，考古学应当列为人文科学和自然科学的交叉学科，而旧石器时代考古更偏重自然科学。

### （三）史前考古与历史考古的关系

史前考古与历史考古都以遗迹和遗物作为研究对象，这是二者之间的共同性，但由于研究对象不同，因此其研究任务和研究方法则不相同。

历史考古在研究文化遗存时要参考文献资料，而史前考古则少有文献资料可参考，故两者的研究任务有所不同。

史前考古与历史考古由于所研究的文化遗存的时代和性质不同，所以在研究方法上也不相同。史前考古学要充分利用地质学、地理学、气象学、古生物学、古人类学、语言学和民族学等学科的资料，历史考古学则必须与历史学相结合，并依靠古文字学、铭刻学、古钱币学等分支学科。从断定绝对年代的手段来说，史前考古学主要依靠物理学、化学及其他自然科学手段，而历史考古学则主要依靠文献记载。此外，史前考古学和历史考古学在学科的性质上也有差异，史前考古学与众多自然科学、人文社会科学有着密切联系，带有边缘学科的性质，而历史考古学与其他学科的联系则相对较少。

（四）史前考古学与其他学科的关系

史前考古学与许多自然科学、人文社会科学有着密切关系。在自然科学方面，史前考古学与自然地理学、地质学、气象学、生态学、古植物学、古动物学、体质人类学等学科联系比较密切。在人文社会科学方面，史前考古学则与民族学、民俗学、语言学、人文地理学、社会学、宗教学、美术史学、古建筑学等学科有着比较密切的联系。

自然地理学、地质学、气象学、生态学等均属地学学科，史前考古学必须运用这些学科的资料及成果来研究遗址所在地区当时的生态环境和地理情况，以复原当时人类的生态场景。在地质学中，以第四纪地质学和史前考古学的关系最为密切。因为人类本身是地质历史的产物，而早期人类的文化遗存，通常作为地质现象埋藏于地层之中。

## 二、研究的内容

（一）人类化石与动物化石

**1. 什么是化石**

化石是远古生命遗留下来的记录，是远古生物存在的依据。化石的英文 fossils 是由拉丁文 fossilis 演化而来，原意为"地下挖掘而得"。

简单地说，化石就是生活在遥远过去的生物经"化石化作用"（fossilization）演变成的古生物遗体、遗迹或遗物，多数以石质来呈现。在漫长的地质年代里，地球上曾经生活过无数的生物，这些生物死亡之后的遗体或是生活时遗留下来的痕迹，被泥沙掩埋起来。在随后的岁月中，这些生物遗体中的有机质得以分解，坚硬的部分如外壳、骨骼、枝叶等在沉积过程变成了石头，但是它们原来的形态、结构（甚至一些细微的内部构造）依然保留着。同样，那些生物生活时留下的如脚印痕迹等也可以被保留下来。我们把这些石化了的生物遗体、遗迹统称为化石。

从化石中可以看到古代动物、植物的样子，从而可以推断出古代动物、植物的形态特征、生活情况和生活环境，可以推断出埋藏化石的地层形成的年代和经历的变化，可以看到生物从古到今的演变等。

我们常见到的化石都是实体化石，实体化石又可分为三类。硬体保存，如生物骨骼化石、植物化石等；软体保存，例如琥珀化石、西伯利亚冻土中的猛犸象化石；模铸化石，由于古生物的骨骼被分解，没有保存下来，保留的仅是生物的印痕。另有遗迹化石，如足迹化石、蛋化石和粪便化石。还有化学化石，如古生物的有机残留物，包括古DNA、古蛋白质、煤和石油等。

**2. 动物化石的形成**

动物化石是旧石器考古研究的主要内容之一。动物化石形成需具备三个基本条件：动物体死亡之后须迅速掩埋；周围有含矿物质的水的流动；时间最少在一万年以上。化石形成的过程叫石化过程，一般年代越久石化程度越深。

例如，动物的骨头是这样变成化石的。动物死亡后得以迅速掩埋，否则就被风化掉了。在地层中动物肉体等有机部分被分解后，保留的骨骼是有空隙的，水是无孔不入的，水在移动的过程中把原来骨头中的物质逐渐置换成为矿物质，这个过程一直进行，经过漫长的岁月，骨头最终就形成了化石。

近年由于科学技术的进步，中外生物遗传学家利用古DNA、古蛋白技术，在人类演化的研究中取得了显著的科学进展。

**3. 人类化石**

我国是非洲以外发现人类化石最多的地区，在人类演化史中扮演着举足轻重的角色。目前已发现的重要人类化石有蓝田人、北京人、郧县人、和县人、金牛山人、大荔人、许昌人、许家窑人、丁村人、铜梓人、资阳人、马坝人、柳江人、山顶洞人等。

**4. 动物与古环境的关系**

旧石器时代的动物种类繁多，有相当大的一部分现在已经灭绝，绝灭的原因复杂，大多认为是环境的变化所致。气候环境的变化与动物自身的演化息息相关，因此，研究动物化石不仅可以了解旧石器时代狩猎的对象，而且也可以了解当时的气候与环境，正因为动物演化具有规律性和阶段性，还可以根据动物的演化来确定时代。例如，第四纪的气候具有偏冷和冷暖交替的特征，气候的变冷使许多喜暖的动物大量灭绝，而能适应该气候环境的动物取而代之，这样判断地层就有了依据。

第四纪的气候波动，促使动物群大量迁徙，在气候变冷时，喜暖的动物由高纬度向低纬度迁徙，先是大批食草动物，如鹿、马、牛、羊动物的迁徙，食草动物一来食肉动物也来了，如虎、鬣狗、狼等，因为这些动物是以食草动物为食的，动物一来猎人也来了，所以人和动物是相互依存的关系。

（二）人类工具及其他

**1. 人类使用的工具**

工具的研究是旧石器时代考古工作的重点。生产力是社会的生产能力，它包括劳动者和工具。工具是生产力发展的指示器，最能反映一个社会的生产能力。古老的旧石器时代人们用的工具主要是打制石器，石器是原始人类的"万能工具"，如采集果实、挖掘块状食物、狩猎等全离不开石器。

**2. 原始艺术、宗教**

欧洲旧石器时代晚期洞穴中发现了许多栩栩如生的壁画，主要表现为欧洲冰河时期的场景或狩猎采集场面。我国旧石器时代晚期，有一些露天的岩画分布，如在内蒙古、新疆、宁夏、西藏、广西、贵州、河南等地的发现，但大部分年代相对较晚。宗教信仰方面在山顶洞人时代已开始萌芽，古人类用赤铁矿粉洒在死者周围。近年在河南灵井许昌人遗址发现的微型鸟雕像化石，说明我国在距今一万多年前就有了高超的雕刻艺术。

# 第二节　中国旧石器时代考古的历史与现状

中国的旧石器时代考古学开始于20世纪初，大体经历了4个时期。第一个时期是从1920年到1929年，主要工作是外国学者做的，是旧石器考古学的草创时期。第二个时期从1929年到1949年，以中国猿人文化为研究中心，初步建立起具有我国特点的旧石器考古学。第三个时期从1950年到20世纪80年代初，是旧石器考古学的发展时期。第四个时期是改革开放以来的快速发展时期。目前，中国已是世界旧石器时代考古学研究发展最快的地区。

## 一、草创时期

我国第一件旧石器标本是法国神父桑志华（Emile Licent）发现的。桑志华是20世纪初在天津创办的北疆博物院的第一任院长，他在甘肃东部和陕西北部的传教过程中，于1920年6月在甘肃庆阳的黄土层中和黄土底部砾石层中发现了三件旧石器。其中一件是多面体石核，另两件是刮削器，首次发现的材料虽然只有三件，但意义重大，打破了自1882年以来德国地质学家李希霍芬（Ferdinand von Richthofen）提出的我国不可能有旧石器的看法。

后来，桑志华和另一位法国神父古生物和地质学家德日进（Pierre Teilhard de Chardin）于1922年7～10月在河套地区，采集到大量的哺乳动物化石，其中发现一枚幼童的左上外侧门齿，这是在我国发现的最早有可靠地点和层位的人类化石，人们通常把它叫作"河套人"。

1923年，桑志华和德日进对河套地区进行了更广泛的调查，在水洞沟发现了一些石器。1940年前后，裴文中将水洞沟和萨拉乌苏河诸地点发现的旧石器合在一起统称为"河套文化"。

1929年，德日进和我国古生物学家杨钟健到山西和陕西北部及内蒙古南部进行新生代地层的考察，在黄土层和黄土底部砾石层中采集到7个地点的几十件石器，并对此进行了研究。

## 二、以中国猿人研究为中心的时期

先认识到周口店中国猿人遗址科学价值的是瑞典人安特生（Johan Gunnar Andersson），他曾经于1918年到过周口店，在当地人叫鸡骨山的地方采集到一些小哺乳动物化石，于是引起他对周口店地区考察的兴趣。1921年夏，安特生约请美国古生物学家葛兰阶（Walter Granger）和奥地利古生物学家师丹斯基（Otto Zdansky），一起前往周口店进行考察。后来有一位当地的老者告诉他们，在鸡骨山北面1千米的地方有座龙骨山，那里有许多龙骨。他们来到龙骨山，不仅从中发现了化石，而且在观察洞穴堆积时，安特生在含化石的角砾岩中发现了石英片，由于石灰岩洞穴本身不可能有石英，他推测这里可能有古人类活动。

这次考察之后师丹斯基被聘请去周口店发掘哺乳动物化石。1923年发掘工作由师丹斯基主持，在发掘中发现了一枚磨蚀严重的人类下臼齿，后来在研究室研究时又发现了一枚人类的下臼齿，这是周口店发现的最早的人类化石。周口店的发现一公布，在世界上引起了很大的轰动。当时我国由于内忧外患，连年战火，北洋军阀政府根本不关心科学，周口店发掘经费无法解决，后来，周口店研究工作所需的经费，由美国洛克菲勒基金会提供。

1927年春季，周口店开始正式发掘，发现了大量的哺乳动物化石和一枚保存完好的人的左下第一臼齿。布达生对此进行了研究，起了一个新的种属名称，叫"中国猿人北京种"，自此之后才有中国猿人这一名称。

1928年，我国古生物学家杨钟健从德国留学回国，参加周口店的发掘工作，并作为中国方面的代表。年轻的地质古生物学者裴文中也前往周口店工作。这一年的发掘工作收获颇丰，除发现大量哺乳动物化石外，还找到许多中国猿人化石。

在1927到1928年的发掘中，工作人员的注意力主要集中在找人类化石上。

1929年，由于德日进和杨钟健去陕西和山西考察新生代地层，周口店发掘工作由裴文中主持。就在这一年年底发掘将要结束的时候，发现了中国猿人第一个头盖骨。同时还发现了大量的石英片和石器，裴文中先生对此做了大量的研究和试验，确认这是中国猿人加工的石器。1931年，法国史前学家步日耶（Abbe Breuil）来到周口店，充分肯定了裴文中的研究成果，他向世界公布，周口店第1地点含有丰富的哺乳动物化石和人类化石，是一处重要的旧石器时代文化遗址。

1935年，因为裴文中赴法国深造，师从法国著名的史前学家布日耶教授专攻旧石器考古学。周口店的发掘工作由贾兰坡主持，贾兰坡自1931年参加周口店发掘工作以来，协助裴文中做了大量的工作。在对第15地点发掘中，发现了丰富的石器，该地成为周口店地区另一重要的旧石器文化遗址。

1936年，发掘工作仍然由贾兰坡主持，他发现了三具完整的中国猿人头盖骨，还发现了大量的石器，取得丰硕成果。周口店的发掘工作，因七七事变被迫中断。遗憾的是，在抗日战争时期，北京人（包括山顶洞人）5个头盖骨及147件人骨断块等珍贵化石丢失，成为震惊世界的历史之谜。

## 三、我国旧石器考古学的发展时期

新中国成立后，中国旧石器文化研究也和其他学科一样得到大的发展，但发展还是曲折的，地区的发展也很不平衡。北京刚一解放，国家就恢复了周口店发掘工作，科学研究也加紧进行。

在这期间，全国各地配合基本建设，于1951年发现资阳人化石，并进行了科学发掘。

1953年，村民在丁村一带汾河砂砾层中发现动物化石，有关单位于1954年进行大规模发掘。丁村遗址的发掘是新中国成立后我国学者在北京以外进行的第一次大规模发掘，发现3枚人牙化石，2000多件石器，还发现有近20个种的脊椎动物化石。1958年出版了由裴文中主编的《山西襄汾县丁村旧石器时代遗址发掘报告》，经研究，认为丁村遗址是黄河流域一处旧石器时代中期遗址。

1961年发掘山西匼河旧石器地点群。这一年的重要发现还有河南安阳小南海旧石器时代遗址，发现属于旧石器时代晚期的石器1000多件和一些哺乳动物化石。

1963年在蓝田地区陈家窝的红色土中发现一件猿人下颌骨和一些哺乳动物化石，同时发现的还有少量的旧石器时代石制品。

1964年，由于上一年在蓝田发现了猿人化石，在该地区进行更广泛的调查，并在多处含动物化石地点进行发掘。在蓝田东10千米的公王岭又发现猿人化石，材料主要有头骨和牙齿，还发现有较多的哺乳动物化石，在红色土中还找到零星的石器。

华北主要发现还有在山西1973年和1974年发掘的许家窑-侯家窑遗址和下川细石器遗址。

此外，1976年到1980年在丁村做了第二次大规模考古调查发掘工作；1984年到1987年，配合南同浦铁路复线工程建设进行了考古发掘；2015到2018年在丁村以东浅山地区黄土冲沟进行了考古发掘。

西北地区最重要的是发现了大荔人化石及其文化遗物，并找到了许多旧石器时代的地点。

## 四、改革开放以来的快速发展时期

改革开放至今，旧石器时代考古进入快速发展时期，主要表现在从业人员增加，古人类化石、动物化石、石制品等考古新发现逐年增多，一批新的科研成果相继问世，成为世界史前考古研究的"新前沿"，对外交流成为新常态，中国旧石器时代考古走向世界，成为旧石器考古国际大家庭中的重要一员。

（一）古人类化石

1989、1990年，在湖北郧县城西大约40千米的曲远河口的学堂梁子发现两个头骨，都属于中年个体，古地磁测定为87万～83万年前。

2022年在该地点的发掘中又发现一具完整的头骨，称郧县3号，该头骨化石保存完整，并没有出现1号及2号的头骨变形。

1990年3月，在江苏省南京市汤山镇西南的雷公山葫芦洞，发现一具人类头骨化石（即1号头骨）。在葫芦洞发现的哺乳动物群组成与周口店直立人共生的中更新世动物群基本相同，可能为中更新世中晚期。采用热电离质谱（TIMS）铀系法对洞穴样品进行了测定，南京1号头骨的年代至少为50万年前。

1980年，在安徽和县龙潭洞，发现人类化石共14件，有一个完整的头盖骨、两件头骨碎片、一件附带两枚牙齿的下颌骨残段，以及10枚单个牙齿。采用铀系和ESR混合方法进行的年代测定显示人类化石的年代在41.2万年前。

和县人化石颅顶低，眉嵴厚，眉嵴上沟浅，矢状嵴短，有角圆枕，上枕鳞和下枕鳞间呈角状过渡，脑膜中动脉后支比前支粗。头骨厚度在北京猿人范围内，头骨很明显地体现出直立人与智人之间的形态镶嵌，介于直立人和智人之间。

1984年9月，金牛山人发现于辽宁营口金牛山一个石灰岩裂隙中。采用ESR方法对与人类化石伴生的动物牙齿测定获得的年龄为距今23万～20万年。目前一般认为金牛山人的年代在距今26万年左右。

金牛山发现的人类化石材料包括头骨一件，其他骨骼数十件，头骨与直立人形态明显不同，而更接近于大荔人，在分类上，金牛山人头骨属于早期智人，或称为古老型智人。

许家窑古人类化石虽然发现于20世纪70年代，但近年对此有许多新研究。早期的研究显示许家窑人类化石形态特征总体上介于周口店直立人与现代人之间。新的研究发现，许家窑人下颌骨具有镶嵌性形态特征，分别呈现尼安德特人、古老型智人及现代人的表现特点。对许家窑人下颌骨的研究发现，在所观测的6项特征中，有2项特征（磨牙后间隙较大以及粗大的翼内肌结节）的表现特点与尼安德特人相似。采用激光扫描对许家窑人鼻骨基底部断面的形态进行研究，也发现与尼安德特人表现相似。此外，对新发现的许昌人头骨化石进行研究，发现两个典型的尼安德特人枕骨特征。而且许家窑人内耳迷路也有较高的外半规管矢状指数、较大的外半规管尺寸等形态特征，都与尼安德特人高度一致。

2005～2017年，在河南省许昌市的灵井许昌人遗址进行了连续13年的考古发掘，发现了45件人类头骨碎片化石、大量的石制品及20余种哺乳动物化石。通过光释光测年，人类化石的年代被确定为距今12.5万～10.5万年。这批头骨碎片代表5个个体，其中Ⅰ号和Ⅱ号个体相对较为完整。许昌Ⅰ号由26块游离的头骨碎片组成，复原后的头骨保留有脑颅的大部分及部分底部，代表一个年轻的男性个体；许昌Ⅱ号头骨由16块游离的碎片拼接而成，复原后的头骨保存有脑颅的后部，为一较为年轻的成年个体。

许昌人头骨表现出独特的形态特征组合。首先，许昌人表现出脑颅的扩大和纤细化，许昌Ⅰ号头骨脑量达到了1800毫升，头骨骨壁变薄，枕圆枕弱化，眉嵴厚度中等。其次，具有东亚中更新世时期人类的原始特征及共同特征：包括低矮的头骨穹隆、扁平的脑颅中矢状面、位置靠下的最大颅宽、短小并向内侧倾斜的乳突。许昌人头骨具有东亚古人类一些原始特征及若干共同的形态特征提示，从更新世中、晚期，东亚古人类可能具有一定程度的连续演化模式。此外，具有与典型的尼安德特人相似的两个独特性状：一个性状表现在项区，包括不发达的枕圆枕、不明显的枕外隆突伴随其上面的凹陷；另外一个性状是内耳迷路的模式，前、后半规管相对较小，外半规管相对于后半规管的位置较为靠上。关于许昌人的分类地位有许多争议，由于与尼安德特人既有相似又有差异，所以有人认为许昌人属于尼安德特人的姊妹群，即丹尼索瓦人。但是丹尼索瓦人没有直接的头骨化石进行形态对比，所以还需要更多的化石证据来确定许昌人的分类地位。

2001年在北京市房山区周口店镇田园洞发现一批古人类化石。化石主要来自第3层松散角砾层和第1层钙板与土状堆积交互层，其中人类化石全部发现于第3层。田园洞人类化石的年代为距今4.3万～3.9万年。

田园洞发现的人类化石，包括下颌骨、牙齿、肩胛骨、脊椎骨、肢骨、手部和足部的骨骼等。研究显示田园洞人类骨骼和牙齿形态特征、表现特点以现代人衍生性特征为主，同时也保留少量常见于晚期古老型智人的形态特征，以及一些可能属于中间状态的特征。基于这些发现，相关研究将田园洞人类确定为早期现代人。最新的古DNA的研究表明，田园洞人与亚洲现代人而非欧洲现代人的亲缘关系更近。

（二）旧石器遗址

2004～2017年发掘的上陈遗址是我国时代最早的旧石器遗址。遗址位于陕西省西安市蓝田县玉山镇上陈村的黄土塬内。这一地区的黄土古土壤地层剖面出露良好，完整留存了共33层黄土古土壤序列。通过小规模的考古发掘，在上陈遗址剖面顶部的古土壤层S5（距今46万年）至底部黄土层L28（距今约214万年）的20多个原生地层层位中陆续发现了石制品和动物化石碎片。在距今212万～126万年的地层堆积内发现了82件有人工打击痕迹的石制品，石制品原料为脉石英和石英岩。石制品组合包含石锤、锤击石核、砸击石核、石片、不完整石片、碎屑和石器等。上陈遗址的发现将蓝田地区古人类活动的时间向前推进了50万年。

泥河湾盆地分布在河北省西北部和山西省北部桑干河流域，桑干河由西南向东北蜿蜒贯穿整个盆地，盆地内晚新生代地层发育，特别是河湘沉积厚达1000多米，由厚度不等的黏土、粉砂质黏土、粉砂、砂、砾石相互重叠组成，各层颜色差异明显，呈灰色、黄绿色、黄褐色、赭褐色等。含有旧石器文化遗物的泥河湾层从早更新世初到晚更新世早期，历经二三百万年之久。早更新世的遗址集中分布在泥河湾盆地东部的大田洼台地北部边缘地区，包括东谷坨、小长梁、马圈沟、岑家湾、飞梁、半山等遗址。

近年来对许家窑－侯家窑遗址的小规模发掘与年代学研究，进一步厘清了遗址的地层与年代。遗址包含上下两个文化层，20世纪70年代出土的人类化石和多数文化遗物基本属于上文化层，年代为距今20万～16万年，下层光释光年代在距今20万年前后，铝铍法测年结果为距今24万年。泥河湾晚更新世遗址包括板井子遗址、峙峪遗址、虎头梁遗址群、油房遗址、西白马营遗址、籍箕滩遗址、二道梁遗址等。

金牛山遗址位于辽宁省营口市大石桥市永安镇西田村西金牛山。从1973到1994年先后多次对该遗址进行了发掘。除人化石外，金牛山遗址还发现了大量的文化遗物和遗迹现象。包括近190件石制品，9处用火遗迹，大量的烧骨、敲击骨片以及万余件动物骨骼及碎片。石制品以脉石英为主要原料，剥片方式包括锤击法和砸击法，石制品多是形体较小的石片石器，如刮削器和尖状器等。在A点与古人类化石同出的灰堆内多有烧骨，在C点发掘的灰烬层中也含有大量的烧骨和烧土，说明当时金牛山人已经熟练地掌握了用火。

金斯太洞穴遗址位于内蒙古自治区锡林郭勒盟东乌珠穆沁旗，靠近中蒙边境。洞穴宽16米、进深24米，其堆积层厚达5米。该遗址首次于2001年进行了发掘，随后分别在2002、2013年在此进行了发掘，最新的考古发掘始于2021年。从距今5万～4万年的旧石器时代中期莫斯特石制品组合，到距今约2.5万年的具有石叶技术特点的石制品组合，再到距今约1.3万年的含有细石叶技术、两面器加工技术、装饰品的旧石器时代晚期晚段遗存，最后到含有青铜小件、陶片等的青铜时代遗存。

灵井许昌人遗址第10、11层为下文化层，出土石制品和动物化石3万余件。石制品原料以质地优良的脉石英占绝对的主导，其次为石英岩、石英砂岩等。剥片技术以锤击法为主，砸击法次之。锤击石核中存在较高比例的盘状石核和多台面石核，显示出较高的石核剥片利用率。石器类型包括有刮削器、锯齿刃器、凹缺器、石砧、汇聚型工具、尖状器等，发现一批骨质软锤。一些石制品的加工非常精细，从修疤特点和刃缘形态的观察分析来看，许昌人很可能使用了压制法来加工石英类工具。

从下文化层出土的动物化石标本中还辨识出了一批骨质工具，除了软锤是比较典型的工具外，还有一些器物的局部表面或边刃有使用磨光的痕迹，经研究发现大量权宜骨器，这些骨器可能以加工竹子和木材为主。

发现2件象征早期人类行为的刻划骨片，局部用赤铁矿涂染，为最早的人类行为艺术品。

上文化层（第5层）距今1.5万~0.96万年，石制品属于典型的细石器工业类型。细石器的原料以燧石为主，细石核以锥形占主导，主要的工具类型包括端刮器、边刮器、琢背小刀、尖状器、石锥、凹刮器、锯齿刃器、楔形器、石镞等多种石制品。该层还发现了以炭化动物骨骼为毛坯雕刻的鸟雕成品以及毛坯、钻孔的鸵鸟蛋壳饰品、赭石颜料块等具有艺术和象征色彩的文化遗物。同时还出了早期陶片，对于研究中原地区旧、新石器时代文化过渡具有重要价值。

水洞沟位于宁夏回族自治区银川市灵武市临河镇，水洞沟遗址群包含12个旷野型旧石器地点，发掘了多个文化层位和多种石器技术体系，大致可以分为三个发展阶段。第一阶段以水洞沟第1地点下部文化层，第2地点CL7、CL5a层位为代表，年代为距今4万~3.3万年，石器技术主要为具有勒瓦娄哇技术特点的石叶技术，此种技术与欧亚大陆北部旧石器时代晚期的石器技术具有相似性。第二阶段以第2地点其他文化层和第7、8地点文化层为代表，年代为距今3.5万~2.8万年，石制品技术是北方常见的小石片技术体系，没有显示出勒瓦娄哇技术和石叶技术的影响。第三阶段以第12地点文化层为代表，年代为距今1.05万~1.02万年，石制品组合以典型的细石叶工业为主导，出现琢锤、磨石、磨棒、磨制石器残片等。

柿子滩细石器地点群山西省吉县西南30千米的黄河支流清水河畔。1980年发现并进行了发掘，2000年调查获得旧石器地点25处。从2000~2010年连续对S9、S14、S24、S5、S29和S12地点进行了发掘。这是我国北方一处地层清楚、文化遗存埋藏丰富且扰动较小、分布范围广的细石器遗址群。其中S29保留了从石核-石片工业发展为细石核-细石叶工业的文化序列，对于研究华北细石器技术的兴起具有重要价值。

湖北郧县的学堂梁子遗址出土的石制品原料以硅质灰岩和石英为主，石器工业属于"简单石核-石片工业类型"。石制品类型有石核、石片、石锤、砍砸器、类手斧、手镐、尖状器、刮削器等。出土哺乳动物化石共20余种，包括无颈鬃豪猪、蓝田金丝猴、虎、豹、东方剑齿象、中国犀、云南马等。

大洞遗址位于贵州省盘县（今盘州市）十里坪村，出土石制品3000余件，还有骨制品、犀牛牙制品、用火遗迹、经过人工敲骨吸髓的动物骨骼等。原料有燧石、玄武岩、石灰岩三种。剥片技术以锤击法为主。石器类型包括边刮器、端刮器、凹缺器、钻具、锯齿刃器、雕刻器、琢背石片、手斧、手镐和砍斫器等。

万寿岩遗址位于福建省三明市三元区岩前镇岩前村西北的石灰岩孤峰上，由多处洞穴组成，面积33.7万平方米。已知埋藏有动物化石的洞穴共有7个，保存较好的是船帆洞、龙井洞、灵峰洞、碧云洞。发现于1985年，1999、2000年对船帆洞和灵峰洞两个洞穴进行了发掘。2004年对船帆洞进行了第二次发掘。船帆洞位于万寿岩西坡脚下，洞宽30米、进深约49米，发掘共揭露10个自然层，第5层是遗址的上文化层，第6、7层是遗址的下文化层。在第7层下部发现了约120平方米的古人类石铺地面，铺石材料以灰岩角砾为主，周围局部还有疑似排水沟槽。船帆洞出土石制品400余件，原料以取自河滩砾石的砂岩和石英砂岩为主，种类有刮削器、砍砸器、尖状器及石锤、石砧、石核、石片等，另外还有少量角铲、骨锥与角饰等。动物化石以鹿与麂的化石数量最多，此外还有中国犀与巨貘。

白石崖洞遗址位于甘肃省夏河县甘加镇白石崖村附近的江拉河谷，地处青藏高原东北边缘，海拔3280米。2019年一件古老型智人的下颌骨右侧残片通过古蛋白分析显示与丹尼索瓦人具有最近的亲缘关系，该化石也被称为"夏河人"。这件化石据称是20世纪80年代从当地的白石崖溶洞发现的。科研人员遂对白石崖溶洞开展了考古发掘。

白石崖洞穴由多个洞室组成，其中入口洞室进深60米、宽8米、高5米，洞口朝向东南。发掘位置在入口洞室，T2探方已发掘堆积厚1.65米，分为10层，各层均包含遗物，共出土1000余件石制品和500余件动物骨骼。测年结果显示古人类的活动从距今约19万年持续至距今约3万年。石制品原料为洞前河床砾石，主要为变质石英砂岩和角岩，石制品组合以石片、石核、碎片为主，石片生产采用简单的石核-石片技术，经过精致加工的工具较少。动物骨骼以破碎的四肢骨和中轴骨为主，也有牙齿，第1~6层可鉴定物种主要是羚羊、旱獭、狐狸、鸟类等中小型动物，第7~10层主要是犀牛、鬣狗、野牛等大型动物。骨骼上常见切割痕迹和打击痕迹。在晚更新世的地层沉积物中，提取出了丹尼索瓦人的线粒体DNA。

皮洛遗址位于四川省甘孜藏族自治州稻城县金珠镇皮洛村。遗址地处金沙江二级支流傍河和傍河小支流皮作河交汇处的宽谷区，地貌部位属傍河及支流的Ⅲ级阶地。遗址海拔约3750米，是青藏高原东南边缘的一处旧石器时代早期遗址。遗址发现于2020年，结合地表散落的大量石制品推测，遗址范围近长方形，近南北向，南北长约2000米、东西宽约500米，总面积约100万平方米。

2021年对遗址进行了发掘，发掘面积共200平方米。共揭露10个自然层，其中第2~8层含有打制石器，出土石制品7000余件，未发现动物化石。第4~8层的石制品原料以砂岩占绝对主导，石制品组合属于"简单石核-石片工业体系"，石核剥片率很低，石片背面大多保留有石皮，石器类型包括刮削器、砍砸器和锯齿刃器等。第3层仍以砂岩为主，板岩和石英比例略增，新出现了阿舍利大型切割工具。第2层的石制品包括两面器在内呈现出小型化的趋势。遗址第3层的年代不晚于距今13万年，第3层下各层堆积的测年结果暂不明确。根据下部地层厚度可以推断遗址古人类开始活动的时间已经进入中更新世晚期。

## 第三节　本教材的内容与特色

本教材致力于将近年国内外的考古新发现、研究热点，以及持续进行研究的内容收入其中，并且主要反映亲历者的观点和认识。

## 一、主要内容

本教材主要内容包括第四纪地质与环境、旧石器时代考古年代学、人类的演化、旧石器研究方法与理论、国外旧石器文化、中国的旧石器文化、新技术在旧石器时代考古中的运用，共计八章。

第四纪地质与环境部分，结合旧石器时代考古特点，重点介绍第四纪地层与分期、地貌及沉积类型、哺乳动物群和第四纪气候变化。第四纪是人类演化的重要时期，相关的地质情况是探索和理解人类演化过程和动力的基础。

旧石器时代考古年代学部分，简单介绍了考古测年发展史，系统介绍旧石器时代考古常用的几种测年方法，包括 $^{14}C$ 定年、铀系定年、释光定年、电子自旋共振定年、古地磁定年和宇宙成因核素定年。

人类的演化部分，按照人类起源和演化的脉络，系统介绍了旧大陆（欧亚大陆和非洲大陆）中新世大猿、最早的人类、南方古猿与能人、直立人、中更新世古老型人类、尼安德特人与丹尼索瓦人、智人的化石发现、体质特征和演化路线。

旧石器研究方法与理论、国外旧石器文化、中国的旧石器文化部分，着重介绍旧石器研究方法与理论，包括石制品的产生及研究方法与理论；系统梳理了包括非洲、欧洲等在内的外国旧石器文化；介绍了中国北方和中国南方及其他地区的旧石器文化。

新技术在旧石器时代考古中的运用部分，重点介绍了分子生物学、深度学习、地球化学方法与理论及典型应用。

## 二、特色与创新

人类起源与演化是科学界高度重视的重大科学问题，同时也是涉及"我们是谁？我们从哪儿来？我们到哪儿去"的终极哲学问题。由于地质记录不完整、化石材料罕见、遗传证据难以保存和石器证据稀少等，迄今仍然没有一个公认的关于我们这个物种自身起源与演化的路线图。但是，人类探索这门学科的步伐从未停止。随着近年来新材料的不断增加、新技术和新方法的广泛运用，人类对自身演化史的认识逐渐深入。

本教材的特色与创新之处：突出第四纪地质学和年代学在旧石器时代考古中重要的基础性作用，梳理了第四纪地层划分、环境变化、考古定年研究的理论与方法；系统地介绍并更新了早期人类体质特征演化和旧石器文化发展的证据；阐述了新技术和新方法在旧石器时代考古中的重要作用。

此外，旧石器考古发源于 20 世纪的欧洲，是一门国际化程度很高的学科，各国在研究方法和专业术语使用上几乎相同，因此本教材在石器和古人类化石等章节，相应地对外国有关的发现与研究进行了较多的介绍，这也是本教材的鲜明特色之一。

## 思 考 题

1. 什么是化石、化石是怎样形成的？
2. 简述改革开放以来我国旧石器时代考古的主要收获。

## 延 伸 阅 读

裴文中、张森水：《中国猿人石器研究》，科学出版社，1985年。

李英华：《旧石器技术：理论与实践》，社会科学文献出版社，2017年。

# 第二章　第四纪地质与环境

第四纪是距今最近的地质时代。现今的全球海陆分布、地形、气候格局和陆地生态系统都在第四纪期间最终形成。第四纪也是人类起源与演化、农业起源和文明起源的关键时期。在这个时期，地球南北两极均发育大冰盖，全球气候以冰期—间冰期旋回为特征，人类在迁移、扩散的过程中从人属逐渐演化为现代人，并最终发展为现代文明。对人类来说，第四纪也是最为重要的一个时段。

## 第一节　第四纪及其分期

### 一、第四纪

第四纪（Quaternary）一词是法国学者德努埃（J. Desnoyers）于1829年提出的，他把地球历史分为4个时期，第四纪是地球发展最近的一个时期。1839年，英国著名地质学家莱伊尔（Sir Charles Lyell）把海相地层中含无脊椎动物化石现生种类达90%和陆相地层有人类活动遗迹的沉积物划归第四纪，并把第四纪分为更新世（Pleistocene）和近代（Recent）。1869年基尔瓦斯（Gerivais）提出全新世（Holocene）一词。1881年第二届国际地质学会正式使用第四纪一词。

今天，学者们普遍认为第四纪是约2.58Ma以来地球发展的最新阶段，第四纪的概念是综合性的，其主要特点是：在短暂的地质时期内发生过多次急剧的冷暖气候变化和大规模的冰川活动；人类及其文化的形成与发展；显著的地壳运动；广泛堆积沉积物和矿产；急剧和缓慢发生的各种灾害不断改变人类生存环境；人类活动的范围和强度与日俱增。第四纪是自然与人类相互作用的时代，它的过去、现在和未来变化都与人类的生存及发展息息相关。因此，第四纪研究在科学的理论和实践中有特殊重要的地位。

### 二、第四纪分期

按照第四纪生物演变和气候变化，通常把第四系的地层分为下更新统、中更新统、上更新统和全新统，其时代分别对应第四纪的早更新世、中更新世、晚更新世和全新世。本书采用大多数研究的意见，根据古地磁极性时，将高斯/松山极性时分界线

2.58Ma BP 作为第四纪的开始；布容/松山两极性时的分界年龄 0.78Ma BP 作为早/中更新世的分界年龄；晚更新世是以末次间冰期开始为界，其年龄约为 128ka BP；全新世从 11.7ka BP 起始。全新世可进一步分为全新世早期（11.7～7.5ka BP）、全新世中期（7.5～2.5ka BP）和全新世晚期（2.5ka BP 至现在）。

## 三、第四纪沉积物及其特征

（一）第四纪沉积物基本特征

第四纪形成的松散岩石一般称为"堆积物"、"沉积物"或"沉积层"，主要特征如下。

**1. 岩性松散**

第四纪是地质历史时期最晚的一个阶段，沉积物形成时间相对较短，成岩作用微弱，绝大部分呈松散状态。

**2. 成因多样**

由于第四纪气候、外动力和地貌多样，由此而形成多种大陆沉积物和海洋沉积物。各种成因的沉积物具有不同的岩性、岩相、结构、构造和物理化学性质。

**3. 岩性岩相变化快**

岩性是指反映岩石特征的一些属性，如颜色、成分、结构、构造、胶结物及胶结类型、特殊矿物等；岩相是指特定沉积环境中形成的岩石或岩石组合，如陆相、海相、海陆过渡相等。由于形成时动力和地貌环境变化大，第四纪沉积物的岩性岩相变化也大。相对而言，第四纪海相沉积物的岩性和岩相远较陆相沉积物的稳定。

**4. 厚度差异大**

剥蚀区第四纪陆相沉积厚度相对小，从几十厘米到十几米。堆积区（山前、盆地、平原、断裂谷地）可达数十米到数百米。

**5. 风化程度不同**

陆相沉积物大多出露在地表，受到冷暖气候交替变化的影响，时代越老，遭受风化程度越深。在高纬度和高海拔地区，第四纪沉积物的风化程度显著低于热带和亚热带地区；在热带亚热带地区，早更新世沉积物的风化程度很高，随年代的发展依次递减，全新世沉积物弱风化至未风化。

**6. 含有化石及文化遗存**

第四纪陆相堆积物中，常常可以发现各类动植物化石、古人类化石、石器、陶器以及各种遗迹现象。

（二）第四纪沉积物岩性

从不同的岩性考虑，第四纪积物大致可分为碎屑沉积物、化学沉积物、生物沉积物、火山堆积物、人工堆积物。其中碎屑沉积物是最常见、分布最广的第四纪沉积物。陆相碎屑沉积物还是保存生物化石、文化遗物和遗迹、环境证据、遗传证据的重要载体，也是考古学研究的重要对象。第四纪碎屑沉积物的粒级划分：砾石粒径＞2mm；砂粒径0.0625～2mm；粉砂粒径0.0039～0.0625mm；黏土粒径＜0.0039mm。

（三）第四纪沉积物成因类型

划分第四纪沉积物成因类型的原则是根据沉积物形成的主要动力条件，凡以一种地质营力为主形成的沉积物划分为单一沉积物成因类型，如河流冲积层、湖积层、洪积层等；以两种地质营力为主形成的沉积物为混合成因类型，如冲洪积层（洪积为主）、洪冲积层（冲积为主）等。不应划分出多于两种以上的地质营力的混合类型，以免增加成因类型的模糊性。普遍常见的成因类型是残积物、坡积物、洪积物、冲积物、湖积物及它们组成的有关混合类型。

根据沉积物的成因一般将沉积物划分为残积物、重力堆积物、坡积物、洪积物、冲积物、湖泊沉积物、沼泽沉积物、海洋沉积物、地下水沉积物、冰川沉积物、风成沉积物、生物沉积物、人工堆积物等类型，火山碎屑沉积物是一种特殊的成因类型。每一种成因类型可根据不同的情况划分为不同亚类，如湖泊沉积物根据湖水的矿化度可划分为淡水湖沉积物与咸水湖沉积物。不同的成因类型间还有一些中间类型或过渡类型，如三角洲沉积物是一种冲积湖泊沉积物或冲积海洋沉积物，冰水沉积物是一种冰川河流沉积物等。

本书推荐使用的分类如表2-1所示[①]，首先按大陆、海洋和过渡环境分出三大类沉积物系统。陆地沉积物系统按地质营力的类同和沉积物在剖面上的组合又分若干沉积物成因组。在成因组之下按地质营力的个别特征分为若干沉积物成因类型。成因类型按岩性结构特征或亚环境中营力的特点又可分为亚类。

表2-1 第四纪沉积物成因分类

| 大类 | 成因组 | 成因类型 | 代号 | 成因亚类举例 |
|---|---|---|---|---|
| 大陆沉积系统 | 残积组 | 残积物 | （el） | 各种风化壳 |
| | | 土壤 | （pd） | 现代土壤、古土壤 |

---

① 曹伯勋：《地貌学及第四纪地质学》，中国地质大学出版社，1995年。

续表

| 大类 | 成因组 | 成因类型 | 代号 | 成因亚类举例 |
|---|---|---|---|---|
| 大陆沉积系统 | 斜坡（重力）组 | 崩积物 | (col) | |
| | | 滑积物 | (dp) | |
| | | 土流堆积物 | (sl) | |
| | | 坡积物 | (dl) | |
| | 流水组 | 洪积物 | (pl) | 扇顶相、扇形相、边缘相 |
| | | 冲积物 | (al) | 河床相、河漫相、牛轭湖相等 |
| | | 泥石流堆积物 | (df) | |
| | 地下水组 | 溶洞堆积物 | (ca) | 化学堆积、角砾、骨化石等 |
| | | 泉华 | (cas) | |
| | | 地下河堆积物 | (call) | |
| | | 地下湖堆积物 | (cal) | |
| | 潮沼组 | 湖积物 | (I) | 淡水湖积物，咸水湖积物 |
| | | 沼泽堆积物 | (fl) | |
| | 冰川冻土组 | 冰川堆积物 | (gl) | 终碛、侧碛、底碛等 |
| | | 冰水堆积物 | (gfl) | |
| | | 冰湖堆积物 | (lgl) | |
| | | 融冻堆积物 | (ts) | 融冻泥石流、冻土、石海 |
| | 风力组 | 风积物 | (eol) | |
| | | 风成黄土 | (eol-ls) | |
| | 混合成因 | 残坡积物 | (eld) | |
| | | 坡冲积物 | (dal) | |
| | | 冲洪积物 | (alp) | |
| | | 冲湖积物 | (all) | |
| 海陆过渡沉积系统 | 海陆交互组 | 河口堆积物 | (mcm) | |
| | | 潟湖堆积物 | (mcl) | |
| | | 三角洲堆积物 | (dlt) | |
| 海洋沉积系统 | 海洋沉积组 | 滨岸堆积物 | (mc) | |
| | | 海岸生物堆积物 | (mr) | |
| | | 浅海堆积物 | (ms) | |
| | | 深海堆积物 | (md) | |
| 其他 | | 成因不明的堆积物（pr） | | |
| | | 内力作用堆积物 [ 火山作用（vl）、古地震堆积物等 ] | | |
| | | 人工堆积物（e）、生物堆积物（b）、化学堆积物（ch） | | |

## 四、中国第四纪地层

我国的第四纪地层以陆相为主，包括风成沉积、河湖相沉积、洞穴/裂隙沉积、山麓沉积等，并富含哺乳动物化石（图 2-1）[①]。海相第四系主要发育于渤海、黄海、东海和南海等四大海域，主要沉积类型有碎屑沉积（分布于东部陆架和南海）和生物礁沉积（分布于南海）。由于旧石器时代考古的地层主要以陆相地层为主，因此本书主要讨论陆相第四纪地层。

（一）中国陆相第四系

中国地层表（2014）中，更新统自下而上包括下更新统泥河湾阶、中更新统周口店阶和上更新统萨拉乌苏阶，全新统待建阶。

**1. 泥河湾阶**

泥河湾阶为中国第四系下更新统。1999 年全国地层委员会第四系工作组提出建立泥河湾阶的年代地层单位，其阶名源自同名岩石地层单位"泥河湾组"。泥河湾盆地东部边缘的下沙沟剖面可作为泥河湾阶的候选层型剖面之一，因为该剖面不仅产出著名的"下沙沟动物群"，而且记录了第四系底界［亦即 G/M（高斯/松山）界线］以及约 3Ma 以来近乎完整的"泥河湾层"。另外，李传夔等于 1984 年建议以狭义的泥河湾动物群（即下沙沟动物群）命名哺乳动物时代"泥河湾期"。因此，作为哺乳动物时代的"泥河湾期"和作为年代地层单位的"泥河湾阶"可以比较完美地结合。

泥河湾阶与国际地层年表中的格拉斯阶（Gelasian Stage）阶和卡拉布里亚阶（Calabrian Stage）对比，其底界与格拉斯阶底界一致，年龄为 2.58Ma，与 G/M 界线基本一致。下沙沟剖面底部清楚地呈现出 G/M 界线，该界线之上为典型的河湖相沉积物，之下亦为河湖相沉积物，但含有较多的红色粉砂和粉砂质黏土，可能由上新世风成红黏土被搬运再沉积而形成。

泥河湾阶以含"长鼻三趾马 真马动物群"为特征，但其底界生物识别标志尚待深入研究后定义。真马（*Equus* 属）在欧亚大陆的首次出现可作为第四纪下限的标志，近年来许多哺乳动物群的磁性地层年代学研究支持这一观点。例如，在泥河湾盆地东部，真马化石发现于马梁、东谷坨、半山、小长梁、山神庙嘴、马圈沟、下沙沟和大南沟等地点，在这些地点中，最高的层位为马梁，年龄约为 0.8Ma；最低的层位为下沙沟或者大南沟，其年龄约为 2.0～1.8Ma，古生物学家认为在 1.8Ma 左右。在元谋盆地，云南马（*Equus yunnanensis*）产出于第三段中部的第 18 层至第四段上部的第 27 层（属于元谋组），相应的磁性地层学年龄约为 2.1～1.5Ma。临夏盆地含真马的龙担动物群的磁性地层学年龄为 2.5～2.2Ma。在西藏札达盆地 ZD0915 地点，真马的最低层位位于 Matuyama（松山）负极性时早期，年龄约为 2.48Ma。另外，初步磁性地层学结果表明，榆社盆地海眼组中的真马化石层位稍高于奥杜威（Olduvai）上界，其年龄约

---

[①] 邓成龙、郝青振、郭正堂等：《中国第四纪综合地层和时间框架》，《中国科学：地球科学》2017 年第 49 卷第 1 期，第 330～352 页。

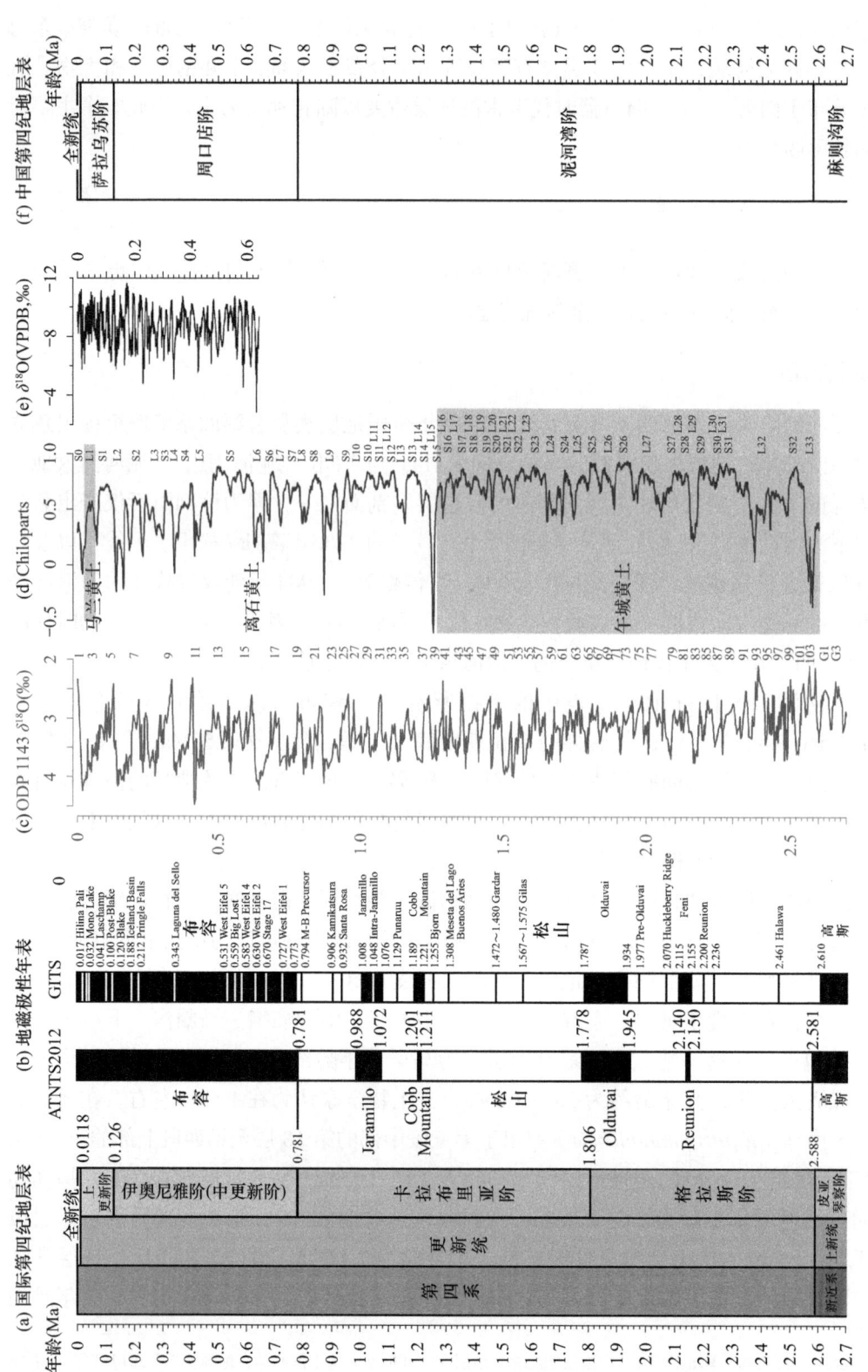

图 2-1 中国第四系综合地层年代框架

为 1.7Ma；渭河盆地含真马的后河村动物群产出于 Matuyama 负极性时早期，可能接近 G/M 界线。

## 2. 周口店阶

周口店阶为中国第四系中更新统，其层型剖面位于周口店第 1 地点的奥陶纪石灰岩洞穴中，其阶名源自同名岩石地层单位"周口店组"。周口店组为产出北京猿人化石的一套洞穴堆积，厚约 40m，自上而下包括第 1 层至第 13 层沉积物。这套沉积物的岩性以灰岩角砾和含角砾的黏土、粉砂、砂和砾石为主，夹灰烬层、钙质胶结层以及具有水流作用特征的砂砾层。周口店组（第 1~13 层）的下伏地层为第 14~17 层，其中第 14~15 层又被称为"龙骨山组"。

在中国地层表（2014）中，将周口店阶与国际地质年表（Gradstein 等，2012）中的"伊奥尼雅阶"（Ionian Stage）（即"中更新阶"）对比，其底界与伊奥尼雅阶底界一致，年龄为 0.781Ma，与 M/B（松山/布容）界线一致。根据目前的年代学数据基本可以确定周口店组的时代为中更新世。周口店第 1 地点的沉积序列中，虽然 M/B 界线位于第 13 层与第 14 层之间，但由于早期古地磁研究的客观条件所限，例如采样分辨率较低、使用无定向磁力仪及交变退磁方法，以及缺乏详细的岩石磁学研究等，周口店阶底界的确切位置尚未最终确定。

## 3. 萨拉乌苏阶

萨拉乌苏阶为中国第四系上更新统。1999 年全国地层委员会第四系工作组提出建立萨拉乌苏阶的年代地层单位，其阶名源自同名岩石地层单位"萨拉乌苏组"。其命名剖面位于内蒙古伊克昭盟（现鄂尔多斯市）萨拉乌苏河（又名红柳河）流域，层型剖面位于内蒙古乌审旗无定河镇酒房台剖面。在中国地层表（2014）中，将萨拉乌苏阶与国际地质年表中的"上更新阶"对比，其底界与上更新阶底界一致，年龄为 0.126Ma。

### （二）中国各大区第四系对比格架

中国第四纪地层以陆相为主。北方的陆相第四系主要为风尘堆积和河湖相堆积，南方的陆相第四系则以网纹红土、洞穴堆积和河湖相堆积为特征，青藏高原地区主要为河湖相堆积及山麓堆积。第四纪海相地层在我国东部、南部的四大海域皆有分布，以碎屑沉积为主，第四纪生物礁沉积只分布于南海地区。可见，中国第四系沉积类型多样，分布广泛。全国地层委员会牵头编写的《中国地层典》中，将中国第四系分为四个大区，即西部地层区、中部地层区、东部地层区、海域及岛屿地层区。考虑到第四纪时期我国的地理、地貌与环境格局与现今基本一致，以秦岭—淮河为界，生物群和沉积物特征显示出明显的南北差异。因此，对于陆相第四系，本书暂分为北方和南方两个大区进行论述；对于海相第四系，则不再细分，单列一节进行论述。

**1. 北方陆相第四系**

中国北方的第四系以风成沉积与河湖相沉积为主，洞穴沉积分布局限。风成沉积以黄土高原的黄土－古土壤序列为代表。黄土高原内部与周缘分布有零星的河湖相堆积和风成沙丘等类型的沉积。在黄土高原之外的一些沉积盆地内，则赋存典型的河湖相地层，如东北地区、泥河湾盆地、三门峡盆地、渭河盆地等，洞穴堆积仅在秦岭、华北平原及东北地区有零星分布。

在我国北方，泥河湾阶的典型地层包括午城黄土及离石黄土下部（即L33至L8）、泥河湾盆地的泥河湾组、三门峡盆地的三门组中部（即"黄三门"中下部）以及榆社盆地的海眼组和楼则峪组等。周口店阶的典型地层包括离石黄土上部（即L8至L2）、周口店第1地点的洞穴堆积、泥河湾盆地的小渡口组、三门峡盆地的三门组上部等。萨拉乌苏阶的典型地层包含马兰黄土和离石黄土顶部（即L1与S1）、萨拉乌苏河流域的萨拉乌苏组与城川组、泥河湾盆地的许家窑组等。全新统的典型地层主要有黑垆土（S0）和全新世黄土（L0）、湖相沉积，以及部分地区洞穴中的石笋。

**2. 南方陆相第四系**

中国南方地区处于热带－亚热带地区，气候温暖湿润，且广泛发育古生代、中生代碳酸盐沉积，因此该区的第四系以网纹红土及洞穴／裂隙沉积物为主，在一些小型盆地内发育河湖相沉积。此外，长江下游地区可见风成黄土－古土壤序列（即下蜀黄土）。作为一个特殊的地理单元，青藏高原内部主要以零星分布的河湖相沉积为主，高原周缘则常常发育以砾石为特征的冲积扇、洪积扇等山麓沉积，在青藏高原东缘的川西高原还发育较好的黄土－古土壤序列。

在中国南方地区，泥河湾阶的代表性地层包括网纹红土下部、广西崇左地区与布兵盆地内含有巨猿－中华乳齿象动物群的洞穴沉积物、重庆巫山龙骨坡洞穴沉积，以及青藏高原东南缘的鹤庆盆地钻孔中—下部、元谋盆地沙沟组上部与元谋组、大理盆地三营组上部的冲洪积物、青藏高原札达盆地上部的湖滨相和冲洪积物。周口店阶以网纹红土上部、中国南方地区含大熊猫－剑齿象动物群的洞穴沉积物、鹤庆盆地钻孔上部、下蜀黄土中—下部以及中国南方洞穴中（如湖北神农架三宝洞、贵州董哥洞）的石笋为代表。萨拉乌苏阶的代表性地层包括下蜀黄土上部、鹤庆盆地钻孔顶部及一些含有人类化石的洞穴沉积物。全新统的典型地层主要有下蜀黄土顶部、湖相沉积以及石笋等。川西高原的黄土－古土壤序列时代则跨越了上上新统麻则沟阶顶部以及更新统泥河湾阶、周口店阶和萨拉乌苏阶。

## 第二节　第四纪地貌及沉积类型

地貌形态主要是由形状和坡度不同的地形面、地形线（地形面相交）和地形点等形态基本要素构成。地貌面又称地形面，是一个复杂的平面、曲面或者波状面。地貌线是相邻地貌面的交线，划分为坡度变换线（破折线）和棱线（坡向变换线）两种。地貌点是地貌面的交点或者地貌线的交点，例如山顶点、洼地最低点。

1987年，《中国1：100万地貌图》制图规范的地貌分类系统，将地貌类型划分为3部分。第一部分，据高程原则将全国分为平原、台地、丘陵、低山、中山、高山、极高山7种基本地貌类型。第二部分，为地貌形态成因类型，按4级划分：① 第一级按全球巨型地貌单元分为陆地、海岸、海底地貌；② 第二级陆地部分按地貌成因的动力条件划分为14种成因类型（构造、火山、流水、湖成、海成、岩溶、干燥剥蚀、风成、黄土、冰川、冰缘、重力、生物、人为地貌），海岸部分按形成方式（构造、侵蚀、堆积等）划分，海底部分按中型形态（陆架、陆坡、深海盆地等）划分；③ 第三级陆地部分表现各种成因下的基本地貌类型，海岩和海底部分表现小型形态；④ 第四级表现更小形态。第三部分，为种种成因下的形态符号。最新的中国陆地1：100万数字地貌分类方案（表2-2）[①]，划分了各成因类型的不同层次、不同级别的地貌类型。第二层的地貌成因类型根据形成地貌形态的营力，有下列15类主要地貌成因类型：海成地貌、湖成地貌、流水地貌（常态、干旱）、冰川地貌、冰缘地貌、风成地貌、干燥地貌（流水、风蚀、盐湖）、黄土地貌、喀斯特地貌、火山地貌、重力地貌、构造地貌、人为地貌、生物地貌、其他成因地貌。

表 2-2　中国陆地 1：100 万数字地貌分类方案

| 地貌纲 | 地貌亚纲 | 地貌类 | 地貌亚类 | 地貌型 || 地貌亚型 |
|---|---|---|---|---|---|---|
| 第一级 | 第二级 | 第三级 | 第四级 | 第五级 || 第六级 |
| 基本地貌类型 || 成因类型 || 形态类型 || 物质类型 |
| 第一层 | 第二层 | 第三层 | 第四层 | 第五层 | 第六层 | 第七层 |
| 起伏度 | 海拔 | 成因 | 次级成因 | 形态 | 次级形态 | 坡度坡向 物质组成 |
| 平原 | 低海拔 | 海成 | 随成因类型变化而变化，基本分为抬升/侵蚀、下降，堆积 | 按照次级成因来进一步细分的形态类型 | 随形态而变，需要进一步细分的形态类型 | 平原和台地：平坦的、倾斜的、起伏的 按照成因类型、地表物质组成、岩性来区分 |
| 台地 | 中海拔 | 湖成 | | | | |
| 丘陵 | 高海拔 | 流水 | | | | |
| 小起伏山地 | 极高海拔 | 风成 | | | | |
| 中起伏山地 | | 冰川 | | | | 丘陵和山地：平缓的、缓的、陡的、极陡的 |
| 大起伏山地 | | 冰缘 | | | | |
| 极大起伏山地 | | 干燥 | | | | |
| | | 黄土 | | | | |
| | | 喀斯特 | | | | |
| | | 火山熔岩 | | | | |
| 固定项（严格执行） |||| 参考项（可修正或调整） |||

---

① 曾克峰、刘超、程璜鑫：《地貌学及第四纪地质学教程》，中国地质大学出版社，2014年。

旧石器时代考古野外工作中，常常遇到的地貌类型主要有河流和湖泊地貌、岩溶地貌和黄土地貌，本书简要介绍这几种地貌类型。

## 一、河流与湖泊

### （一）河流

在河流的侵蚀、搬运和堆积作用过程中，河流以其动能和不同大小尺度的水流运动，在河道系统中塑造了河流地貌。河流地貌主要包括以下几个要素。

**1. 河床**

河床是河谷中枯水期水流所占据的谷底部分。河床横剖面在河流上游多呈 V 字形，下游多呈低洼的槽形，主要受流水侵蚀和地转偏向力的共同作用而形成。从河源到河口的河床最低点的连线称作河床纵剖面。河床纵剖面总体上是一条下凹形的曲线，它的上游坡度大而下游坡度小。山区河床横剖面较狭窄，纵剖面较陡，深槽与浅滩交替，且多跌水、瀑布；平原区河床横剖面较宽浅，纵剖面坡度较缓，微有起伏。

1）山地河床地貌

山地河流以下蚀作用为主，河床纵剖面坡降很大，河床底部起伏不平，水流湍急，涡流十分发育，多壶穴（深潭）、深槽、岩槛、瀑布、浅滩。急流和涡流是山地河流侵蚀地貌的主要动力。由河流、溪流、冰水携带的沙石旋转磨蚀基岩河床而形成大小不同、深浅不一的近似壶形的凹坑，称为壶穴。

由于河床上岩性的差异而形成的陡坎，称为岩槛，又称"岩坎"或"岩阶"。岩槛往往成为浅滩、跌水和瀑布的所在处，并构成上游河段的地方侵蚀基准面。

深槽是一种普遍存在的河床地貌形态。弯曲型河道的弯顶上下端为深槽，两弯之间的过渡段为浅滩。山地河床以河床浅滩地形发育为特点。

2）平原河床地貌

根据平原河道的形态及其演变规律，可以将它分为三种类型：顺直河道、弯曲河道和分汊河道。其中分汊河道又可划分为相对稳定型和游荡型两亚类。

某河段的实际长度与该河段直线长度之比，称为该河段的河流弯曲系数（即河段实际长度 $L$/河段的直线长度 $Z$）。弯曲系数值越大，河段越弯曲。河流弯曲系数大对航运及排洪不利。河流弯曲系数大于 1.3 时，可以视为弯曲河流，河流弯曲系数小于或等于 1.3 时，可以视为平直河流。

**2. 弯曲河道**

弯曲河道是平原地区比较常见的类型。环形水流侧方侵蚀形成的近于环形的弯曲河流被称为河曲或者蛇曲（图 2-2-a），表示河流发育进入相对成熟期或老年期。蛇曲

（河曲）有自由式和嵌入式两种类型。

自由蛇曲（河曲）：又称迂回蛇曲（河曲），一般发育在宽阔的河漫滩（河岸冲积平原）上，组成物质比较松散和厚层，这就有利于曲流河床自由地在谷底迂回摆动，不受河谷基岸的约束（图2-2-b）。

嵌入式蛇曲（河曲）：它出现在山地中，是一种深深切入基岩的蛇曲（河曲），又称深切蛇曲（河曲）（图2-2-c）。因这种蛇曲（河曲）的水流被束缚在坚硬的岩层中，故称为强迫性曲流。

自由蛇曲形成后，如果地壳发生快速隆升，向下侵蚀的河水就会将抬起的基岩侵蚀切割，形成嵌入式蛇曲。最终，隆升的地壳形成山地，而蛇曲则保持原形，嵌在山谷之中。如果地壳抬升速度较慢，蛇曲边切割边向侧方侵蚀，变得更加弯曲，但上游的河水很可能裁弯取直，直接冲向下游。如此一来，原先的蛇曲也就成为高山上的牛轭湖了，湖中包围的基岩残丘，称为离堆山（图2-2-d）。

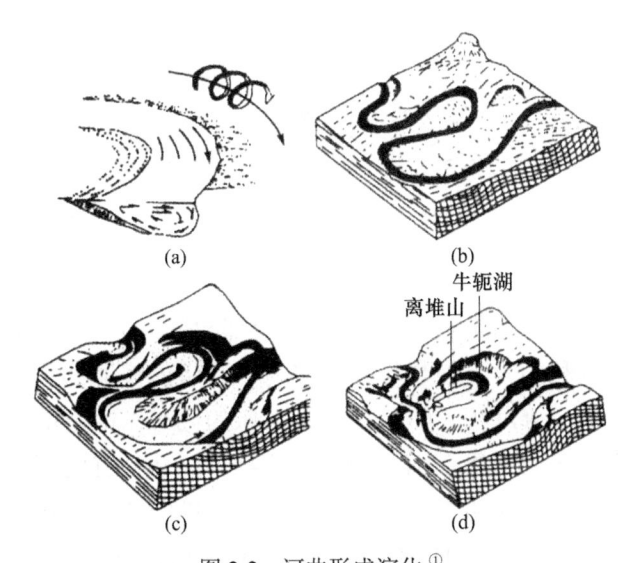

图 2-2 河曲形成演化[①]
（a）环流；（b）自由蛇曲；（c）嵌入式蛇曲；（d）蛇曲裁弯取直形成牛轭湖和离堆山

## 3. 河漫滩

河漫滩是在河流洪水期被淹没的河床以外的谷底平坦部分。在大河的下游，河漫滩可宽于河床几倍至几十倍。

1）河漫滩形成的过程

河漫滩的形成是河床不断侧向移动和河水周期性泛滥的结果。弯曲河床的水流在惯性离心力作用下趋向凹岸，使其水位抬高，从而产生横比降与横向力，形成表流向

---

① 陈安泽：《旅游地学大辞典》，科学出版社，2013年。

凹岸而底流向凸岸的横向环流。凹岸及其岸下河床在环流作用下发生侵蚀并形成深槽，岸坡亦因崩塌而后退。凹岸侵蚀掉的碎屑物随底流带到凸岸沉积下来形成小边滩。边滩促进环流作用，并随河谷拓宽而不断发展成为大边滩。随着河流不断侧向迁移，边滩不断增长扩大，并具倾向河心的斜层理。洪水期，河水漫过谷底，边滩被没于水下，由于凸岸流速较慢，洪水携带的细粒物质（泥、粉砂）就会在边滩沉积物之上叠加沉积，形成具有水平层理的河漫滩沉积，洪水退后，河漫滩露出地表成为较平坦的沉积地形。

2）河漫滩的结构

洪水期河漫滩上水流流速较小，环流从河床中带到河漫滩上的物质主要是细砂和黏土，称为河漫滩相冲积物；下层是由河床侧方移动沉积的粗砂和砾石，称为河床相冲积物。这样就组成了河漫滩的二元沉积结构（图 2-3；图版一，1）①。

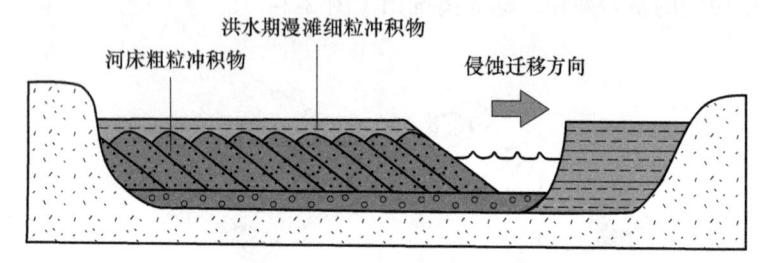

图 2-3　河漫滩二元沉积结构

河床相冲积物，靠近下部的物质较粗大，上部的较细小。下部粗大颗粒是洪水期河床水流最强部分堆积的，称蚀余堆积；在河床凸岸的浅滩部位，水流速度相对减慢，沉积较细颗粒的浅滩沉积。随着洪水期河床的侧移，蚀余堆积逐渐被河床浅滩堆积物覆盖而形成河床相物质上细下粗的沉积特征，并且有向河床方向倾斜的斜层理。河漫滩相冲积物是洪水期在河床相冲积物之上堆积的具有水平层理的细砂和黏土。河漫滩相冲积物和河床相冲积物是河流发育同一阶段形成的冲积物的两个不同沉积相。

河流冲积物中还常出现透镜体状的牛轭湖沉积物，它是由淤泥夹腐殖质层沉积构成，牛轭湖沉积的出现，说明河流曾发生过裁弯取直。

## 4. 河谷

河谷是由河流长期侵蚀而成的线状延伸的凹地，它的底部有着经常性的水流。河谷的长短不一，大的河谷长达数千千米，如亚马孙河为 6516 千米，尼罗河为 6484 千米，长江为 6380 千米。

---

① 钱建平：《基础地质学教程》，地质出版社，2014 年。

河谷由谷底、谷坡和谷缘形态组成（图2-4；图版一，2）[①]。谷底包括河水占据的河床和洪水能淹没的河漫滩；谷坡是由河流侵蚀形成的岸坡；谷缘是谷坡上的转折点（或带），它是计算河谷宽度、深度和河谷制图的标志。

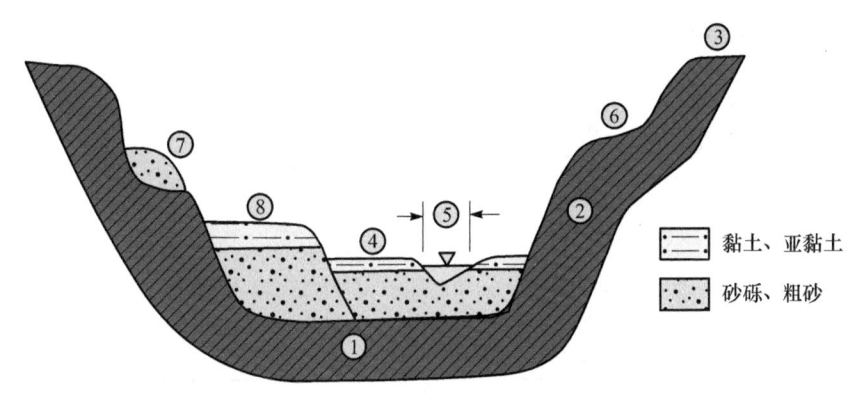

图 2-4 河谷横剖面形态
① 谷底；② 谷坡；③ 谷缘；④ 河漫滩；⑤ 河床；⑥ 侵蚀阶地；⑦ 基座阶地；⑧ 沉积阶地

## 5. 河流阶地

### 1）阶地特征

由于河流下切侵蚀，原先河谷底部超出一般洪水位，呈阶梯状分布在河谷谷坡上，这种地形称为河流阶地。阶地在河谷地貌中较普遍，每一级阶地由平坦的或微向河流倾斜的阶地面和陡峭的阶坡组成。前者为原有谷底的遗留部分，后者则由河流下切形成。阶地面与河流平水期水面的高差即为阶地高度。

阶地按地形单元划分为阶地面、阶地陡坎、阶地前缘和阶地后缘（图2-5）[②]。阶地面比较平坦，微向河床倾斜；阶地面以下为阶地陡坎，坡度较陡，是朝向河床急倾斜的陡坎。阶地高度从河床水面起算，阶地宽度指阶地前缘到阶地后缘间的距离，阶地级数从下往上依年代从晚到早依次排列。

一般河谷中常有一级或多级阶地，多级阶地的顺序自下而上排列，高出河漫滩的最低级阶地称一级阶地，向上依次为二级阶地、三级阶地……在同一河谷剖面上，阶地相对年龄一般是高阶地老，低阶地新。

### 2）河流阶地类型

依据阶地面和阶地坡的组成物质、结构，阶地基座高度以及阶地冲积层时代与接触关系，河流阶地可分为侵蚀阶地、基座阶地、堆积阶地和埋藏阶地4类（图2-6）[③]。

---

① 钱建平：《基础地质学教程》，地质出版社，2014年。
② 杜恒俭、陈华慧、曹伯勋：《地貌学及第四地质学》，地质出版社，1981年。
③ 杜恒俭、陈华慧、曹伯勋：《地貌学及第四地质学》，地质出版社，1981年。

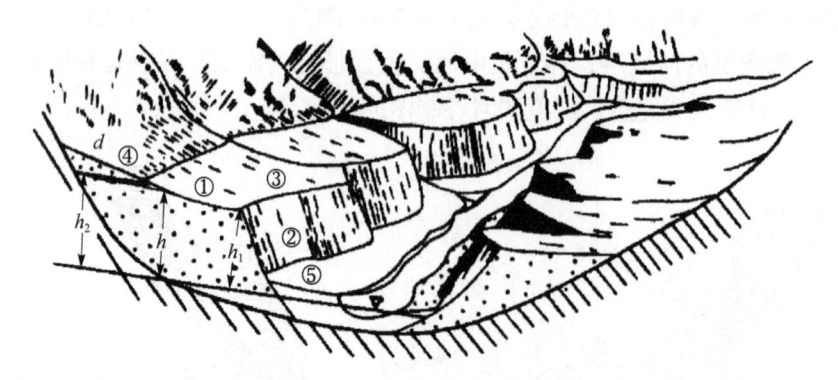

图 2-5 河流阶地形态要素
①阶地面；②阶坡；③阶地前缘；④阶地后缘；⑤坡脚
$h_1$. 阶地前缘高度；$h_2$. 阶地后缘高度；$h$. 阶地平均高度；$d$. 坡积裙

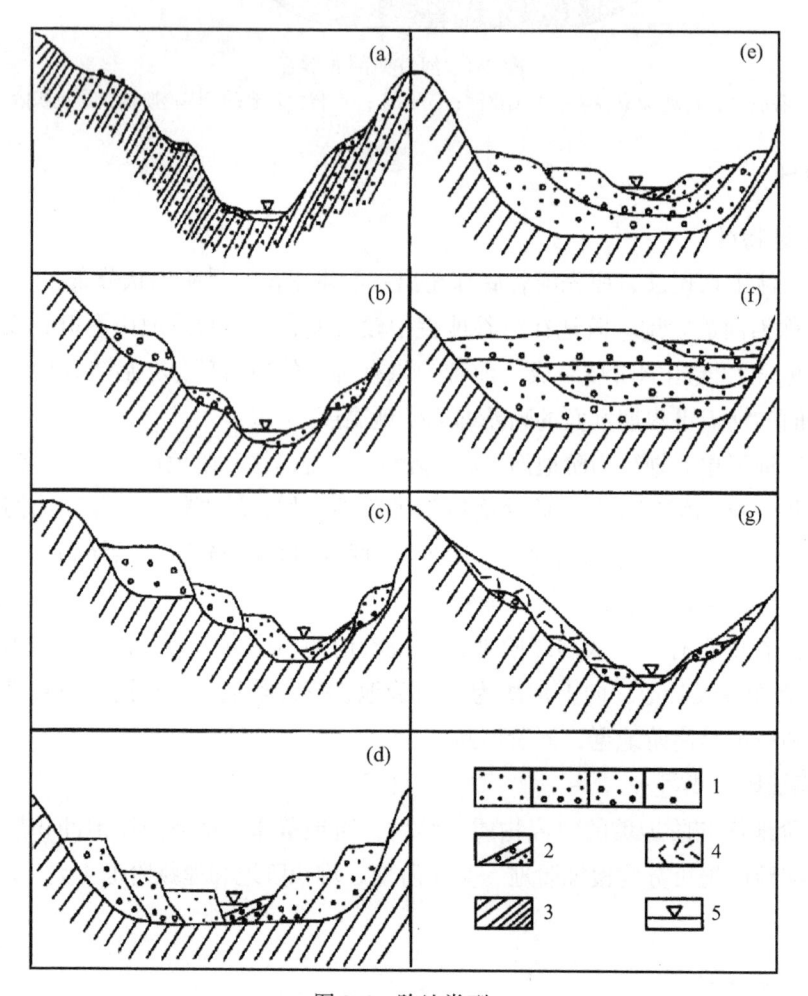

图 2-6 阶地类型
（a）侵蚀阶地；（b）基座阶地；（c）嵌入阶地；（d）内叠阶地；（e）上叠阶地；（f）埋藏阶地；（g）坡下阶地
1. 不同时代冲积层；2. 现代河漫滩；3. 基岩；4. 坡积物；5. 河水位

A. 侵蚀阶地

阶地的阶面和阶坡由基岩组成，阶面上保存有不厚的冲积层或残余冲积砾石。侵蚀阶地发育在河流上游和新构造运动强烈上升地段。

B. 基座阶地

阶面和阶坡上部为冲积物组成，阶坡下半部露出基座。基座可以是基岩，也可以是比冲积层老的松散堆积物，两者间由侵蚀面分开。基座阶地发育在河流中上游和新构造运动上升较强地段。

C. 堆积阶地

堆积阶地由冲积物组成。根据河流下切程度不同，形成阶地的切割叠置关系不同又可分为：嵌入阶地，新阶地嵌入老阶地之内，低阶地阶面高于高阶地的基座面；内叠阶地，新阶地叠于老阶地之内，各阶地基座近于同一水平；上叠阶地，是新阶地叠于老阶地之上。

D. 埋藏阶地

前期河流阶地被后期冲积层掩埋，这种阶地与掩埋河谷的前期河流阶地被后期冲积层掩埋，区别在于后者是在地壳连续沉降时，被后期冲积层掩埋的河谷。至于坡下阶地则是指由于斜坡重力作用，被下滑重力堆积或坡积物所掩埋的河流阶地。

（二）湖泊

湖泊是被静止或弱流动水所充填，而且不与海洋直接沟通的洼地，规模大小悬殊，巨大的湖泊有的称为海（如黑海），但湖泊一般缺少潮汐作用，这是与海的最大不同之处。沼泽是指地表过湿或有薄层常年或季节性积水，土壤水分几近饱和，生长有喜湿性和喜水性沼生植物的地段。

**1. 湖泊地貌**

湖泊形成的地貌主要有湖岸阶地与湖积平原。湖岸阶地呈环形或半环形绕湖分布，其成因与气候变化或构造运动有关。第四纪干（冷）、湿（暖）气候变化往往波及广大地区的湖群而不是个别湖泊。在温暖气候期，湖泊水位上升（高湖水位），面积扩大，或湖群合并，湖水淡化；干冷气候期，湖泊水位下降（低湖水位），面积缩小，湖水咸化或干涸，湖区有风沙或洪积物堆积。若湖泊底部由于不均匀的堆积，则可造成湖阶地的不对称耳状分布。新构造运动引起的湖阶地常发育在一些构造运动活跃地带，它们常掩盖了气候对湖阶地形成的影响。

湖积平原发育在大湖周围，是湖泊大规模发展时期的产物。我国的洞庭湖、鄱阳湖等大湖周围不同程度地发育湖积平原或湖河平原。

## 2. 沼泽

沼泽是地表长期处于充分湿润，喜湿性植物丛生，并有大量泥炭和有机质淤泥堆积的地段。沼泽的形成主要由水体沼泽化和陆地沼泽化引起。水体沼泽化即湖泊发展的晚期阶段，湖水将干涸，表层含水量高，喜湿性植物大量生长形成的，大部分沼泽属于这种处于水体缩小状态下的湖区沼泽化而成，分布面积广。在平原和河谷地带，或由于土层黏性大，泄水不畅，或地表水体通过地表下透水层往低洼地带泄水，都会引起陆地沼泽化。热带地区沼泽发展速度快，寒冷和高山高纬区沼泽发展较慢。晚更新世和全新世，我国东北地区、燕山南麓、江汉平原和长江中下游谷地都发育过较大规模的沼泽，东北沼泽沉积物是形成黑土的母岩。

沼泽主要靠地下水供给水分，地下水中营养丰富，高等植物（乔木如木山木、落羽杉等）生长繁茂，植物死亡后分解快，沼泽表面几乎与地下水面相近或稍低，称低位沼泽。若沼泽主要靠大气降水补给水分，水中养料贫乏，只能生长苔、杂草，植物死亡后分解慢，沼泽表面高于地下水面，称高位沼泽。也有居于上述二者之间的过渡型沼泽。淡水和咸水水体都可以演化为沼泽。高山、高原和高纬区气候虽冷，但蒸发作用小，也易于形成沼泽。某些地段只是季节性地处于水饱和状态，则称为沼泽化地区。

## 二、岩溶

岩溶作用是指地表水和地下水对可溶性岩石进行的以化学溶蚀作用为主，机械侵蚀和重力崩塌作用为辅，引起岩石的破坏及物质的带出、转移和再沉积的综合地质作用。由岩溶作用所形成的地表形态和地下洞穴系统，称为岩溶地貌。岩溶作用的结果使可溶性岩石形成一系列独特的岩石地貌，其地貌形态是十分复杂的。按出露情况可分为地表岩溶地貌和地下岩溶地貌。地表岩溶地貌主要由地表水作用所形成，地下岩溶地貌主要为地下水所雕塑（图2-7）[①]。

### （一）地表岩溶地貌

#### 1. 溶沟和石芽

溶沟和石芽是石灰岩表面的溶蚀地貌。地表水流沿石灰岩表面流动，溶蚀、侵蚀出许多凹槽，称为溶沟。溶沟宽十几厘米至几百厘米，深以米计，深浅不等。溶沟之间的突出部分，称为石芽。

#### 2. 石林

石林是一种非常高大的石芽，或称石芽式石林。它在热带多雨气候条件下形成。

---

① 曹伯勋：《地貌学及第四纪地质学》，中国地质大学出版社，1995年。

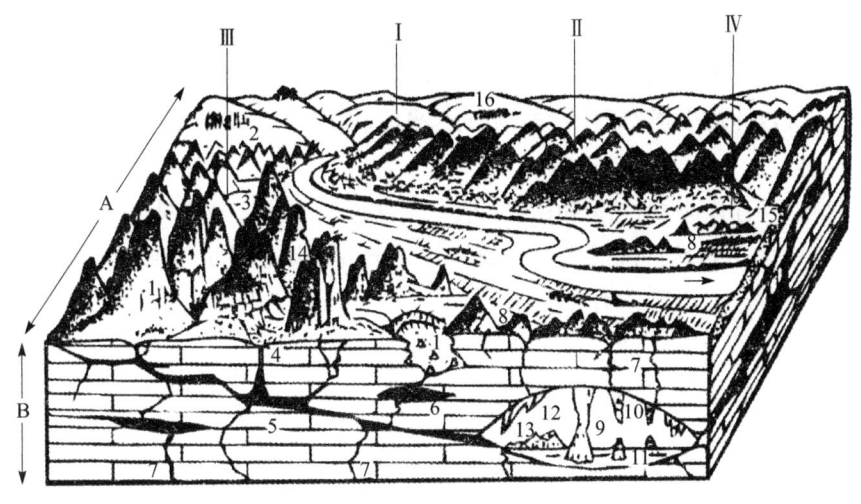

图 2-7 岩溶地貌示意图

形态组合：Ⅰ.岩溶高原；Ⅱ.峰丛－洼地；Ⅲ.峰林－洼地（谷地）；Ⅳ.岩溶平原
1. 岩溶塌陷；2. 石林；3. 溶蚀洼地；4. 落水洞；5. 暗河；6. 地下湖；7. 溶隙；8. 溶蚀残丘；9. 石柱；
10. 石钟乳；11. 石笋；12. 石幕；13. 洞穴角砾；14. 抬升的溶洞；15. 岩溶泉；16. 陡崖
A. 地表岩溶；B. 地下岩溶

### 3. 岩溶漏斗

漏斗是岩溶地貌中的一种口大底小的圆锥形洼地，平面轮廓为圆形或椭圆形，直径数十米，深十几米至数十米。漏斗下部常有管道通往地下，地表水沿此管道下流，如果通道被黏土和碎石堵塞，则可积水成池。

### 4. 落水洞

落水洞是岩溶区地表水从谷地流向地下河或地下溶洞的通道，它是岩溶垂直流水对裂隙不断溶蚀并伴随坍陷而成。洞口常接岩溶漏斗底部，洞底常与地下水平溶洞、地下河或大裂隙连接，具有吸纳和排泄地表水的功能，故称落水洞。落水洞大小不一，形状也各不相同。

竖井又称天坑。当地壳上升，地下水位也随之下降，落水洞进一步向下发育而成竖井，深度可达数百米。

### 5. 峰林、峰丛、孤峰、溶蚀洼地与坡立谷

由碳酸盐岩石发育而成的山峰，按其形态特征可分为孤峰、峰丛和峰林。它们都是在热带气候条件下，碳酸盐岩石遭受强烈的岩溶作用后所造成的特有地貌。这些山峰峰体尖锐，外形呈锥状、塔状（圆柱状）和单斜状等。山坡四周陡峭，岩石裸露，地面坎坷不平，石芽溶沟纵横交错，而且分布着众多漏斗、落水洞和峡谷等。山体内部发育有大小不等的溶洞和地下河，整个山体被溶蚀成千疮百孔。

1）峰林

峰林是成群分布的石灰岩山峰，山峰基部分离或微微相连。它是在地壳长期稳定状态下，石灰岩体遭受强烈破坏并深切至水平流动带后所成的山群。

2）峰丛

峰丛是一种连座峰林，顶部山峰分散，基部连成一体。当峰林形成后，地壳上升，原来的峰林变成了峰丛顶部的山峰，原峰林之下的岩体也就成了基座。此外，峰丛也可以由溶蚀洼地及谷地等分割岩体形成。

3）孤峰

孤峰指散立在溶蚀谷地或溶蚀平原上的低矮山峰，它是石灰岩体在长期岩溶作用下的产物。

4）溶蚀洼地与坡立谷

A. 溶蚀洼地

溶蚀洼地是由四周为低山丘陵和峰林所包围的封闭洼地。其形状和溶蚀漏斗相似，但规模比溶蚀漏斗大许多。平面形状有圆形、椭圆形、星形和长条形，垂直形状有碟形、漏斗形和筒形，由四周向中心倾斜。溶蚀洼地底部较平坦，直径超过100米，最大可达2千米。溶蚀洼地是由漏斗进一步溶蚀扩大而成。

B. 坡立谷

坡立谷一词源自南斯拉夫语，原意为可耕种的平地，即溶蚀平原或岩溶盆地，代表岩溶发育的晚期阶段。其主要特征是面积大，超过数十平方千米。底部平坦，地下河转化为地上河，地表接近水平径流带，形成冲积坡积、溶蚀残余堆积平原。其延伸方向与构造线一致，周围发育峰林地形，内部峰林稀疏或只有孤峰、溶丘。因而从包括周边整个视域来看，它是一个盆地或谷地。

（二）地下岩溶地貌

### 1. 溶洞及溶洞堆积物

溶洞又称洞穴，是地下水沿着可溶性岩石的层面、节理或断层进行溶蚀和侵蚀形成的地下孔道。当地下水流沿着可溶性岩石的较小裂隙和孔道流动时，其运动速度很慢，这时只进行溶蚀作用。随着裂隙的不断扩大，地下水除继续进行溶蚀作用外，还产生机械侵蚀作用，使孔道迅速扩大为溶洞。

1）溶洞的形态

溶洞的形态多种多样，规模亦不相同。根据溶洞的剖面形态可分为水平溶洞、垂直溶洞、阶梯状溶洞、袋状溶洞和多层状溶洞等。

2）溶洞堆积物

溶洞堆积物多种多样，除了地下河床冲积物如卵石、泥沙外，还有崩积物、古生物以及古人类文化层等堆积。但最常见和最多的是碳酸钙化学堆积，并且构成了各种堆积地貌，如石钟乳、石笋、石柱、石幔等。

石钟乳：它是悬垂于洞顶的碳酸钙堆积，呈倒锥状。其生成是由于洞顶部渗入的地下水中 $CO_2$ 含量较高，对石灰岩具有较强的溶蚀力，呈饱和碳酸钙水溶液。当这种溶液渗至洞内顶部出露时，因洞内空气中的 $CO_2$ 含量比下渗水中 $CO_2$ 含量低得多，所以水滴将失去一部分 $CO_2$ 而处于过饱和状态，于是碳酸钙在水滴表面结晶成为极薄的钙膜，水滴落下时，钙膜破裂，残留下来的碳酸钙便与顶板联结成为钙环。由于下渗水滴不断供应碳酸钙，所以钙环不断往下延伸，形成细长中空的石钟乳。如果石钟乳附近有多个水滴堆积，则形成不规则的石钟乳。

石笋：它是由洞底往上增高的碳酸钙堆积体，形态呈锥状、塔状及盘状等。其堆积方向与石钟乳相反，但位置两者对应。当水滴从石钟乳上跌落至洞底时，变成许多小水珠或流动的水膜，这样就使原来已含过量 $CO_2$ 的水滴有了更大的表面积，促进了 $CO_2$ 的逸散。因此，在洞底产生碳酸钙堆积。石笋横切面没有中央通道，但同样有同心圆结构。

石柱：石柱是石钟乳和石笋相对增长，直至两者连接而成的柱状体。

石幔：含碳酸钙的水溶液在洞壁上漫流时，因 $CO_2$ 迅速逸散而产生片状和层状的碳酸钙堆积，其表面具有弯曲的流纹，高度可达数十米。

3）溶洞崩塌地貌

溶洞内部周围岩石的临空和洞顶的溶蚀变薄，会使洞穴内的岩石应力失去平衡而发生崩塌，直到洞顶完全塌掉，变为常态坡面为止。崩塌是溶洞扩大和消失的重要作用力，形成的地貌主要有崩塌堆、天窗、天生桥、穿洞等。

崩塌堆：洞顶岩层薄、断裂切割强以及地表水集中渗入的洞段容易发生崩塌，洞底就会出现崩塌堆；洞内化学堆积的发展也会引起溶洞的崩塌，如巨大的石钟乳坠落。

天窗：洞顶局部崩塌并向上延及地表，或地面往下溶蚀与下部溶洞贯通，都会形成一个透光的通气口，称为"天窗"。若天窗扩大，及至洞顶塌陷时，地下溶洞则称为竖井。

天生桥、穿洞：溶洞的顶部崩塌后，残留的顶板横跨地下河河谷两岸中间悬空，称为天生桥，呈拱形，宽度数米至百米。有些天生桥是由于分水岭地区地下河流溯源侵蚀袭夺而形成的。穿洞是桥下两头可以对望的洞。

## 三、黄土

风成地貌与黄土地貌是干旱和半干旱区发育的独特地貌，它们在时空分布及成因上都有密切联系。风力对地表物质的侵蚀、搬运和堆积过程中所形成的地貌，称为风成地貌。风成地貌与黄土地貌，是第四纪地质历史时期广大干旱、半干旱区内，特殊的干燥气候环境的产物,而风力作用是其塑造地貌的重要营力。风力作用是干旱气候环境区的主要地质营力。风是沙粒运动的直接动力,当风速作用力大于沙粒惯性力时,沙粒即被吹动,形成含沙粒的运动气流,即风沙流。风沙流对地表物质所发生的侵蚀、搬运和堆积作用称为风沙作用。风沙流中含有各种粒径的砂、粉尘和气溶胶,流动的沙是风蚀和风积作用的重要因素,粉砂是形成黄土的主要来源。

黄土是240万年以来干旱、半干旱气候环境条件下形成的广泛分布的松散土状堆积物,其主要特征是:颜色以浅灰黄色、棕黄色、褐黄色为主,颗粒成分以粉砂(0.05~0.005mm)为主,富含钙质,疏松多孔,不显宏观层理,垂直节理发育,具有很强的湿陷性。广义的黄土包括典型风成黄土和黄土状岩石。黄土状岩石是指除风力以外的各种外动力作用所形成的类似黄土的堆积,其特点是具有沉积层理,粒度变化大,孔隙度较小,含钙量变化显著,湿陷性不及风成黄土等。原生黄土经改造后堆积成次生黄土。黄土地层中记录了大量的第四纪以来的生物、气候信息,是研究第四纪气候和古环境变化的信息库。

中国北方更新世黄土极为发育(从老到新有午城黄土、离石黄土、马兰黄土),全新世也有黄土堆积,黄土是中国北方第四纪主要地层。现代尘暴也带来类似黄土沉积物。

在黄土堆积过程中和堆积以后形成的地貌,叫作黄土地貌。黄土地貌是在特定的气候与构造环境中发育起来的。它是由水力、重力、风力塑造而成。黄土地貌主要分布在中国半干旱区。

大型黄土堆积地貌有黄土高原和黄土平原。黄土高原分布于新构造运动的上升区,如陕北、陇东和山西高原,是由黄土堆积形成的高而平坦的地面。塬、梁、峁是黄土高原黄土堆积的原始地面经流水切割侵蚀后的残留部分。它们的形成和黄土堆积前的地形起伏及黄土堆积后的流水侵蚀都有关。

A. 黄土塬

黄土塬是指在第四纪以前的山间盆地的基础上,被厚层黄土覆盖,面积较大、顶面平坦、侵蚀较弱、周围被沟谷切割的台地。

B. 黄土梁

黄土梁是平行沟谷的长条状高地,长可达几百米、几千米到几十千米,宽仅几十米到几百米,顶面平坦或微有起伏。梁主要是黄土覆盖在梁状古地貌上,又受近代流水等作用形成的。

C. 黄土峁

黄土峁是顶部浑圆、斜坡较陡的黄土小丘,大多数是由黄土梁进一步切割而成,少数为晚期黄土覆盖在古丘状高地而成,常成群分布。黄土梁、峁经常与谷沟同时并存,组成黄土丘陵。

## 第三节　第四纪哺乳动物群

哺乳动物隶属于动物界，脊索动物门，脊椎动物亚门，哺乳纲，是脊椎动物中最高等的一个类群，由爬行动物进化而来。哺乳和胎生是哺乳动物最显著的特征，哺乳动物全身或某一部分有毛发，身体一般分为头、颈、躯干、四肢和尾5个部分，7节颈椎，用肺呼吸，体温恒定，脑较大而发达，牙齿分化为门齿、犬齿和颊齿，心脏分为两心房和两心室。

### 一、动物地理区

哺乳动物是动物中最高级的一纲，从中生代开始出现，新生代最为繁盛。新生代又称哺乳动物时代。科伯特把新生代哺乳动物分为28个目，每个目又分若干科、属、种，其中15个或16个目现代仍然生存，其余都已绝灭。

整个地球表面，按照生存在某地区或水域内的一定地理条件和在历史上形成的许多动物类群的性质和特点，划分为若干动物地理区域（或动物区），即为动物地理区划。通用的划分单位是界、区、亚区、省、周边、区段。世界陆地动物区划从19世纪后期开始，学者们先后提出了多种区划系统，其中被普遍采用的是华莱士6个界的划分系统。

（一）全北界（包括古北界和新北界）

全北区的特点是无长鼻目和犀科，特别有食虫目的鼹鼠科、啮齿目的河狸科等。上新世，该区的动物种类繁多，形成从滨太平洋到地中海和西欧广大地区相似的三趾马动物群（地中海动物群、欧洲蓬蒂期动物群和中国三趾马动物群）。化石记录表面，现代全北界的许多动物是在欧亚大陆和北美大陆发展起来的，然后从这里往南辐射迁移。

古北界包括欧洲、北回归线以北的非洲与阿拉伯半岛的大部分，喜马拉雅山脉到秦岭山脉以北的亚洲大陆；新北界包括今墨西哥北部以北的北美洲广大区域。

（二）东方界（东洋界）

现代主要有热带特有的印度象、印度犀、灵猫、竹鼠、水牛、猩猩、貘、长臂猿和大熊猫等。从化石记录看与全北界共有的一些种类是从全北界迁来的。东洋界包括中国秦岭山脉以南地区、印度半岛、中南半岛、马来半岛以及斯里兰卡、菲律宾群岛、苏门答腊、爪哇和加里曼丹等大小岛屿。

## （三）古热带界

现在非洲有世界上最丰富多彩的动物群（萨旺纳草原动物群），以河马、长颈鹿、各种羚羊、非洲象、非洲狮、鬣狗和狒狒为特征，但无鹿和熊，化石记录残缺不全。古热带界包括北回归线以南的阿拉伯，撒哈拉沙漠以南的非洲大陆以及马达加斯加与附近诸岛屿。

## （四）新热带界

第三纪以前处于与北美隔绝状态，发展了有袋目、翼手目、食肉目和灵长类，后来全北区动物迁入并排挤原有动物，形成一个具有原始性质和有大量迁入动物组成的动物群。新热带界包括整个中美、南美大陆，墨西哥南部以及西印度群岛。

## （五）澳洲界

现代以产有袋类闻名于世，从现代还生存有单孔类的卵生动物（鸭嘴兽）和有袋类在白垩纪—古近纪曾分布于欧亚和美洲来看，现代澳洲动物最具原始性，澳洲在第三纪以前曾是冈瓦纳大陆的一部分。澳洲界包括澳大利亚、新西兰、塔斯马尼亚、伊里安岛以及太平洋的海洋岛屿等。

上述各动物区的现代动物种群的主要差异和与古代动物的联系，反映了动物的迁移和分化与改组。引起上述动物迁移、分化、改组的原因除动物发展需求外（如觅食、避害、繁殖、种群斗争），主要受气候变化、地理环境改变和新构造运动的影响。第四纪冷暖气候变化使动（植）物发生往赤道方向和往极地方向的大规模迁移，草原兴衰、森林缩小和沙漠进退等使动物发生区域性流动，迁移途中，新构造上升形成的山脉构成迁移障碍，海平面升降使陆桥（如白令海峡、巴拿马地峡区）沉浮，都是造成动物迁移的有利或不利条件。第四纪动物群就是在上述因素，尤其是气候与环境渐变的影响下，经受自然淘汰、选择、应变、迁移和改组，形成第四纪不同地区的动物组合。总的来看，高、中纬区动物的分化明显，低纬赤道地区变化不大；由于人类的狩猎与毁林活动，现代动物比更新世动物种类大为减少。

## 二、中国第四纪哺乳动物群

中国第四纪哺乳动物群分别属于古北界和东洋界，分别以北方型动物群和南方型动物群为代表（图2-8）[①]。

---

[①] 邓成龙、郝青振、郭正堂等：《中国第四纪综合地层和时间框架》，《中国科学：地球科学》2017年第49卷第1期，第330~352页。

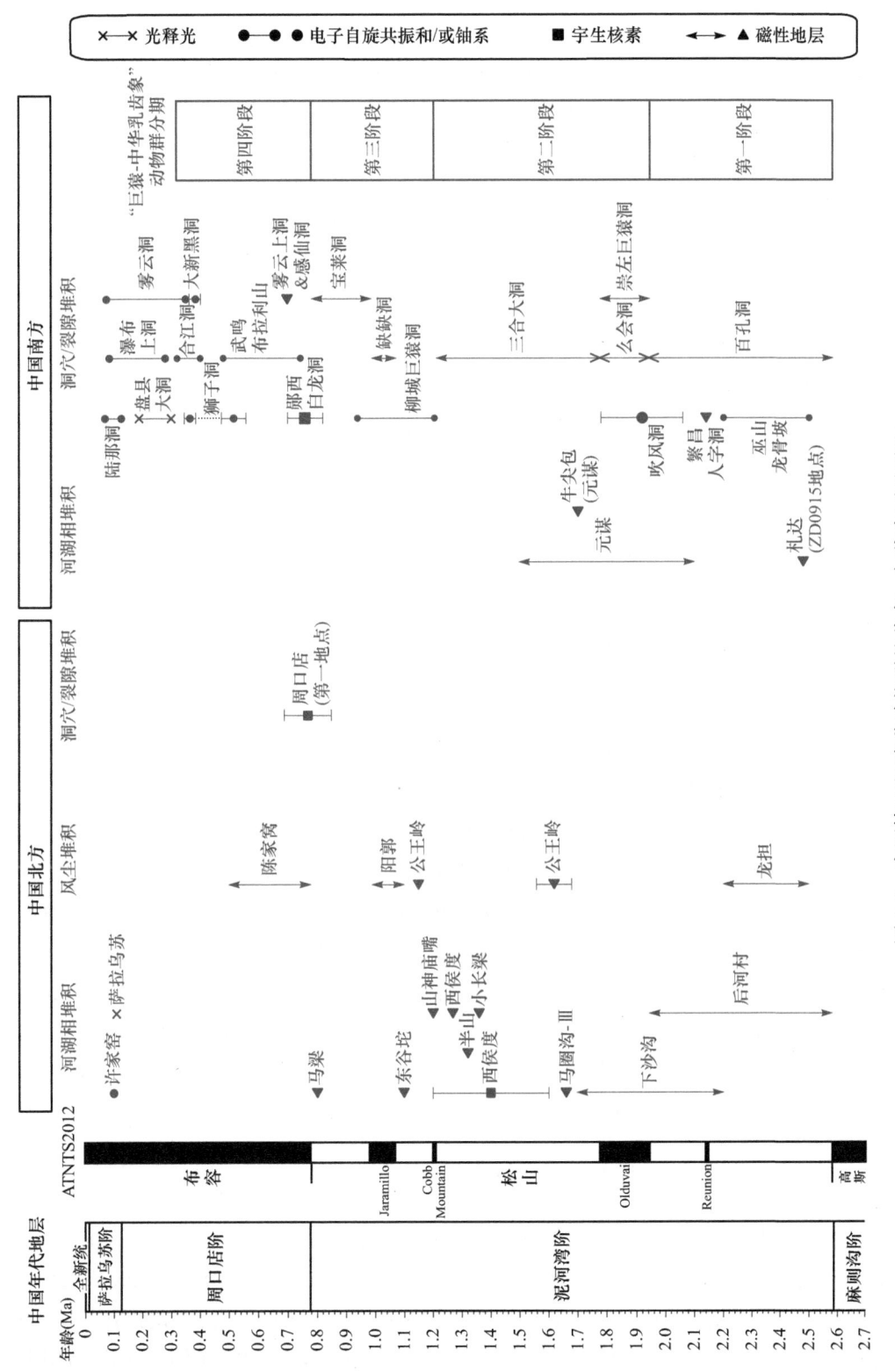

图 2-8 中国第四纪哺乳动物群的分布、年代序列及对比

## (一)中国北方第四纪哺乳动物群

中国北方地区主要包括河北、河南、内蒙古、宁夏、山西、陕西、甘肃及山东等。早更新世动物群，以河北省阳原县泥河湾地区泥河湾动物群（长鼻三趾马－真马动物群）为代表，产于泥湾组上部黄色河湖相地层中，这个动物群含有两种上新世残余种类。早更新世特有的种类有桑氏鬣狗、板齿犀、步氏鹿和丁氏鼢鼠等；现代种类则有三门马、纳玛象、骆驼和野牛。绝灭属占 33.3%，绝灭种占 93.5%，现生种仅 8%。比泥河湾动物群时代更早的有陕西渭南"游河动物群"和泥河湾地区"东窑子头动物群"；较晚的有陕西公王岭动物群、周口店十二地点和十八地点动物群。泥河湾动物群与欧洲更新世"维拉方动物群"可以对比。

中国北方中更新世动物群，以北京周口店龙骨山第 1 地点（猿人洞）"周口店动物群"为代表，在周口店第 1 地点已发现 62 种鸟类化石和 97 种哺乳动物化石。周口店阶以含中更新世的北京猿人（*Homo erectus pekinensis*）和肿骨鹿（*Megaloceros pachyosteus*）为主要生物标志，具有比较明确的生物年代学意义的其他哺乳动物还有硕猕猴（*Macaca robustus*）、居氏大河狸（*Trogontherium cuvieri*）、柯氏短耳兔（*Ochotona koslowi*）、变异仓鼠（*Cricetulus varians*）、中国鬣狗（*Hyaena sinensis*）、三门马（*Equus sanmeniensis*）、洞熊（*Ursus spelaeus*）、意外剑齿虎（*Machairodus inexpectatus*）、纳玛象（*Palaeoloxodon* cf. *namadicus*）、周口店额鼻角犀（*Dicerorhinus choukoutienensis*）、巨副驼（*Paracamelus gigas*）、德氏水牛（*Bubalus teilhardi*）、裴氏转角羚羊（*Spirocerus peii*）、豪猪（*Hystrix subcristata*）、杨氏虎（*Felis youngi*）等。绝灭种占 63%，现生种占 37%。

中国北方晚更新世动物群以"萨拉乌苏动物群"为代表。萨拉乌苏动物群化石主要产出于萨拉乌苏阶下部的萨拉乌苏组，共计 45 个属种，包括 33 种哺乳类和 12 种鸟类。萨拉乌苏动物群的成员是我国北方晚更新世地层中常见的种类，其中部分种类在中更新世就已出现，例如诺氏古棱齿象（*Palaeoloxodon naumanni*）、赤鹿（*Cervus elaphus*）等；许多种类在晚更新世出现，例如狼（*Canis lupus*）、最后斑鬣狗（*Crocuta ultima*）、普氏野马（*Equus* cf. *przewalskii*）、野驴（*Equus hemionus*）及原始牛（*Bos primigenius*）等。另外，河套大角鹿（*Megaloceros ordosianus*）和王氏水牛（*Bubalus wansjocki*）是首次在萨拉乌苏发现而命名，其他地点尚没有发现更早的化石记录。

## (二)中国南方第四纪哺乳动物群

中国南方更新世哺乳动物群传统上以"大熊猫－剑齿象（*Ailuropoda-Stegodon*）动物群"为代表。随着后续的化石地点不断发现，"步氏巨猿（*Gigantopithecus blacki*）"更适合作为中国南方更新世早期哺乳动物群的特征分子，含有该化石的动物群被称为"巨猿动物群"。于是，"巨猿动物群"和"大熊猫－剑齿象动物群"两个名称被沿用下来，分别作为中国南方地区早、中更新世的代表性哺乳动物群。"巨猿动物群"进一步被修订为"巨猿－中华乳齿象（*Gigantopithecus-Sinomastodon*）动物群"，其时代从更新世早期一直延续到中更新世中期。"巨猿－中华乳齿象动物群"在更新世期间的演化过程可分为四个阶段。

阶段一为早更新世早期，年龄为2.58～1.95Ma，对应于C2r（即Matuyama负极性时早期），以崇左百孔洞（2.58～1.95Ma）、巫山龙骨坡（2.5～2.2Ma）以及柳城巨猿洞为代表，这些动物群都包含齿形较小的步氏巨猿、新近纪的孑遗分子以及一些更新世首次出现的属种。

阶段二为早更新世中期，年龄为1.95～1.20Ma，即从Olduvai底界至Cobb Mountain顶界，以布兵盆地吹风洞［(1.92±0.14) Ma］、么会洞（1.95～1.78Ma），以及崇左巨猿洞（1.95～1.78Ma）、三合大洞（约1.2Ma）为代表，动物群特征具有过渡性质，例如步氏巨猿的体型变大、一些原始种类消失以及新种的出现等。

阶段三为早更新世晚期，年龄为1.20～0.78Ma，即从Cobb Mountain上界至M/B界线，以崇左缺缺洞（1.07～0.99Ma）为代表，动物群特征表现为新近纪孑遗分子的下降和现生种的比例升高、早更新世与中更新世的典型物种共存以及巨猿等物种的齿形显著增大等，体现出由早更新世向中更新世过渡的特点。

阶段四为中更新世早、中期，年龄为0.78～0.32Ma，以崇左合江洞动物群（400～320ka）为代表。合江洞动物群与越南北部的Tham Khuyen洞动物群［(475±125) ka］年龄接近，该动物群中的早更新世分子被典型的中更新世种类替代而消失，现生种的比例增高。

巨猿－中华乳齿象动物群主要生活于早更新世泥河湾期，延续至中更新世周口店期中期；大熊猫－剑齿象动物群主要生活于周口店期中、晚期，延续至萨拉乌苏期。在巨猿－中华乳齿象动物群演化的末期，即中更新世早、中期，大熊猫－剑齿象动物群开始逐步繁盛，并渐渐将前者取而代之。

# 第四节 中国第四纪气候变化概况

中国地域辽阔。现代和古代气候都有明显的多样性和区域性，难以用一种单项气候事件阐述整个第四纪气候变化历史。因此，笔者以多种宏观气候标志为基础，对中国第四纪气候与环境变化的主要时段特征进行综合分析。

中国现代气候的格局是：东部从北往南依次为寒温带—温带—亚热带和热带，受季风影响气候较湿润；西部高山高原气候垂直分带明显；西北区远离海洋，属大陆性干旱区，气候干燥少雨。上述中国现代气候的格局是在上新世气候基础上，受第四纪气候全球性变化、青藏高原强烈上升和祁连山—秦岭—大别山隆升，以及东亚季风影响的结果。

## 一、中国上新世气候

中、上新世中国地貌比今日起伏小，青藏地区大部分为与东部相连的海拔 1000m 以上的高平原，三大地貌阶梯尚未成形。根据三趾马动物群、孢粉组合、红土风化壳和古岩溶形态等分析，中国上新世气候受行星风系影响。气候带大体呈纬向分布，从北而南分为暖温带、亚热带和热带。暖温带南界大致在 N42° 左右。北—中亚热带占据 N42°～28° 的广大地区；此带气候东湿西干。南亚热带—热带位于青藏地区南部、珠江流域、台湾、海南岛和南海诸岛。

## 二、中国早更新世（2.5～0.78Ma BP）气候

中国早更新世冷暖气候变化频繁。按气候特征大体可以分出两冷夹一暖 3 个气候时期，每个气候时期都包括更次级气候波动。

### 1. 早更新世早期（2.5～1.8Ma BP）气候

中国西部和北部气候受全球降温影响。普遍变得比上新世冷。西部山地和东北区降温较南部早。喜马拉雅山和昆仑山较早出现小规模山岳冰川活动，以喜马拉雅山的希夏邦玛冰期开始出现为代表，冰碛物被称为"贡巴砾岩"，东北区有早更新世冰缘环境记录。黄土高原开始堆积午城黄土。东部平原气候仍较暖。华北平原发生"北京海侵"，局地发育栎林（占 40%）。华南气候仍较湿热，生活着亚热带、热带动植物群。

### 2. 早更新世中期（1.8～0.9Ma BP）气候

这是一个以温暖气候为主的时期。西部高山、高原为间冰期气候。黄土高原堆积了午城黄土，其中 $S_9$～$S_{11}$ 为反映气候温润的密集古土壤系，北京一带生长栎林，暖温带气候带往北扩展到 N34° 左右。

### 3. 早更新世晚期（0.9～0.78Ma BP）气候

此时中国气候以寒冷为主。西部希夏邦玛冰期山岳冰川有较大规模的活动。东北和华北平原北部出现冰缘冻土。据古冰楔估计当时年均温比现在低 10℃ 左右。东部平原生长暗针叶林。黄土高原堆积了 L9 层砂质黄土。估计年均温比现在低 8～9℃。此时中国气候带格局与上新世不同的是东、西出现差异，寒冷气候带扩大。温热气候带缩小。

## 三、中国中更新世（0.78～0.128Ma BP）气候

中更新世是中国第四纪气候波动幅度最大和冷暖变化明显的时期。冷期在西部发育了中国第四纪最大规模的山岳冰川，暖期在东部广泛发育红土。按多种气候标志可大致分为两冷夹一暖 3 个气候时期。

**1. 中更新世早期（0.78～0.6Ma BP）气候**

这一时期中国气候寒冷。青藏高原对西南季风的屏障作用开始显现。在青藏高原和西北山地发生过中国第四纪以来最大规模的山岳冰川活动。以喜马拉雅山地区聂聂雄拉冰期为代表。都属于山麓式或复式冰川，在青藏高原边缘降水较充沛地区冰川规模是现代冰川的15倍。东北和东部的一些中、低山此时也有小规模的山地冰川活动，如庐山地区的大姑冰期。

**2. 中更新世中期（0.6～0.3Ma BP）气候**

此时气候温暖湿润，是中国第四纪气候史上最长最暖湿的高温期（又称大间冰期）。在青藏高原以加布拉间冰期为代表。发育红黏土风化壳和湖积物，从后者所含栎、木兰等暖温带和亚热带植物孢粉组合推断。当时年均温比现在高5～7℃。西北黄土高原发育了著名的由2～3层棕红色壤土夹薄层黄土组成的$S_5$古土壤层系。属暖温带落叶阔叶森林土壤，其形成时年均温比现在高约4℃，年降水量多350mm。华北和东北区生活着0.5～0.25Ma BP著名的暖温带周口店动物群。华南、华中生活着亚热带大熊猫－剑齿象动物群，此时是中国南北动物群交汇的一个重要时期。这一时期红土虽从北至南都很发育，但秦岭—大别山以南红土普遍蠕虫化（又称网纹红土），反映华中属亚热带气候，秦岭以北属暖温带气候。中更新世温暖气候虽往北扩展，但尚未达到上新世气候格局。

**3. 中更新世晚期（300～128ka BP）气候**

此时青藏高原已隆升到海拔3000m左右，中国三大地貌阶梯结构已经确立。青藏高原在西风带中成为近东西向砥柱，构成阻止西南湿润季风北上的屏障（使之只能有限地沿横断山南北向谷地北上），把西风带分为南、北两支，急流的状况更为明显。冰期北支强于南支，并与来自西伯利亚的寒流复合，往东部和黄土高原输送一定水分和热量。离石黄土上部此时扩大堆积到长江河谷，由此来看，此时北支急流强于南支，中国第四纪中期长期持续的暖湿气流北移大为减弱和晚更新世干冷气流的大规模发展都始于这一时段。

## 四、中国晚更新世（128～11.7ka BP）气候

中国晚更新世（尤其晚期）气候严寒干冷，引起中国环境巨变、生态恶化。分末次间冰期与末次冰期两个阶段。

**1. 中国末次间冰期（128～71ka BP）气候**

气候相对温暖，西部山地冰川有所退缩。黄土高原年均温比现在高约4℃，年降水多280mm（以洛川剖面为准）。东部沿海平原发生小规模海侵（白洋淀海侵、沧州海侵）。

## 2. 中国末次冰期（71～11.7ka BP）气候

中国大理冰期早冰阶气候不是最寒冷阶段，但干冷气候的势头有所反映，如在西部高山高原区，地形虽高，气候虽冷，但由于得不到足够的降雪，此时山岳冰川发育规模远不及中更新世大，沿海海平面下降也不及其后的晚更新世晚期低。

45～25ka BP 为相对温暖的间冰阶气候，西部高山高原有湖积物形成，黄土高原发育灰棕色壤土。华北区生活着萨拉乌苏动物群，东北区此时猛犸象相对较少。东部沿海有海侵发生（太湖海侵、沧西海侵）。

25～11.7ka BP 的大理冰期晚冰阶，是中国自 130ka BP 以来气候最严寒酷冷时期，中国东部寒冷气候带向南扩大并超过早更新世晚期。从北而南分为：寒带冰缘气候，包括 N42° 以北的东北区和内蒙古东部。发育大片永久冻土，生长干冷草原植被，猛犸象相对集中，年均温比现在低 6℃ 以上。亚寒带气候，发育不连续岛状冻土，冷杉、云杉林普遍下降到河谷平原，猛犸象和披毛犀共存，年均温比现在低 5～6℃。寒温带气候，包括 N40° 至长江河谷以北地区，发现零星冻褶构造和从北部游移来的披毛犀化石多处。暖温带气候，主要包括长江河谷南北地带。但受北方寒冷气候影响较大。如 15～13ka BP 期间，长江河谷地带常绿林一度绝迹，其年均温比现在低约 5℃。由于此时海平面下降了 150m 左右，所以这时也是长江及其干、支流深切的一个重要时期。长江以南温暖气候带狭缩，大熊猫－剑齿象动物群分布区缩小，个体增大，红土发育势衰。中国西部山岳冰川发育有限，高山高原永久冻土却得到大规模的发展。青藏高原的珠穆朗玛冰期，由于气候干冷只发育了小型山岳冰川，其规模远小于中更新世冰川。而高原上发育了 $157.8 \times 10^4 km^2$ 永久冻土，其石环直径最大达 100m，足见气候相当干冷，估计其年均温在 -6℃ 左右。西北区山地情况也大体如此。黄土高原地处寒流劲吹前缘，使马兰黄土大面积覆盖在华北丘陵平原到长江谷地以南。沿海地带发生大规模的海平面下降。此时，中国除华南外，大部分地区都处于严寒干冷气候控制或其影响之下，与今日气候环境相差甚大。

# 五、中国全新世（11.7ka BP 至今）气候

中国全新世气候全面转暖，与全球气候变化基本相似。

## 1. 中国早全新世（11.7～7.5ka BP）气候

全新世早期处于大理冰期之后高温期到来之前的过渡阶段，气候变化反映承先启后的性质。东部 11.46ka BP 即猛犸象消亡之后，东北区永久冻土南界退到了 N47° 左右。解冻后的东北大地属寒温带气候，开始发育湖沼，泥炭层孢粉以桦为主（60%），受海洋气候的影响，桦林从东北沿海一直延至内蒙古东部。华北平原属暖温带半干旱气候，生长着桦、松树林。燕山南麓泥炭发育，往西内蒙古鄂尔多斯一带气候变干。

南方杭嘉沪地区属暖温带湿润气候，植被以松、栎为主，年均温比现在低1～2℃。南亚热带气候稍往北移，广东沿岸和西沙群岛生长着珊瑚。东部沿海主要大河口有小规模的海侵。西部山地冰川继承晚更新世末的衰势，天山、祁连山留下2～4排终碛堤。西北高原、盆地气候干燥，湖泊日益衰落（或干涸，或咸化），风力作用加强。藏北高原盆地开始堆积泥炭，藏南斯潘古尔湖出现高湖面。

### 2. 中国中全新世（7.5～2.5ka BP）气候

中全新世高温期（大西洋期）是中国自11ka BP以来最温暖湿润的气候阶段。年均温一般比现代要高2～3℃（有的地方更高一些），降水量要多500～800mm。此时中国温暖气候带和亚热带气候占主要地位，沿岸发生规模不等的海侵，海平面普遍上升，森林发展，冰川冻土部分或全部融化。东部东北区和华北平原北部属暖温带气候。永久冻土南界已退到N48°左右的大兴安岭北部布哈特旗附近，永久冻土大规模融化，沼泽泥炭发育全盛，形成今日广布的黑土和泥炭。广泛生长栎、榆组成的落叶阔叶森林植被。华北平原南部直到南宁附近属北—中亚热带气候，6ka BP左右，热带动物亚洲象、苏门羚和孔雀动物群北迁到N33°河南淅川附近。7～4ka BP期间。习于丘陵平原湿暖水沼地带生活的四不像鹿从淮河流域北迁至华北平原北部。

上述资料表明北亚热带北界北移到了黄河中游N37°～38°，竺可桢估计当时黄河中游地带年均温比现在高2～3℃。南方的杭嘉沪地区属北亚热带，植被以栲、青冈、栎等常绿阔叶林为主，中亚热带北界在N34°的徐州—连云港一线。华南沿海亚热带、热带往北扩展。化学风化盛行，使珠江流域海相广海组出现风化间断。东部和南部沿海发生全新世最大规模的海侵；沿主要河湖区发生大规模洪泛。西部高山高原亚里高温期使山岳冰川强烈退缩，藏南冰川可能全部消融，山地冰缘带上移到了海拔4500m左右，此高度以下永久冻土消融。河川卜切成湖，高山灌丛上移到比现代分布位置高600～900m处。藏北无人区发现中、新石器时代的石器，泥炭堆积一度很盛，足见气候较温暖湿润。

### 3. 中国晚全新世（2.5ka BP以来）气候

晚全新世中国气候普遍由湿暖转向干凉，构成一个次级暖冷旋回，但其间有几次更短的气候冷暖波动，在大约1ka BP逐渐过渡为现代波动频繁的干凉为主的气候。此时植物孢粉组合中阔叶树株树的含量显著下降而针叶树松树含量增加，东北冻土层中出现冰卷泥，山地冰川推进。据竺可桢用物候记录和历史文献资料对中国自5ka BP以来（主要是全新世晚期）气候变化研究结果，划分出四冷四暖交替气候变化序列，并指出与欧洲地区的差异。

第一暖期3000BC以前至1000BC，即大约从仰韶文化期到殷墟文化期（大西洋期后期）时代。大部分时间内年均温比现在高2℃左右，亚热带动植物能在黄河流域生长,这一时期是黄河流域中华民族文化的奠基时期。

第一冷期为 1000BC～850BC 的西周之初。与西欧相比中国出现短暂冷期,使汉江水面结冰。

第二暖期为 770BC 至公元初从春秋战国到秦汉时代,其中春秋战国气候较暖。黄河中下游遍生竹、梅。西欧此时暖中有寒。

第二冷期为公元初至 600AD 的东汉、三国、南北朝时期。其中的 280AD 年前后尤冷,每年阴历四月降霜。年均温比现在低 1～2℃,黄河、淮河水域冬天结冰。

第三暖期为 600～1000AD 的隋唐时代。这是中国 3000 年来最温暖的气候阶段,竹、梅、柑橘可在无冰雪的西安一带生长,足见当时气候相当温暖,对当时盛唐文化发展有利。

第三冷期为 1000～1200AD 的南宋时代。此时气候转冷,华北地区已不再有野梅树生长;太湖水面结冰,洞庭柑橘冻死,荔枝种植线南移等现象时有发生。这个冷期在挪威曲线上反映不明显,直到 13 世纪寒冷才开始出现。

第四暖期为 1200～1300AD 的元代。由于气候转暖,竹子生存线又往北移到黄河中游。

第四冷期为 1400～1700AD 的明末清初时代,与现代小冰期一致,大批亚热带柑橘冻死,江河水面封冻时有发生,寒流可抵达广东、海南,西部山地冰川、冻土有所发展扩大。这个冷期比欧洲大约要早 50 年。

以上气候波动在每个 400 年和 800 年周期内,又有 50～100 年周期性波动,温度变化在 0.5～1℃之间。

据张丕远等研究,1500AD 以来的 500 年内,中国气候寒冬分别集中在 1500～1550AD、1601～1720AD 以及 1831～1900AD 三个时段内,其间为暖冬间隔。寒冬阶段初霜期提前,终霜期退后。17 世纪中期以前旱灾多于涝灾,17 世纪中期以后涝灾多于旱灾,目前处在水灾多发期,其频率是近 500 年来的最高峰。一般洪涝之前少雨,干旱之前伴生洪涝。中国近 5000 年(尤其近 2000 年)以来气候变化反映了气温相对变化的古气候与环境意义,其中的暖期有利于中国社会的发展,如仰韶文化与盛唐时代(相当于"小气候适宜期")。总体而言,中国第四纪气候变化具有多种形式:西部山地高原和东北山地以冰期、间冰期为主,东北平原冰缘期多次出现,两者寒冷气候来临较早。华北以干(冷)、湿(暖)为主。华南区气温变化不及华北区大,以干湿变化为主。中国的青藏高原在第四纪的加速隆升成为引起中国东西部气候分异的主要因素。东部平原 N33°～41° 之间是第四纪冷暖气候频繁南北摆动的气候敏感带。

# 思 考 题

1. 中国北方和南方第四纪哺乳动物群的主要区别是什么?

2. 试述中国第四纪气候变化情况。

# 延 伸 阅 读

钱建平:《基础地质学教程》,地质出版社,2014年。

曾克峰、刘超、程璜鑫:《地貌学及第四纪地质学教程》,中国地质大学出版社,2014年。

〔英〕J. J. Lowe、M. J. C. Walker 编著,沈吉、于革、吴敬禄等译:《第四纪环境演变》,科学出版社,2010年。

# 第三章　旧石器时代考古年代学

　　第四纪年代学属于第四纪地质学研究范畴，也是古人类与旧石器考古学研究的重要内容。1949年美国物理化学家威拉德·利比（Willard Libby）和他的科学家团队对有机样品中首次发现放射性碳的情况进行了概述，并发表了第一组 $^{14}$C（Radiocarbon，$^{14}$C）年代数据[1]。$^{14}$C测年技术问世，可以独立得出绝对年代，推翻了部分史前文化年代的主观臆测和推论，标志着全世界的史前考古学研究进入了一个新的时代[2]。在欧洲，$^{14}$C年代学引发了所谓"碳十四革命"并推翻了长久以来占据统治地位的通过类型学建立的欧洲史前时间框架。之后，$^{14}$C测年还经历校正曲线的提出与更新、加速器的发明和贝叶斯算法的引入等多次重大技术[3]。其中，碳测定校准曲线对了解史前历史至关重要。早前，从已知年龄的橡树、红杉和冷杉树轮上提取的数千个样品，建立了13900a BP以来的高精度和高分辨率 $^{14}$C年代校正曲线，大于此年龄，则使用多种参数证据进行相关性校正，因此存在较大不确定性。2018年程海等利用中国南京葫芦洞石笋记录将石笋 $\Delta^{14}$C记录拓展至过去5.4万年，涵盖了 $^{14}$C测年方法的整个年龄范围[4]。基于该研究成果，2020年，碳十四国际校正组织（International Calibration Working Group，I—WG）发布最新校正曲线 IntCal20（International Calibration 2020），进一步完善54000BC～30000BC 和 11000BC～10000BC 两个年代范围[5]。这使得 $^{14}$C 测年法在旧石器时代考古研究中得到更加广泛的应用。

　　铀系（Uranium-series dating，U系）对古人类遗址而言，是一种必不可少的测年方法[6]。1982年陈铁梅等尝试利用铀系法确定许家窑文化年代的上限[7]，随后进行了一些

---

[1] Libby W F, Anderson E C, Arnold J R. Age Determination by Radiocarbon Content: World-Wide Assay of Natural Radiocarbon. Science, 1949, 109(2827): 227-228.
[2] 夏鼐：《碳-14测定年代和中国史前考古学》，《考古》1977年第4期，第217～232页。
[3] 刘睿良、理查德·斯达夫：《碳十四测年技术前沿：新一代校正曲线 IntCal20 发布》，《江汉考古》2020年第5期，第121～128页。
[4] Cheng H, Edwards R L, Southon J, et al. Atmospheric $^{14}$C/$^{12}$C Changes During the Last Glacial Period from Hulu Cave. Science, 2018, 362(6420): 1293-1297.
[5] 刘睿良、理查德·斯达夫：《碳十四测年技术前沿：新一代校正曲线 IntCal20 发布》，《江汉考古》2020年第5期，第121～128页。
[6] 葛俊逸、邓成龙、邵庆丰等：《中国古人类遗址年代学的研究进展与问题》，《人类学学报》2021年第40卷第3期，第393～410页。
[7] 陈铁梅、原思训、高世君等：《许家窑遗址哺乳动物化石的铀子系法年代测定》，《人类学学报》1982年第1卷第1期，第91～95页。

系列的交叉测年验证[1]。1984年他们将中国南方部分遗址骨化石铀系年龄与 $^{14}$C 年龄进行对比,确定铀系法测定哺乳动物骨化石年龄的可靠性,并提出铀系法可以用于测定35万年以来哺乳动物骨化石绝对年代[2],随后发表了中国南方若干旧石器时代地点的铀系年代[3]。随着热电离质谱(TIMS)和多接收电感耦合等离子体质谱(MC-ICP-MS)铀系技术的开发运行,U-Th 测年的时限达到 64 万年左右。而激光剥蚀与质谱技术的结合使用,实现了原位无损测年。

但是,骨化石在埋藏过程中铀的迁移普遍存在,并不构成封闭体系,因此,运用铀系技术测定牙齿和骨化石年代一直备受争议[4]。而电子自旋共振(Electron Spin Resonance,ESR)U 系联合法解决了牙齿化石测年中铀吸收模式选择的问题,是目前对中早更新世地点化石样品进行年代学研究的最可行方法[5]。ESR/U 系联合法在中国南方洞穴遗址中应用尤为重要。中国南方大量洞穴和垮塌洞穴遗址的地层厚度有限,且地层往往已受扰动,沉积环境较复杂,加之洞穴堆积物的剩余磁性较弱,磁性地层学测年难以奏效。相比之下,我国北方地区早期遗址中多数为旷野遗址,遗址的地层厚且保存较为连续,磁性地层学测年可为遗址提供较可靠的年代[6]。

释光(Thermoluminescence/Opitically Stimulated Luminenscence,TL/OSL)测年是目前考古遗址应用最普遍的测年手段之一,尤其是对没有合适的放射性同位素测年物质或超出了 $^{14}$C、铀系法等传统精确同位素测年方法的测年时段范围的遗址而言,它更是一种必不可少的测年方法。1971 年齐默尔曼(Zimmerman)和哈克塔布尔(Huxtable)首次应用 TL 信号对旧石器遗址中烘烤过的黏土进行测年[7],使 TL 测年技术应用到 $^{14}$C 测年范围外的遗址[8],开启了 TL 技术对旧石器遗址的测年历程。1985 年,亨特利(Huntley)等报道了矿物的光释光现象和沉积物的光释光测年,光释光技术既可以对加

---

[1] 原思训、陈铁梅、高世君:《用铀子系法测定河套人和萨拉乌苏文化的年代》,《人类学学报》1983 年第 2 卷第 1 期,第 90~94 页。

[2] 陈铁梅、原思训、高世君:《铀子系法测定骨化石年龄的可靠性研究及华北地区主要旧石器地点的铀子系年代序列》,《人类学学报》1984 年第 3 卷第 3 期,第 259~269 页。

[3] 原思训、陈铁梅、高世君:《华南若干旧石器时代地点的铀系年代》,《人类学学报》1986 年第 5 卷第 2 期,第 3~7 页。

[4] Chen T M, Yuan S X. Uranium-series Dating of Bones and Teeth from Chinese Palaeolithic Sites. Archaeometry, 1988, 30(1): 59-76; Rae A M, Ivanovich M. Successful Application of Uranium Series Dating of Fossil Bone. Applied Geochemistry, 1986, 1(3): 419-426; Bischoff J L, Rosenbauer R J, Tavoso A, et al. A Test of Uranium-series Dating of Fossil Tooth Enamel: Results from Tournal Cave, France. Applied Geochemistry, 1988, 3(2): 145-151.

[5] 韩非、尹功明、刘春茹等:《ESR-铀系法牙齿化石测年及其在中早更新世考古遗址年代学研究中的应用》,《核技术》2011 年第 34 卷第 9 期,第 651~657 页。

[6] Zhu R X, Hoffman K A, Potts R, et al. Earliest Presence of Humans in Northeast Asia. Nature, 2001, 413(6854): 413-417.

[7] Zimmerman D W, Huxtable J. Thermoluminescent Dating of Upper Palaeolithic Fired Clay from Dolni Vestonice. Archaeometry, 1971, 13(1): 53-57.

[8] Roberts R G. Luminescence Dating in Archaeology: From Origins to Optical. Radiation Measurements, 1997, 27(5-6): 819-892.

过热的物质，也可以对遗址中没有加过热但在埋藏前曝过光的沉积物（称为考古沉积物）进行测年[①]。至此，释光技术大量应用于旧石器和古人类遗址的测年中，尤其在现代人类起源和扩散迁移的研究中发挥了重要作用。

迄今，在我国已发现近3000处古人类化石地点和旧石器时代考古遗址的年代学工作中，主要应用的测年方法包括：U系、$^{14}$C、ESR、TL/OSL、古地磁（Paleomagnetic dating，PM）、宇宙成因核素测年（$^{26}$Al/$^{10}$Be）、ESR/U系联合（Coupled U-series and ESR method）、氨基酸定年（Amino Acid Recemization，AAR）、磷灰石裂变径迹（Apatite Fission Track，AFT）及钾氩/氩氩法（Potassium-Argon method/Argon-Argon method，K-Ar/Ar-Ar）等。其中，$^{14}$C测年法的应用比例最高，U系测年次之[②]。在本章节中我们只介绍直接应用于旧石器时代考古的部分测年方法，内容以基本原理和采样注意事项为主。

# 第一节　$^{14}$C定年

## 一、原理

该法的原理是在1949年由美国物理化学家威拉德·利比提出的，他综合了放射化学和核物理两方面的证据以确定高能宇宙辐射（宇宙射线流）在大气中的效果。在上层大气中核反应产生的自由中子与其他原子、分子相撞，一种结果就是从氮原子（N）中击出质子从而产生$^{14}$C。新生$^{14}$C被氧化成$CO_2$，与其他$CO_2$（$^{12}$C）在大气中混合参加自然界碳循环扩散到整个生物界以及与大气发生交换的一切含碳物质中（图3-1；图版一，4）。比如，海水中的碳酸盐类物质通过与空气中的$^{14}CO_2$发生交换而使含$^{14}$C物质进入海水中；植物经过光合作用吸收$^{14}CO_2$；动物通过食物链而摄入$^{14}$C。

放射性碳测年法基于四大基本假设：①$^{14}$C是一直源源不断产生的；②$^{14}$C与$^{12}$C的比例在水圈和大气圈之间是平衡的；③$^{14}$C的衰变率是可测的；④生物体死亡后存在一个封闭体系。生物体在组织形成过程中，组织内的$^{14}$C含量一方面按放射性衰变规律减少，另一方面又不断从大气中获得补充，保持动态平衡。一旦生物体脱离交换状态，如动植物的死亡、碳酸盐的掩埋等，$^{14}$C放射性不再得到补偿，只会按衰变规律减少。因此，只要$^{14}$C的衰变速率已知，测定死亡生物体中剩余$^{14}$C的含量，就可以通过计算获得生物死亡至今所经历的时间长度。生物体死后所经历的时间（$R$）可以通过以下公式进行计算，即

---

[①] Huntley D J, Godfrey-Smith D I, Thewalt M L W. Optical Dating of Sediments. Nature, 1985, 313(5998): 105-107.

[②] 葛俊逸、邓成龙、邵庆丰等：《中国古人类遗址年代学的研究进展与问题》，《人类学学报》2021年第40卷第3期，第393~410页。

$$R = \frac{1}{\lambda} \ln\left(\frac{A_0}{A}\right)$$

式中：$\lambda$ 为 $^{14}C$ 衰变常数；$A_0$ 为现代参考标准中 $^{14}C$ 放射性比度/活性；$A$ 为未知年龄样品中的 $^{14}C$ 的放射性比度实测值。

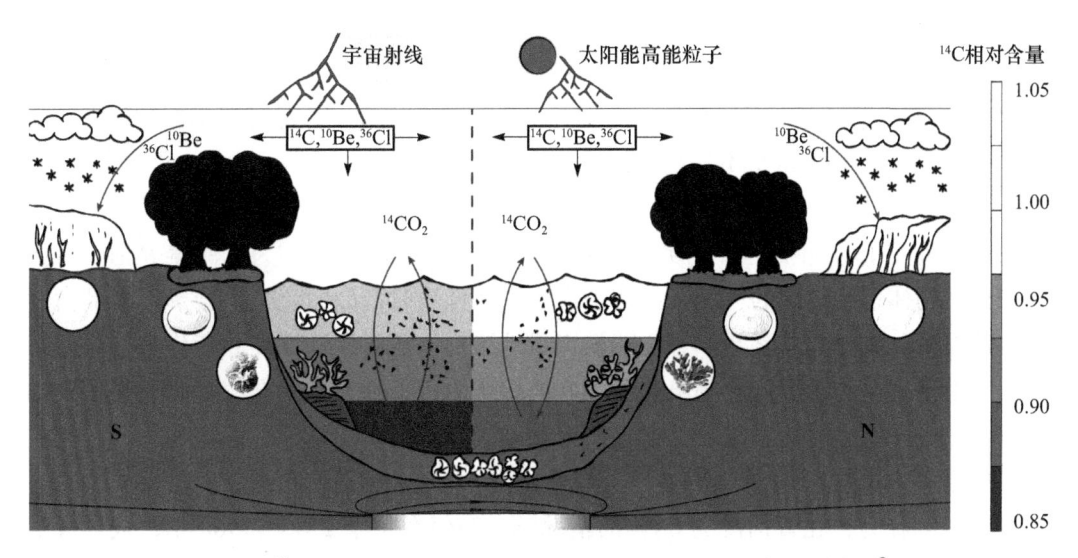

图 3-1  $^{14}C$ 和其他宇宙放射性核素在整个地球系统中的产生和循环[1]

$^{14}C$ 的半衰期最初被计算为 $5568 \pm 30$ 年[2]，但后来这一数值已被更精确地确定为 $5730 \pm 40$ 年[3]。但是由于大量的 $^{14}C$ 测年结果先于这一新的半衰期提出之前被报道出来，并且这些结果基本上都是建立在之前的半衰期数值之上的，因此 $5570 \pm 30$ 年这一数值仍然是国际公认固定常数，而被应用于放射性碳素测量之中[4]。在不考虑具体数值如何的前提下，在数据计算中运用相同的半衰期数值就使研究数据间产生了直接的可比性，也避免了混乱的产生。如需要转换为更长的半衰期，仅需要将标准半衰期乘以 1.03 即可。

## 二、样品采集和分析

通常生物化石、木炭、木头、贝壳、泥炭、地下水等的含碳物质，通过测定其中的碳含量，经过计算就可以求得其 $^{14}C$ 年龄。再利用树木年轮建立起来的校正曲线校准，从而使年龄与历史年代相衔。该方法适用于测定 5 万年以来含碳的样品。

---

[1] Heaton T, Bard E, Ramsey C B, et al. Radiocarbon: A Key Tracer for Studying Earth's Dynamo, Climate System, Carbon Cycle, and Sun. Science, 2021, 374(6568).
[2] Libby W F. Radiocarbon Dating. Chiacago: University of Chicago Press, 1955.
[3] Godwin H. Half-life of Radiocarbon. Nature, 1962, 195: 984.
[4] Mook W G, van de Plassche O. Radiocarbon Dating//van de Plassche O. Sea-Level Research: A Manual for the Collection and Evaluation of Data. Dordrecht: Springer Netherlands, 1986: 525-560.

我们常用两种方法来测定样品中众多残留 $^{14}$C 活性：① 传统放射性碳素测年法，其中包括探测与计数在一段时间内 $^{14}$C 原子中释放出的 β 粒子，目的是为了确定释放率以及样品中的 $^{14}$C 活性强度；② 加速器质谱（AMS）法，运用粒子加速器质谱计数材料样品中的 $^{14}$C 原子（以抗衡 $^{14}$C 的衰变产物）[1]。AMS 测年法相较于气体百分含量计数法和液体闪烁计数法有两大优势：第一，在大部分实验室中仅需少量样品便可以测年，一般需要 1mg 或更少的有机碳；第二，AMS 法更省时间，其实际的测定时间仅为数小时。AMS 测年法也是有缺陷的：第一，实验室建设的费用和运行费用都非常高；第二，AMS 测年的精度水平不如利用传统方法的实验室。

$^{14}$C 年龄总是被写成"距今"，其计算依据是，假定过去任何时期的大气中放射性碳浓度与公元 1950 年的水平一致，所以"今"指公元 1950 年。为了测得 R 值，需要考虑样品的体积或样品的气压、溶解、大气和在计数时样品的流失等会影响样品活性测定的因素。但这些因素并不总是能被定量地测出，所以在计算样品年代时总会伴有些许的不确定性。无法定量测出这些因素的一个原因可能是在计数统计时衰变辐射的随机性。由此产生的一个结果就是，放射性碳素年代的测定结果，总是在一个平均数的基础上加减某标准偏差而给出的。如果给出一个放射性碳素年代为 2000±100 年，则应当被解释为，在置信度为 68% 的情况下，该值在距今 2100～1900 年，或在置信度 95% 的情况下，其年代落在距今 2200～1800 年。即使"年代"存在的标准偏差不一样，样品的年代在置信度 95% 的情况下，落在距今 2200～1800 年以外的可能性也只有 1/20。

# 第二节　铀 系 定 年

## 一、原理

铀系不平衡法，又被称为 U-Th 测年或 $^{230}$Th 测年法，其原理如下[2]。

$^{238}$U 衰变系列中的三种天然同位素 $^{238}$U、$^{234}$U 和 $^{230}$Th 普遍存在于各种矿物、岩石和水体中。铀及含有铀的风化产物具有很高的溶解性，常保持溶解状态；而其他铀系物如钍（$^{230}$Th）和镤（$^{231}$Pa），则易于吸附于其他盐类而沉积于湖泊底部以及海床上。这样衰变产物就发生了选择性分离或者叫分馏。不断积累的沉积物中将会包含大量的钍，而缺少铀；与此同时，生物体（如软体动物和珊瑚）直接从海水中汲取碳酸

---

[1] Aitken M J. Science-based Dating in Archaeology. London: Routledge, 1990; Bowman S G E, Ambers J C, Leese M N. Re-evaluation of British Museum Radiocarbon Dates Issued Between 1980 and 1984. Radiocarbon, 1990, 32(1): 59-79.

[2] Ivanovich M, Harmon R S. Uranium Series Disequilibrium: Application to Environment Problems in the Earth Sciences. Oxford: Clarendon Press, 1992: 34-61.

盐，构建碳酸盐贝壳或外骨骼，其中便含有铀，而钍的量却极少。同样的原理也可以应用到如洞穴堆积物与石灰华这样的碳酸盐沉淀中，这种情况下分馏会导致铀衰变产物的分离，沉淀年龄可以利用经过再沉积的洞穴方解石中的放射性衰变产物进行测定。

在这种情况下，子核浓度最初很低，而随着时间推移，在达成平衡过程中，子核在不断增加。如果材料中积累的铀及其子体间的不平衡态为一定值，且产生的新物质不再与环境交换铀及其子体，则其中的铀及其子体的放射性强度比将是时间的函数，如我们能测得这些材料中 $^{230}$Th/$^{234}$U 比率，便可计算出积累开始发生的年代[1]。

## 二、样品分析

铀系不平衡测年法基于以下的一系列假设[2]：① 衰变常数是已经准确测得的；② 可以测得高精度的子核与母核活性的比率；③ 在沉积后不存在核素流失与增加，但是有证据表明，很多材料（如海洋软体动物）都会发生脱离封闭系统的行为，开放系统行为可能反映在地层序列中同位素年龄的颠倒上，或样品本身就反映了开放系统活动，例如，方解石的再结晶过程；④ 已包含子核的样品在形成碎屑材料时并没有受到污染，在测定洞穴方解石的 $^{234}$U/$^{230}$Th 比率时，一般假设在晶体形成时，$^{230}$Th 含量为0。碎屑污染是导致数据产生较大误差的主要原因，任何 $^{230}$Th 碎屑的存在都会使测定的年龄偏老。被测材料可能或多或少地含有一些 $^{230}$Th 碎屑。因此，可以利用测定 $^{232}$Th 含量的方法来判定样品中是否存在 $^{230}$Th 残渣。$^{232}$Th/$^{230}$Th 比例可以作为碎屑物污染的校正因子。

$^{230}$Th 法被广泛地应用于方解石沉淀物——石笋、珊瑚、贝壳等的测年工作中[3]。$^{234}$U 在洞穴沉积碳酸盐的形成过程中从岩溶水里沉积下来，并且几乎所有随后发现的 $^{230}$Th 都是自生的，即由作为洞穴沉积物化学组成部分的 $^{234}$U 衰变而来。珊瑚可以作为铀系物测年法最好的测年媒介之一，因为在其死亡以后以及被分解或转化为方解石之前，它的骨骼会成为一个封闭系统，并且无论对于 $^{230}$Th/$^{234}$U 法还是 $^{231}$Pa/$^{235}$U 法，珊瑚骨骼内都包含足够的用于测年的铀元素。

在动物死后，铀经由地下水进入骨磷灰石并被限制在其中[4]。理论上，骨磷灰石中钍和镤的再度出现既可以用 $^{230}$Th/$^{234}$U 法又可以用 $^{231}$Pa/$^{235}$U 法来进行测定，但是

---

[1] van Calsteren P, Thomas L. Uranium-series Dating Applications in Natural Environmental Science. Earth-Science Reviews, 2006, 75(1-4): 155-175.
[2] van Calsteren P, Thomas L. Uranium-series Dating Applications in Natural Environmental Science. Earth-Science Reviews, 2006, 75(1-4): 155-175.
[3] Hoffmann D L, Standish C D, García-Diez M, et al. U-Th Dating of Carbonate Crusts Reveals Neandertal Origin of Iberian Cave Art. Science, 2018, 359(6378): 912-915.
[4] Chen T M, Yuan S X. Uranium-series Dating of Bones and Teeth from Chinese Palaeolithic Sites. Archaeometry, 1988, 30(1): 59-76.

骨化石铀系测年还存在析出作用（导致铀的减少）和开放系统行为（导致铀的富集）的问题。

# 第三节 释光定年

## 一、原理

矿物晶体通常因外来杂质渗入等原因而存在晶格缺陷，这种缺陷在晶格内部形成了次稳定态，即出现电子陷阱（图 3-2-a、b）。当晶体受到放射性辐照时，这些辐射射线穿过晶体的外层，所带来的电离作用能使晶体中的电子从它们的母核中电离出来，成为自由电子，而晶体的电子陷阱会捕获这些自由电子，使其成为陷获电子，即获得辐射能，并在原价带中留下空穴（图 3-2-c）。随着时间的推移，陷阱中积累的电子越来越多，矿物不断积累辐射能。在天然条件或人工条件下受热或光照，矿物颗粒的俘获电子将与空穴重新结合，从而将积累的辐射能以光的形式激发出来，即释光信号（图 3-2-d）。矿物的释光强度与电子贮存的能量成正比，而贮存的能量取决于其吸收的电离辐射能量。

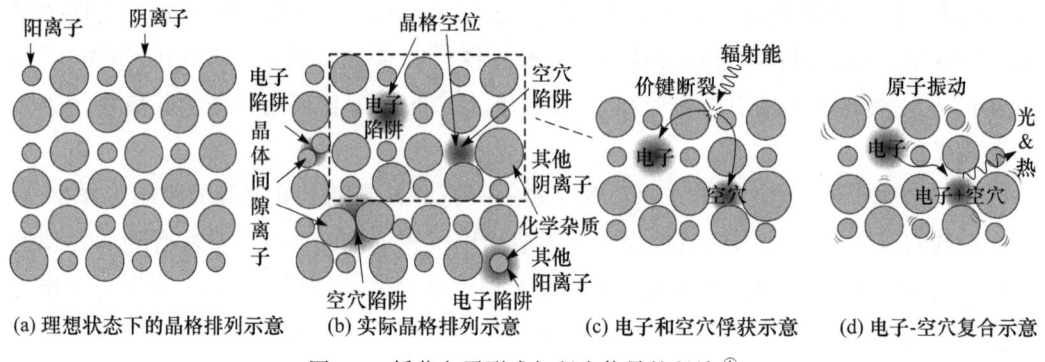

图 3-2 俘获电子形成与释光信号的释放[1]

自然界未出露的岩石或沉积物被埋藏后处于黑暗环境时，沉积物中的矿物颗粒（主要是石英或长石）会不断接受宇宙射线及周围环境中的铀、钍和钾等放射性物质的衰变所产生的 α 粒子和 β、γ 射线的辐射，不断积累辐射能（图 3-3）。这将导致载体材料中发生离子化并"捕获"矿物中的亚稳定态电子。这些电子可以通过加热的方式得到释放，在受控条件下，会释放出与晶格捕获的电子成比例的特征光波，这被称为热释光（Thermoluminescence，TL）；通过光束激发的释光信号叫光释光（Optically Stimulated Luminescence，OSL）。

---

[1] 刘婷、杨蓉：《钾长石热释光热年代学——一种约束岩石剥露历史的新方法》，《浙江大学学报》（理学版）2021 年第 48 卷第 3 期。

释光的强度与矿物接受放射性辐照的时间成正比，如果矿物接受的辐射剂量越多，通常情况下，释光信号越强。故可利用释光的强度来推算矿物接受放射性辐照的时间，即物品（陶器、砖瓦等）烧制的年代①或沉积物样品的埋藏时间②（图3-3）。

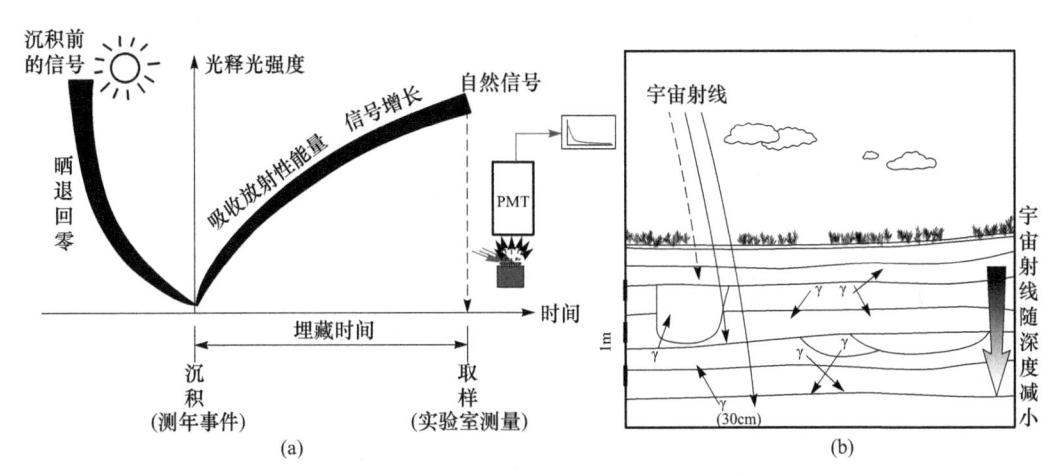

图 3-3　沉积物释光测年基本原理示意图③

图中 PMT 表示光电倍增管；（a）沉积物颗粒在搬运过程中原来的释光信号因光照晒退回零，在埋藏后接受周围中的放射性（α、β和γ射线）辐照；（b）产生新的释光信号直到取样测量

在沉积物的释光测年中，一般假设测年事件前矿物累积的释光信号，因加热或在搬运和沉积过程中曝光晒退回零（图3-3-a），或减少到很低水平，只残留一些不可晒退的组分，样品的"释光时钟"回到零点，这一过程称为释光信号的晒退。随后样品被覆盖埋藏并受到环境中的放射性辐照，自然释光信号重新开始以恒定的速度累积。测量其强度并和实验室放射性辐照产生的释光强度进行比较，得出样品最后一次加热或曝光（测年事件）以来吸收的放射性剂量，这种剂量称为等效剂量或古剂量（$D_e$）（单位为Gy），被测矿物单位时间内吸收周围环境中U、Th和K以及宇宙射线提供的辐射剂量称为环境剂量率或年剂量 $D$（单位是μGy/a 或 Gy/ka）。等效剂量值除以样品的剂量率即为矿物颗粒最后一次曝光之后接受辐照的时间长度，也即埋藏至今的年代。公式如下：

$$埋藏年代（A）= 等效剂量（D_e）/ 年剂量率（D）$$

释光测年使用的物质通常为沉积物中的石英或钾长石颗粒，其等效剂量在实验室通过比较自然释光信号与实验室辐照产生的释光信号的强度获得：在实验室通过人工放射性辐照产生一条类似自然释光信号随吸收剂量增加而增加的曲线——剂量－释光

---

① 王维达：《古陶瓷热释光测定年代的研究和进展》，《中国科学：技术科学》2009年第39卷第11期。
② 赖忠平、欧先交：《光释光测年基本流程》，《地理科学进展》2013年第32卷第5期，第683~693页。
③ 张家富：《旧石器和古人类遗址释光测年技术的可靠性和测年上限》，《人类学学报》2022年第41卷第4期。

响应曲线或生长曲线（图 3-3）[1]。这种比较的测量方法有附加剂量法、再生剂量法等，目前应用最广的是单片再生剂量法（Single-Aliquot Regenerative-Dose protocol，简称 SAR 方法）[2]。

目前，沉积物的释光测年一般用光释光技术[3]。因为相对于热释光技术，光释光技术最大的优势是光释光信号仅来自对光敏感的电子陷阱。沉积物在搬运和沉积过程中，光释光信号的晒退比热释光既快速又彻底，相对容易晒退回零，而热释光信号由于不易被阳光晒退回零，导致沉积物的热释光的年龄通常比样品的实际埋藏年龄偏大[4]。在热释光测年中，500℃以上高温才能实现释光信号的完全清零，因此常常出现信号残留。同时，难以对被测样品进行信号稳定性检验，检测信号是否经历叠加，造成沉积物热释光测年可靠性偏低，多数年龄出现低估[5]。

光释光测年的精密度（相对标准误差 σ）一般为 5%～10%，在理想条件下 σ<5%，但是 σ>10% 的情况也不少见。光释光测年的上限与样品的释光性质及环境剂量率有关，释光可靠年龄最大可达 100 万年。对大多数遗址 50 万年的测年上限是可行的，这个年代范围涵盖了所有的现代人遗址。不同样品或颗粒间的释光性质差异很大，因而它们有不同的测年上限。同一样品中钾长石比石英有更高的测年上限，同一矿物中不同的释光信号对应的测年上限也不同[6]。

## 二、样品采集和分析[7]

将采样管（可选择钢管，一般内径 2～6cm，长度 12～22cm）接触剖面一端塞上避光材料（黑布、黑色塑料袋等），从另一端将管用锤垂直砸入新鲜剖面中，砸入剖面取样。采样前先剥去剖面表层至少 30cm 厚度的物质，以避免采集到表层曝光的样品。取出采样管时用相同避光材料塞紧里端，并用不透明黑色塑料袋将采样管包裹，用胶带密封，以防样品曝光和水分流失。标注样品编号和深度。

同时，在采样管周围采集 200～300g 的散样，用于 U、Th 和 K 含量及含水量等年剂量的相关测量。同样，每个样品需标明对应的样品编号和深度。采集的年剂量样品是否具有代表性对测年的影响很大，最能代表地质时期辐照率的样品为最佳的年剂量

---

[1] 赖忠平、欧先交：《光释光测年基本流程》，《地理科学进展》2013 年第 32 卷第 5 期，第 683～693 页。
[2] 张克旗、吴中海、吕同艳等：《光释光测年法——综述及进展》，《地质通报》2015 年第 34 卷第 1 期，第 183～203 页。
[3] 张家富、莫多闻、夏正楷等：《沉积物的光释光测年和对沉积过程的指示意义》，《第四纪研究》2009 年第 29 卷第 1 期，第 23～33 页。
[4] 张克旗、吴中海、吕同艳等：《光释光测年法——综述及进展》，《地质通报》2015 年第 34 卷第 1 期，第 183～203 页。
[5] 葛俊逸、邓成龙、邵庆丰等：《中国古人类遗址年代学的研究进展与问题》，《人类学学报》2021 年第 40 卷第 3 期，第 393～410 页。
[6] 张家富：《旧石器和古人类遗址释光测年技术的可靠性和测年上限》，《人类学学报》2022 年第 41 卷第 4 期。
[7] 赖忠平、欧先交：《光释光测年基本流程》，《地理科学进展》2013 年第 32 卷第 5 期，第 683～693 页。

样品。尤其在沉积物不均一的层位或层间采样时，管样周围30cm范围内各种沉积都需兼顾，尽量使测得的年剂量接近实际值。这部分样品不需避光，但要密封于自封袋中，以防水分散失。

采样时尽量避开物质组成复杂或碳酸盐含量较高的层位，并开展原位或室内大样量环境剂量率测量。对于一些沉积过程复杂遗址如洞穴遗址，需开展详细的沉积环境和物质来源分析，识别外源性粒组，选择晒退较彻底的粒径和矿物开展光释光测年。

光释光测年样品在采集、运输、储存以及实验室前处理和测试过程中，都必须确保样品没有曝光（实验室红光除外）。此外，存放场所应尽可能远离辐射场，但机场或火车站安检的射线不会对样品造成不良影响。取样前最好咨询准备接收样品的实验室，以获取更完整的取样要求。

## 第四节　电子自旋共振定年

电子自旋共振（Electron Spin Resonance，ESR）测年法是通过测量矿物晶体中不成对电子数量来推算样品年龄的一种测年方法[1]。这些不成对（自由）电子由自然放射性元素（如U、Th和K）所发出的α辐射、β辐射和γ辐射产生，并随着时间的推移积累于矿物晶格缺陷中。每个缺陷仅能俘获一个电子，形成顺磁中心，通过测定这些顺磁性中心的数量，可以推算出样品暴露于放射性环境中的时间，从而可以推算出其年龄。

样品中累积的捕获的电子和空穴的总数目与样品所接受的辐射剂量是成正比的。样品在埋藏过程中所接受的来自自身内部和外部环境的总剂量被称为古剂量。年剂量是样品在自然环境中每年所接受的辐射剂量，可以通过分析样品本身及周围环境中的放射性核素（如U、Th和K）而得到。如果样品的年剂量被认为是一个常数，则样品年龄可以通过以下公式得到，即

$$年代 = 古剂量 / 年剂量$$

ESR测年与释光测年的物理基础基本相同，都是基于测量矿物晶格所遭受辐射损伤随时间的累积效应，二者的区别主要在于具体的测量技术[2]。释光测年是通过将电子从晶格缺陷中释放出来，并测量其在激发过程中所发出的光。而ESR法则是通过测量缺陷中电子翻转所导致的微波能量吸收。ESR测年的一个显著优势在于，它不需要像释光测年那样将不成对电子从晶格缺陷中移除，因此可以对同一样品进行重复测量。

---

[1] Grün R. Electron Spin Resonance Dating. Springer US, 1997.
[2] 韩非：《电子自旋共振（ESR）测年方法在我国早更新世考古遗址年代学研究中的应用探索》，中国地震局地质研究所博士学位论文，2012年。

ESR/U 系法综合了 ESR 和 U 系测法两种测年技术，其测年对象主要为哺乳动物牙齿化石[1]。该方法利用 ESR 对牙珐琅质分析获得样品的古剂量，利用 U-Th 分析获得计算年剂量所需的铀含量及 $^{234}U/^{238}U$ 与 $^{230}Th/^{234}U$ 比值等中间数。牙本质和牙骨质相比于珐琅质含有较少的矿物成分，在埋藏和石化过程中，它们的矿物组成会发生变化，形成新的电子陷阱。同时，由于矿物成分的分解以及非晶态矿物向羟基磷酸钙矿物的转化，部分电子陷阱会丢失，这可能导致对古剂量的低估。但是，这些牙组织会对珐琅质贡献 β 剂量（α 剂量的贡献在珐琅质表层处理过程中被去除），因此需要采用铀系方法对其进行同位素分析。

## 第五节　古地磁定年

在众多第四纪沉积物中，特定标志层在各个沉积序列时间上完全同步。一旦确定了绝对年龄，这些层位可作为等值年龄地层标志用来推断其他序列的年龄，形成了一种间接的定年方法。古地磁的方法是一种利用等值年龄地层标志进行定年的方法，它是基于保存于岩石和沉积物中地球磁场的变化[2]。

### 一、原理

地磁场的强度及磁极方向并非恒定不变，而是随时间的流转历经毫秒至数百万年的迁变。这些变化既包括了由太阳辐射波动、磁暴等外部因素所引发的短期现象，亦涵盖了由地球内部作用所导致的长期趋势。在岩石与未固结沉积物形成的过程中，内含的磁性矿物被当时的地磁场磁化，每一晶体或颗粒通常记录了被磁化后保留下来的部分磁性。这种在自然界中获得的磁性，称为天然剩磁（Natural Remanent Magnetism，NRM）[3]。天然剩磁主要由原生剩磁和次生剩磁两部分组成。原生剩磁即在岩石或沉积物形成过程中获得的天然剩磁，次生剩磁指的是在原生剩磁之后获得的天然剩磁。天然剩磁包括热剩磁（TRM）、碎屑剩磁（DRM）、化学剩磁（CRM）和黏滞剩磁（VRM）。

古地磁学研究的主要内容是获得样品中记录的天然剩磁的强度和方向来研究地磁场的行为特征。样品中的天然剩磁信息保存在样品中的磁性矿物中，这些磁性矿物在外加磁场的作用下，能够克服其磁各向异性能，获得与外加磁场一致的感应磁化强度与方向。当外场减弱或消失后，不同类型的磁性矿物所保留的剩余磁化强度与方向累加，共同构成了样品的天然剩余磁化强度与方向。

---

[1] 韩非、尹功明、刘春茹等：《中国早更新世考古遗址电子自旋共振－铀系联合法牙齿化石测年问题研究》，《第四纪研究》2012 年第 32 卷第 3 期，第 492～498 页。
[2] 朱岗崑：《古地磁学——基础、原理、方法、成果与应用》，科学出版社，2005 年。
[3] Tauxe L. Essentials of Paleomagnetism. Oakland: University of California Press, 2010.

人工烧制品（砖、瓦陶器等）由于其原材料黏土中含有少量的磁性物质，受到高温时会失去原来的磁性，但是在冷却过程中，又会被地磁场感应，获得与新的地磁方向相同的永久磁化，这种在通过居里温度时受磁化所获得的剩磁，称为热剩磁。利用烧制的考古遗存的热剩磁，研究古地磁场及其长期变化，称为考古地磁[①]。

天然剩磁具有三要素，即磁倾角（Inclication）、磁偏角（Declination）和强度（Intensity）。磁倾角指样品中天然剩磁的垂直分量与水平面之间的夹角，一般在0～90°之间。磁偏角指天然剩磁的水平分量与地理北极之间的夹角，一般在0～360°之间。天然剩磁的强度与当时地磁场强度和样品中磁性矿物种类及浓度密切相关。

## 二、样品的野外采集

古地磁样品的方向是保证古地磁结果真实可靠的基础，在野外采样工作中，必须要时刻注意并保证所采集样品的三轴方向（$X$轴指向正北方向，$Y$轴指向正东方向，$Z$轴指向下部方向）。若野外采集的古地磁样品方向标注错误，则会在后续测试分析中得到错误的地磁场极性结果，影响古地磁定年结果。对于较为松散的沉积物剖面，可以采用塑料方盒或陶瓷方盒按压的方式采集古地磁样品，这种方盒具有相互垂直的三轴，对于确定样品的三轴方向非常方便。在按压古地磁方盒时，应保证匀速缓慢按压，确保沉积物完全填充方盒，随后封口保存。也可以采用切块的方式，即使用不锈钢取样工具采集块状原位沉积物（一般6cm×4cm×3cm），同时在顶部标注正北和正东方向，之后在实验室使用无磁切割机将样品切割成2cm×2cm×2cm的方块状样品。对于质地较硬的岩石和考古遗迹中的窑床，可以使用钻孔取样的方式获取古地磁样品。一般使用汽油钻机搭配无磁性钻头对岩石进行钻取，由于钻孔时无法保证水平或垂直，可以使用岩芯定向器对钻孔进行定向，获得岩芯的倾向、倾角等信息，方便后续在实验室中进行坐标转换。对于窑床这类考古遗迹，其质地要比岩石软，使用汽油钻机极容易打碎样品，推荐使用动力稍弱的电动钻机进行取芯，可以获得较好的古地磁样品。同理，需要对岩芯进行定向和标注。

## 三、实验室分析

样品的特征剩磁可以通过对样品进行退磁来获得，常用的退磁方法有热退磁、交变退磁和化学退磁。热退磁的原理是利用磁性矿物的弛豫时间与温度的反比关系，当温度升高至某类磁性矿物的居里温度以上时，这类磁性矿物的弛豫时间由具有地质意义的百万年缩短至数百秒甚至数秒。同时，这类磁性矿物的方向在零磁空间内随机分布。随着温度下降至居里温度以下，此类磁性矿物的热剩磁方向和强度被锁定，净磁

---

① Cai S H, Tauxe L, Paterson G A, et al. Recent Advances in Chinese Archeomagnetism. Frontiers in Earth Science, 2017, 5.

矩为零，那么此类磁性矿物对天然剩磁的贡献被清除。交变退磁是利用不同磁性矿物的矫顽力不同，通过对样品施加一个三轴（或旋转）的交变振荡衰减磁场，如果磁性矿物的矫顽力低于此振荡磁场峰值强度，那么这些磁性矿物的磁矩方向会随着磁场方向的改变而改变，直至振荡磁场强度衰减至矫顽力之下。由于振荡磁场的方向是随机的，那么磁性矿物的方向也是随机的，这些磁性矿物的净磁矩为零。通过不断增加交变磁场的峰值强度，即可逐步清洗掉不同矫顽力的磁性矿物对天然剩磁的贡献。化学退磁则是通过化学反应来使磁性矿物逐步溶解的方式来达到磁清洗的目的。磁性矿物的溶解速度与磁性矿物的种类、体积、试剂的酸碱度和反应时间有关。无论是哪种退磁方法，最终的目的是提取特征剩磁，去除次生剩磁的干扰。在实际研究工作中，要根据样品内实际磁性矿物种类及含量采取合适的退磁方法，避免对样品和人力财力的浪费。所以在古地磁工作开始前，往往会对样品进行岩石磁学的研究来辅助判断使用哪种退磁方法。

# 第六节　宇宙成因核素定年

## 一、基本概念

宇宙成因核素（Cosmogenic nuclides）是宇宙射线（即宇宙空间高能带电粒子流的总称）与地表大气或岩石相互作用，发生反应形成的一系列稳定核素（$^3$He、$^{21}$Ne 等）和放射性核素（$^{14}$C、$^{10}$Be、$^{26}$Al、$^{36}$Cl 和 $^{129}$I 等）[1]。其中，与大气中的部分元素发生核反应产生的核素叫大气宇宙成因核素；与地表岩石发生核反应产生的核素叫就地宇宙成因核素。大气宇宙成因核素在定年、示踪太阳和地磁场活动等方面具有不可替代的独特性[2]。就地宇宙成因核素，在百年到百万年时间尺度上，定量重建陆表地质过程方面具有独特的优势，已经在冰川地貌年代学、流域侵蚀速率、滑坡和断层年代学、火山喷发年代学、古人类学、河流和湖泊阶地年代学、埋藏年代学等方面广泛应用[3]。

宇宙核素产生率的影响因素[4]：① 深度，当宇宙射线撞击地表岩石而进入岩石内

---

[1] Lal D. Cosmic Ray Labeling of Erosion Surfaces: In Situ Nuclide Production Rates and Erosion Models. Earth and Planetary Science Letters, 1991, 104: 424-439.

[2] Tang L, Zhou W J, Wang X S, et al. Multi-decadal to Centennial-scale $^{10}$Be Variations in Holocene Sediments of Huguangyan Maar Lake, South China. Geophysical Research Letters, 2019.

[3] Guo Y, Sun C K, Luo L, et al. $^{26}$Al/$^{10}$Be Burial Dating of the Middle Pleistocene Yiyuan Hominin Fossil Site, Shandong Province, Northern China. Scientific Reports, 2019, 9(1)；任静、刘宇平、杜谷等：《原地生成宇宙成因核素在地学研究中的应用》，《岩矿测试》2012 年第 31 卷第 4 期，第 6 页；赵旭东、张会平、熊建国：《宇宙成因核素 $^{10}$Be 在古侵蚀速率研究中的原理与应用》，《第四纪研究》2019 年第 39 卷第 5 期，第 1297～1306 页。

[4] Brownl E T, Brook E J, Raisbeckl G M, et al. Effective Attenuation Lengths of Cosmic Rays Producing $^{10}$Be and $^{26}$Al in Quartz: Implications for Exposure Age Dating. Geophysical Research Letters, 1992, 19(4): 369-372.

部时，其能量由于核反应和电离损耗而递减，使宇宙核素产生率随距地表深度呈指数衰减；② 地磁纬度，由于地球磁场对宇宙射线粒子的屏蔽和偏转效应，使到达地表的宇宙射线通量也随岩石所处的地磁纬度而发生明显变化，由于地球磁场在赤道是平行于地面，在两极是垂直于地面，从而使到达地表的宇宙射线通量随纬度的不同而发生明显变化，宇宙核素的产生率也相应发生变化，纬度越低，地球磁场对宇宙射线粒子的屏蔽和偏转效应就越厉害，到达地表的宇宙射线通量就越小，宇宙核素的产生率也就越低，因此，宇宙核素的产生率从赤道向两极增强，而纬度对宇宙核素产生率的影响在较低纬度地区尤为明显，而纬度大于60°之后，宇宙核素产生率的变化很小；③ 海拔高度，海拔高度越高，宇宙射线粒子经过大气层的路径就越短，大气层对射线粒子的吸收就越少，宇宙核素的产生率越高[1]；④ 太阳活动和地磁场变化，由于周期性的太阳活动，导致了地球磁场的变化，从而使到达地表的宇宙射线通量发生了改变，宇宙核素产生率也随之改变[2]。此外，坡度、坡向、遮挡情况、化学风化、侵蚀等也对宇宙核素产生率有一定的影响[3]。

## 二、宇宙成因核素测年法

与其他测年技术相比，宇宙成因核素测年法的测年范围较大（$10^3 \sim 10^6 a$），而且测年物质类型丰富且稳定、易获得，可以直接测定暴露年龄、埋藏年龄等[4]。

深埋于地表以下的岩石，由于宇宙辐射受到屏蔽，其宇宙成因核素的积累量几乎为零。一旦它们暴露于地表或接近地表，将会受到宇宙射线粒子的轰击引起核反应，形成新的宇宙成因核素，并随时间不断累积，因此通过测定地表物质中的宇宙成因核素含量，就可以推算出岩石在地表的暴露时间[5]。

利用核素对可以测量核素被埋藏在地下的时间，即埋藏年龄。暴露在地表的岩石长期接受宇宙射线照射形成宇宙成因核素，岩石中具有不同半衰期的两个宇宙成因核素（常用的核素对为 $^{26}Al/^{10}Be$）以固定的生成速率比值累积，某次地质事件将岩石埋入地下或是通过流水带入洞穴后宇宙射线照射被屏蔽，宇宙成因核素停止生成，岩石中原来积累的宇宙成因核素开始根据自身性质与时间呈指数衰变。测量现今岩石中的核

---

① 马配学、郭之虞、李坤等：《$^{10}Be$ 和 $^{26}Al$ 就地产率与在地表岩石中浓度积累的定量模型》，《地球物理学进展》1998年第1期。
② 闫成国：《宇宙核素测年法的基本原理及应用》，《地壳构造与地壳应力文集杂志》2007年第1期。
③ 许刘兵、周尚哲：《宇宙成因核素测年方法及其在地球科学中的应用》，《冰川冻土》2006年第28卷第4期，第577～585页。
④ 刘彧、王世杰、刘秀明：《宇宙成因核素在地质年代学研究中的新进展》，《地球科学进展》2012年第27卷第4期，第12页。
⑤ Nishiizumi K, Winterer E L, Kohl C P, et al. Cosmic Ray Production Rates of $^{10}Be$ and $^{26}Al$ in Quartz from Glacially Polished Rocks. Journal of Geophysical Research, 1989, 94(B12): 17907-17915.

素剩余量，可获悉岩石埋藏的时间[①]。$^{26}Al/^{10}Be$ 埋藏测年范围是 0.3~0.5Ma[②]，石英是目前最理想的矿物[③]。

## 三、采样时的注意事项[④]

① 采样时要对所采样品的地质背景有所了解，判断是否符合快速一次性埋藏条件，利用宇宙核素计算埋藏年龄，通常假设岩石或沉积物在经历了足够长时间的宇宙核素积累之后，被快速埋藏，致使核素浓度停止继续积累；② 对同一剖面进行多点采样时，要注意地层是否连续，所采样品的垂直埋深最好超过 20m，而水平埋深最好超过 10m；③ 采样点要选石英含量较高、沉积物粒径大的层位；④ 采样时要记录下样品的埋藏深度和经纬度。

## 思 考 题

1. 简述 $^{14}C$ 定年的基本原理。
2. 释光定年需要具备什么样的条件？

## 延 伸 阅 读

朱岗崑：《古地磁学——基础、原理、方法、成果与应用》，科学出版社，2005 年。

张克旗、吴中海、吕同艳等：《光释光测年法——综述及进展》，《地质通报》2015 年第 34 卷第 1 期。

---

① Granger D E. A Review of Burial Dating Methods Using $^{26}Al$ and $^{10}Be$. Special Papers, 2006: 1-16.
② 孔屏：《宇宙成因核素埋藏年龄法：原理及应用》，《第四纪研究》2012 年第 32 卷第 3 期，第 6 页。
③ 陈清敏、王喆、张丽等：《汉中罗汉洞宇宙成因核素 $^{26}Al/^{10}Be$ 埋藏年龄》，《第四纪研究》2018 年第 38 卷第 3 期，第 7 页。
④ 孔屏：《宇宙成因核素埋藏年龄法：原理及应用》，《第四纪研究》2012 年第 32 卷第 3 期，第 6 页。

# 第四章 人类的演化

更新世时期经历了许多大的事件，如青藏高原隆起，气候多次冷暖交替，形成冰期和间冰期，哺乳动物大量灭绝等，其中人类的形成和发展是第四纪更新世的最大事件，人类的形成也标志着旧石器时代的开始。研究人类体质演化的学科称为古人类学，古人类学研究也是旧石器时代考古学研究的一个重要方面。

## 第一节 古人类学研究简史

在基督教盛行的欧洲，上帝造人的观点非常流行，直到1856年达尔文的《物种起源》出版，才引发了科学界与宗教界的激烈争论[1]。根据大量的观察和论证分析，达尔文认为自然界中的各种动物和植物都不是一成不变的，而是在环境的影响下产生变异，并借由自然选择和生存竞争，不断淘汰和进化，从而产生新的物种。人类作为自然界中的一员，也遵循相似的规律。赫胥黎通过比较解剖，对比了人与灵长类的身体构造。他发现人类与猿类之间的差异比猿类与猴类的差异还小，因此认为人类是由类人猿逐渐演化而来的。达尔文的学说逐渐得到认可，社会各界对人类化石的寻找充满了热情。1890～1892年，荷兰军医杜布哇在爪哇发现包括头骨、肢骨和牙齿的人类化石，并认为是从猿到人的缺失环节。由于当时学界普遍认为判断人的标准是能否制造工具，而爪哇猿人遗址并没有发现石制品，因此他的研究受到批判。直到20世纪20～30年代，在中国北京周口店发现了5件人类的头盖骨、100多枚牙齿以及下颌骨和头后骨，化石经过魏敦瑞的研究，发现周口店人类化石与发现于印度尼西亚爪哇岛的人类化石形态接近，因此定名为中国猿人北京种，俗称北京猿人。伴随着人类化石的发现，在此处还发现了大量石制品和用火遗迹。种种证据组合在一起，由此确立了直立人在人类演化中的重要地位，爪哇直立人也因而在人类演化的历史上被正名。

与爪哇直立人具有相同境遇的还有汤恩小孩。这件幼年人类头骨化石发现于1924年南非的一个叫作汤恩的采石场，这件标本保留了相当完好的自然形成的颅内模——即石化而成的大脑模型。解剖学家达特（Raymond A. Dart）研究之后，确认其脑量为500毫升，定名为南方古猿非洲种（*Australopithecus africanus*），生存年代为距今300万～230万年。然而由于同样没有发现石制品，这件标本也受到了人们的质疑，英国解剖

---

[1]〔英〕达尔文著，苗德岁译：《物种起源》，译林出版社，2016年。

学界和人类学界许多权威学者认为这只不过是一个早期猿类化石。与之相类似的是，当罗伯特·布鲁姆（Robert Brom）1938年第一次在南非的克罗姆德莱（Kromdraai）发现傍人（Pranthropus）时，人们也是持怀疑态度，尽管布鲁姆认为这件标本的枕骨大孔已经反映了直立行走的能力。因为与达特发现的南方古猿形态差异较大，布鲁姆认为这是人类演化的旁支，因此命名为傍人。1959年，玛丽·利基（Mary Leakey）在东非的坦桑尼亚奥杜威峡谷发现了一件类似大猩猩的头骨化石，时代为距今175万年，被命名为鲍氏东非人，后经研究认为其为南方古猿鲍氏种（*Australopithecus boisei*）。

由于传统的观点认为能够制造和使用工具是人类区别于猿类的标志，而又没有证据显示南方古猿能够制造工具，所以在很长一段时间内，南方古猿被归入"前人"亚科，不属于真正的人类。后来的研究发现黑猩猩也能够制造和使用工具，因而制造工具的能力并不是人类独有的。而且在此之前，人们一直相信猩猩与黑猩猩的亲缘关系更近，人类是最为独特的物种。1967年分子生物学的研究根据人类、黑猩猩和猩猩之间的免疫球蛋白中氨基酸替换的差异计算出了三者在演化上分离的时间，结果表明黑猩猩与人类之间的关系要比黑猩猩与猩猩之间的关系还要近，此外他们还进一步计算出人与黑猩猩分离的时间大概在距今500万年之前[①]。虽然受到化石证据的限制，当时推算的人与黑猩猩分离的时间比现在的要晚了许多，但是这项研究依然在科学界引起轩然大波。20世纪60年代以后，古人类学界不再以制造工具作为人类区别于猿类的标志，而是以直立行走作为人类的标志。古人类学家们也开始寻找更早的人类化石。进入70年代，以路易斯·利基（Louis Leaky）和玛丽·利基为代表的利基家族在非洲开始发现更多的早期人科化石。1972年第一件南方古猿阿法种的标本在埃塞俄比亚的阿法地点发现，化石保留有完整的膝关节。1974年，在坦桑尼亚莱托里（Laetoli）发现了保存在硬化火山灰地层中的南方古猿阿法种的足迹化石，将南方古猿的生存时代追溯到距今370万年（图4-1；图版二，6）。迄今已经在南非和东非的肯尼亚、埃塞俄比亚、坦桑尼亚及中非乍得多个地点先后发现了大量的南方古猿化石。其生存时代在距今440万～150万年之间。

图4-1 在坦桑尼亚发现的人类脚印

1960年，在奥杜威峡谷距离东非人头骨发现地不远处，又发现一件头骨化石，头骨脑量约为650毫升，已经超过了所有南方古猿的脑量，同时，在该遗址附近还发现了石制品，因此路易斯·利基认为其已经能够制造工具，因此命名为能人（*Homo*

---

① Sarich V M, Wilson A C. Immunological Time Scale for Hominid Evolution. Science, 1967, 158 (3805): 1200-1203.

*habilis*），意为"能工巧匠之人"。1972 年，在肯尼亚图尔卡纳湖（Lake Turkana）东岸又发现了另一件能人化石 1470 号头骨，其生存年代为 180 万年前，脑量为 775 毫升，头骨和牙齿特征都较南方古猿更接近现代人。

20 世纪 90 年代以来，对人类起源的研究取得突破性进展，先后在东非的埃塞俄比亚、肯尼亚、中非的乍得发现了距今 700 万～520 万年的地猿、原初人、撒海尔人 3 批时代更早的人类化石，使得人类的历史延长到大约 700 万年前。

20 世纪 50 年代以后，在东非和北非陆续发现了直立人化石。路易斯·利基 1961 年在坦桑尼亚奥杜威峡谷发现的直立人 OH-9 号头骨化石。地层的年代距今 148 万～120 万年。头骨形态与中国的直立人相似，骨壁厚，额区扁平，有粗厚的眉嵴和枕嵴，乳突小，曾被命名为利基猿人。1975 年在肯尼亚的库比佛拉（Koobi Fora）发现 KNM-ER3733 号头骨化石。1984 年在肯尼亚图尔卡纳湖西岸的纳利奥克托米地点发现最完整的直立人骨架，编号 KNM-WT15000。这具直立人骨架提供了非常重要的信息，尽管脑量只有 900 毫升，但是从这具骨架中我们可以得知直立人的身材已经与现代人无异，在 10～11 岁的年龄，它的身高已经达到了 160 厘米，估计成年时可以达到 180 厘米。一系列直立人化石在非洲的发现，也确立了人属早期成员在非洲演化的地位。世界上其他地区最早的人类化石记录基本都晚于非洲。因此，直立人也成为第一个走出非洲，扩散向世界各地并演化的人类成员。

直立人演化的晚期阶段，在非洲、亚洲和欧洲许多地点都发现了人类化石。其中分类地位比较明确的是尼安德特人（*Homo neanderthalensis*），其他人类化石的分类地位则较为混乱。因为这些更新世中、晚期人类化石，无论是时代还是形态上通常介于直立人和智人之间，例如东亚地区曾被归入早期智人或者古老型智人的人类化石，如金牛山人、许昌人、许家窑人、大荔人、马坝人等，而最新的研究也认为欧洲的海德堡人是一个包含了多个不同演化支系的人类物种。现在学术界通常认为早期智人和古老型智人不是有效的名称，此外海德堡人内部成员的分类地位也需要重新评估。另外还有一种较为特殊的人类化石——丹尼索瓦人（Denisovan）。这是第一种根据古 DNA 确立的人类物种。虽然通过古基因组学的研究，我们可以知道丹尼索瓦人是尼安德特人的姊妹群，但是由于缺少足够的形态学材料，关于丹尼索瓦人的演化细节了解依然较少，仍有待于人类化石的考古发现。正因如此，东亚地区许多没有确定正式演化地位的，而又与尼安德特人等古老型人类有相似之处的古人类，例如许家窑人和许昌人，被认为最有可能是丹尼索瓦人。

在摩洛哥发现的 31 万年前人类化石杰贝尔依罗人被认为是最早的现代人。其次是来自于非洲埃塞俄比亚的奥摩人，距今约 19.5 万年。在 2000 年，蒂姆·怀特（Tim White）等人在埃塞俄比亚的中阿瓦什地区又发现一件完整的现代人头骨赫托人，距今约 16 万年。除非洲以外，最早的现代人化石记录是出现在以色列的卡夫泽人，距今约 11 万年，而欧洲和亚洲的现代人化石记录则相对较晚。因此关于现代人的起源有两种不同的假说：一种认为现代人在非洲起源并演化，然后逐步扩散到世界各地，并逐渐取代当地古老的人类，即"单一地区起源假说"，或"非洲起源说"；另一种假说认为他们与走出非洲的现代人发生了融合，并没有直接进行取代，世界各地的现代人均由本土的古老型人类演化而来，称之为"多地区起源假说"。越来越多的化石证据表明，现代人的起源比想象中的要复杂，现代人的扩散并不是单向的，而更有可能是"穿梭扩散模型"，即扩散出非洲之后，还存在反向扩散的过程，且这一过程可能反复出现多次。

## 第二节　灵长类的系统发育

人类是灵长类的一员，因此灵长类的系统演化对于理解人类演化具有重要的作用。与其他哺乳动物成员相比，灵长类有一些自己的特点，例如具有灵活的可以抓握的手，具有立体视觉能力，指（趾）头上具有指（趾）甲而非爪，以及适应树上生活等。灵长类的起源以及早期辐射可能与食性的复杂化有关，例如从食虫到食果和食叶逐步过渡。按照生物分类学，灵长目可以分成两个亚目，即原猴亚目和类人猿亚目。现生的原猴亚目包括两个科，狐猴科和懒猴科。化石证据表明，最早的原猴亚目成员是类兔猴型，可能出现在第三纪古新世。类人猿亚目则属于高等灵长类，可以细分成两大类，即阔鼻猴次目和狭鼻猴次目。前者又称之为新大陆猴，因为他们主要分布于新大陆（北美洲和南美洲）。后者又称之为旧大陆猴，主要分布于旧大陆（非洲、欧洲和亚洲）。顾名思义，阔鼻猴类的一大特征就是鼻孔开阔，朝向两侧，例如狨、卷尾猴、松鼠猴、僧面猴、吼猴、蜘蛛猴等。狭鼻猴类的一大特征是鼻孔朝向前方，包括两个大类，即猴超科和人猿超科。其中猴超科的成员包括我们所熟知的许多猴类，例如猕猴、狒狒、金丝猴等。人猿超科则是我们人类所在的分类单元，包括小猿和大猿，即长臂猿科和人科，猿与猴最大的区别在于所有的猿类都没有尾巴。人科又可以细分为猩猩亚科和人亚科。现存的猩猩只有两个物种，分别为苏门答腊猩猩和婆罗洲猩猩，因体披红毛，又俗称红毛猩猩。人亚科则包括大猩猩族和人族，其中大猩猩族下只有一个大猩猩属，有两个物种，分别是东部大猩猩和西部大猩猩。人族下则是包括人属和黑猩猩属，其中黑猩猩属又包括倭黑猩猩和黑猩猩两个种。而现生的人属则只有一个物种，即智人。

虽然从理论上讲，分类学应该反映系统发育信息，即对物种的人为分类应该反映其演化历史。但是新的研究却改变了我们对灵长类系统发育的认识。长久以来，在分类学上，人科只包括人以及人类的祖先，这反映了人们认为"类人猿"与人类具有本质区别的观点。然而遗传学的研究表明，人类与黑猩猩、大猩猩相互之间的亲缘关系比人类与猩猩要近得多，从遗传学角度来看，将黑猩猩、大猩猩与猩猩都归入与人类差异较大的"类人猿"是不合理的。因此，在现今最新的分类标准下，所有大猿都与人类一起归入人科之下。不过这也带来一个新的问题，在原来的分类标准之下，人科成员只有人类，所以人类的所有化石祖先一般都命名为不同的属。然而新的分类标准下，人类的祖先已经是人属的成员了。但是为了尊重惯例和研究上的方便，这些化石人类的定名依旧没有改变，这里可以认为是生物种和化石种的区别。本章下面的内容关于人类化石的讨论，均基于化石种的命名习惯，例如人类最早的祖先仍旧称之为最早的人科成员。

## 第三节 中新世大猿的演化

虽然最早的类人猿成员早在古新世就出现在了亚洲，但是在始新世—渐新世过渡期，气候变得干冷，南极的冰盖扩大，热带雨林退缩到低纬度地区，干旱开阔的生境急剧扩展，地球从大"温室"变成了大"冰屋"。这样的干冷气候导致全世界的灵长类近乎全部灭绝，只有在保留了热带雨林的非洲北部和亚洲南部还幸存有灵长类。而此时亚洲类人猿数量急剧减少，狐猴类因对环境的适应而繁盛；非洲则相反，保留了大量的类人猿且体型更大。环境改变导致亚洲、非洲灵长类组成发生变化的现象也被称作"演化率器"[①]。在早—中中新世时期，非洲猿通过路桥走出非洲到达欧洲，并在欧洲产生了真正的猿类，此时的欧洲气候温暖湿润，生境以亚热带林为主，是猿类生存的理想之地。

### 一、原康修尔猿

发现于早中新世（距今2400万~1600万年）的东非，由于尾巴缺失以及较大的脑量，被认为是真正的猿类。1931~1970年在肯尼亚和乌干达的早中新世地层发现三具头骨，100多件颌骨和牙齿，还有肢骨，属于至少三个种。原康修尔猿的头骨形态表现出猿类与猴类的镶嵌状态。原康修尔猿没有尾巴，肩部、肘部和足部关节形态类似猿类，但是四肢比例更接近猴类。因此推测它们可以同时在地上和树上四足行走。根据牙齿和颌部的形态认为原康修尔猿与现代非洲大猿存在密切的联系。

### 二、森林古猿

欧洲中中新世最著名的人猿超科成员当属森林古猿，生活在距今1300万~900万年，最初发现于法国南部和西班牙北部。森林古猿具有较长的上肢、较大的手掌和较长的手指，这些都与臂行相关。此外，森林古猿的牙釉质较薄，也暗示以水果和嫩叶

---

① Ni X J, Li Q, Li L Z, et al. Oligocene Primates from China Reveal Divergence Between African and Asian Primate Evolution. Science, 2016, 352 (6286): 673-677.

为主的食性。由于在与化石相同的地层中发现了橡树等植物化石，所以通俗名称又叫橡猿。研究人员认为这类古猿的生活环境是森林，因此定名为森林古猿方丹种。后来这样一类的古猿化石在欧洲和亚洲陆续有不少的发现，但是多为破碎的颌骨和牙齿，被定为许多不同的种，甚至不同的属。1965年西蒙斯和他的学生皮尔比姆将它们归并，认为代表现代猿的祖先和绝灭的旁支。森林古猿的下臼齿一般具有5个齿尖，被称为"森林古猿型"，是人猿超科的共同特征。森林古猿牙齿和颌骨的形态与现生猿类相比，下门齿较小而薄，较欠向前倾斜，犬齿较小，齿带更加发达，臼齿的咬合面的皱纹不如猩猩的复杂，下颌骨联合部缺乏向后延伸的下横突，犬齿与第一前臼齿之间的齿隙较小。与人类相比，犬齿较大，下第一前臼齿单尖，呈扇形，臼齿前后径较长，牙齿由前向后逐渐增大。

## 三、西瓦古猿和禄丰古猿

1932年，美国耶鲁大学的研究生刘易斯在印度和巴基斯坦边境的西瓦里克山区发现了一右侧上颌骨破片，带有两个前臼齿、两个臼齿、两个门齿和犬齿的齿槽，后定名为西瓦古猿。在这个地区还发现一种体型较小的腊玛古猿，后来多数学者认为二者形态相似，而尺寸差异的主要原因可能是性别差异，因此应归为同一物种。

1975年我国学者在云南禄丰石灰坝的褐煤层中发现了两个下颌骨，分别被归属于西瓦古猿和腊玛古猿。1987年合并为禄丰古猿同名种，距今大约800万年。经过多年的发掘发现了5个颅骨、40多件完整或破碎的上下颌骨、1000多颗牙齿、锁骨和肩胛骨各一块、2根手指骨、一段股骨、一块脚骨。禄丰古猿包括年代最早的开远种、年代次之的蝴蝶种和年代最晚的禄丰种。目前关于西瓦古猿与禄丰古猿之间的关系、二者与现生猿类之间的关系等问题还存在争议。

## 四、巨猿

1935年荷兰人孔尼华从香港中药铺购得一颗巨大的似人的牙齿，定名为步氏巨猿。当时只能推测可能产自中国南部的山洞或裂隙堆积。1956年裴文中率野外队去广西调查山洞时，在柳城发现巨猿化石。后来在广西武鸣、巴马和湖北建始以及重庆市所属的巫山县也发现了牙齿。魏敦瑞曾将巨猿改名为巨人，提出爪哇猿人来源于巨猿。

作为生活在地球上体型最大的一种灵长类动物，巨猿的化石证据在200万年前出现在中国南方地区，大约30万年前绝灭。有关巨猿起源和演化的科学问题，长期困扰着学术界。中外联合研究团队采用古代蛋白质测序技术，成功从190万年前的巨猿牙齿中成功获取了遗传信息，这是科学家首次从来自亚热带地区如此古老的化石中，成功提取遗传信息。研究的结果表明，巨猿——曾经生活在我们这个星球上最大的灵长类动物,与现在生活在东南亚地区的亚洲猩猩,具有最为密切的亲缘关系;巨猿大约在1200万年前从猩猩的家族中分离出来,并独立演化。

## 第四节 最早的人科成员

与灵长类起源与演化类似,人科的起源与演化也与环境的变化息息相关。中新世大陆板块移动,非洲大陆与欧亚大陆发生碰撞形成大陆桥,板块碰撞产生了现今世界上的大部分高山,例如比利牛斯山脉、阿尔卑斯山脉、亚洲西部的扎格罗斯山脉和中南部的喜马拉雅山脉。东非大裂谷也在这一阶段形成。非洲大陆的森林持续消退,许多欧亚大陆的动物开始通过大陆桥迁徙至非洲大陆。古猿开始下地行走,因此发展出直立行走的能力。由于最早的人科成员大多出现在东非大裂谷的两侧,因此这一假说也被大多数人认可。

关于人猿之间的差别有很多,究竟哪一项才是最根本、最具有代表性的?达尔文曾经提出,直立行走、减小的犬齿尺寸、工具的制造和使用、较大的脑量是较为根本的几项差异。但是这些差异可能出现在人类演化不同的阶段,而在追溯最早的人类时,寻找的是人猿分离最开始时的差异。关于人类的定义随着化石证据的增加以及人们观念的更新也在不断改变。在20世纪初,人们认为较大的脑量是作为人的重要标志。过去受到恩格斯的"劳动创造人本身"的观念影响曾经把"能够制造工具"作为人的标准,然而一系列新的发现表明,制造工具不是人类特有的技能,例如黑猩猩可以利用修理和加工过的树枝钓取白蚁,而一些猴类还会使用简单加工过的石器敲破坚果。另外,随着化石的发现,人们发现直立行走的出现要早于工具的制造和使用,或者是后者发展的必要条件。所以能否习惯性两足行走成为新的标准。结合分子生物学的研究,最早的人类成员逐渐被限定为具有习惯性直立行走的特征,其生存年代距今700万~600万年。

### 一、撒哈尔人

2002年,《自然》杂志报道了在中非的乍得共和国北部沙漠地区发现的化石材料,时代距今700万~600万年,包括一具头骨、两件下颌骨和三枚牙齿化石[1]。这些化石材料表现出介于人和猿之间的混合特征,定名为撒哈尔人乍得种。将撒哈尔人视作人科成员的关键特征是枕骨大孔的位置靠前,推测已经具有直立行走的能力。此外,这是第一件发现于东非以外的最早的人类化石,对早期人类起源于东非的传统观念提出了挑战。

---

[1] Brunet M, Guy F, Pilbeam D, et al. A New Hominid from the Upper Miocene of Chad, Central Africa. Nature, 2002, 418: 145-151.

## 二、地猿

于 1992 发现于埃塞俄比亚阿法盆地的中阿瓦什地区,有两个亚种。在 1994 年的研究论文中研究者将其定名为南方古猿始祖种,后又将属名更改为地猿,种名不变[①]。地猿始祖种始祖亚种距今约 440 万年,地猿始祖种祖先亚种距今约 580 万年。地猿具有较为进步的牙齿形态,颈动脉孔的位置与人类更加接近,并且从股骨推断已经具备直立行走的能力。地猿始祖种始祖亚种的化石主要来自 1995 年发现的 66 件化石,代表大约 17 个个体(包括颅骨破片、下颌骨和上肢骨残块和牙齿)。地猿始祖种祖先亚种主要来自 2001 年发现的埋藏在 580 万~520 万年前的地层中的 11 件化石(包括下颌骨、锁骨、肱骨、尺骨、指骨、趾骨等)。

## 三、原初人

原初人图根种于 2000 年发现于肯尼亚的图根山,距今约 600 万年。尽管发现了下颌骨和牙齿,但是股骨上保留的发达的大转子、转子间线、臀肌粗隆等特征可以证明其具有直立行走的能力,从而可以归入最早的人类之一。由于时值 2000 年,故最初被称为千僖人,后来正式定属名为原初人,种名为图根。20 世纪 60 年代以来,多数分子生物学的研究成果表明,人类和古猿分离的时间在 500 万年前或更晚,只有少数研究得出更早的时间,比如六七百万年。原初人的发现对大多数分子生物学的成果形成严重的挑战,人们转而趋向较早的分离时间。

# 第五节 南方古猿

在时代最早的人科成员中,南方古猿属应当是最负盛名的。根据上节介绍,从生物学分类来讲,南方古猿实际上属于人属,但是根据国际命名法以及研究上的方便,南方古猿的学名并没修改。

南方古猿是最为繁盛的早期人类成员,主要分布于东非和南非,生活在距今 440 万~130 万年前。根据其头骨的形态可以分为两种类型,纤细型南方古猿和粗壮型南方古猿或傍人。具体的,前者包括南方古猿湖畔种、南方古猿阿法种、南方古猿非洲种、南方古猿惊奇种、南方古猿羚羊河种、南方古猿源泉种和南方古猿近亲种。后者包括傍人埃塞俄比亚种、傍人粗壮种和傍人鲍氏种。

总的来说,南方古猿具有以下特征:脑量平均在 500 毫升左右,大于黑猩猩的平均值(380 毫升);男性身高约 150 厘米,体重约 50 千克,女性身高约 105 厘米,体重

---

① White T D, Suwa G, Asfaw B. *Australopithecus ramidus*, A New Species of Early Hominid from Aramis, Ethiopia. Nature, 1994, 371: 306-312.

约 30 千克，具有显著的性别差异；枕骨大孔位置靠前，存在股骨粗线，骨盆形态与人类相似，具有直立行走的能力；脚趾失去抓握能力，但是肩胛骨的形态以及较为弯曲的指（趾）骨提示可能还保留一定的树栖和攀爬能力；与人类相比，上肢长度较大；面部较大；门齿和犬齿较大，具有齿隙，牙釉质较厚；部分南方古猿可能已经开始制作石器。

## 一、南方古猿阿法种

南方古猿阿法种主要发现于东非，例如莱托里、中阿瓦什、哈达和奥摩等地点。在阿法地区发现了 200 多件化石，代表至少 13 个个体，被称为"第一家庭"，其中露西是最为完整的早期人类化石骨架，使我们可以更加全面地了解南方古猿的体质特征。南方古猿阿法种身体结构上既适应于两足直立行走，又适应于在树上攀爬。趾骨弯而细，似猿不似人，跟骨更像人，出现足弓，第一脚趾也与其余四趾并行。

1973 年 10 月，美国克利夫兰自然博物馆的约翰森在埃塞俄比亚的阿法地区的干涸的沟谷中的哈达地点发现了与现代人骨形态相似，但是较小的一件股骨下段和一件胫骨上段，这两段骨头可以合成一个膝关节[①]。因为这个膝关节的形状与现代人很相似，却与猿的不同，表明这个生物已经能够像我们这样直立行走。这个地点的年代是距今 360 万～300 万年。

1974 年约翰森和法国的泰伊伯在阿法地点发现了一具相当完整的人类骨架，包括头骨、下颌骨、颈椎、胸椎、腰椎、骶骨、肋骨、肩胛骨、两侧的肱骨、尺骨、桡骨、左侧的髋骨、股骨、右侧的胫骨和腓骨、少量手部骨骼和脚部骨骼，代表全身骨骼的大约 40%。当天晚上发掘队在营地放送甲壳虫歌曲《钻石天空中的露西》，从此这具骨骼便得了个外号：露西。露西身高 105 厘米，估计体重约 27 千克，根据髋骨可以判断为属于女性，大约 20 岁，脑量 350～400 毫升。露西的股骨长 27 厘米。这个地点的另一股骨长 40.4 厘米。据估计阿法种的男性体重可为女性的 1.7 倍至 2 倍。露西的上肢与下肢大约等长，上下肢长度比例介于现代人与猿之间。

1975 年在阿法地区发现了大约 200 件人类的碎骨和牙齿化石，这些新发现至少代表 13 个男女老幼，还有四个小孩，最幼的为一个四五岁的小孩的几乎完整的头骨。由于是当时已经发现的最早的人类化石，便称之为"第一家庭"。

1976 年，玛丽·利基在坦桑尼亚奥杜威峡谷以南 50 千米以外的莱托里火山灰地层中，发现了一连串脚印，属于三个个体。通过研究发现，这些脚印具有明显的人类的特征，例如与其他四趾并排的大脚趾、内侧明显的足弓、直立行走姿态导致的脚后跟和前脚掌部位的凹陷等。这些脚印为研究阿法种的行走姿态提供了重要的信息。

---

① Johanson D C, Taieb M. Plio-Pleistocene Hominid Discoveries in Hadar, Ethiopia. Nature, 1976, 260(5549): 293-297.

## 二、南方古猿非洲种

1923 年，第一件南方古猿非洲种的化石标本在南非一个叫作汤恩的采石场由工人发现。雷蒙·达特研究发现这件幼年个体的化石标本上有许多进步的特征。例如犬齿弱化，枕骨大孔在颅底，表明已经能够直立行走，但是其脑量较小（405 毫升），吻部前突。达特认为汤恩小孩既有类似猿的特征，也有类似人的进步特征，符合达尔文《物种起源》以及赫胥黎《人类在自然界中的位置》中提到的从猿到人的关键化石。然而与孔尼华在爪哇岛的发现一样，当时的科学界并没有足够的化石证据支持这种进步的认识。1936 年以来，罗伯特·布鲁姆博士在南非有了许多新的发现，在离约翰内斯堡不远处的斯特克方丹的一处石灰厂，发现了大量南方古猿的化石，其中一件头骨化石保存最为完好，编号 STS-5，将其命名为迩人（后归入南方古猿非洲种），该化石头骨脑量约 485 毫升，生存年代距今约 205 万年。由于这些重要的化石发现，斯特克方丹在 1999 年被评为世界文化遗产，被誉为"人类起源的摇篮"。

## 三、南方古猿源泉种

2008 年南非金山大学古生物学家李·伯格在南非马拉帕洞穴遗址发现 220 块人类化石，古地磁和铀系测定的年代为距今 200 万年[①]。其中 MH1 保存了全身 34% 的全身骨骼，包括一件完整的头骨化石。MH2 保存了 45.6% 的全身骨骼。MH1 体重约 27 千克，脑量约 399 毫升，在南方古猿中较小。然而其下颌和牙齿的尺寸均较为进步，接近于直立人。MH2 体重约 32 千克，脑量约 420 毫升。

南方古猿源泉种同时保留有原始与进步的特征。例如其上肢较长，可能保留树栖习惯。虽然手指如猿类一样弯曲，但是指骨排列紧密，更接近现代人。MH1 虽然脑量较小，但是其面部特征进步，例如突出的鼻骨、相对较小的臼齿、回缩的颧骨等与智人更相似。MH2 骨盆表明源泉种可以直立行走，但是其余猿类相似的跟骨与粗壮的内髁表明其保留的是较为特殊的直立行走方式。

## 四、傍人

1938 年，罗伯特·布鲁姆在南非克罗姆德莱地点发现了新的化石材料，包括头骨碎片、牙齿、上肢骨和足骨等，这些标本比先前发现的南方古猿非洲种更为粗壮，布鲁姆将其命名为傍人。

1959 年路易斯·利基和玛丽·利基在东非也发现类似的化石，为了纪念该研究项目的资助者理查德·鲍伊斯命名为"南方古猿鲍氏种"。

---

① Berger L R, de Ruiter D J, Churchill S E, et al. *Australopithecus sediba*: A New Species of *Homo*-Like Australopith from South Africa. Science, 2010, 328(5975): 195-204.

1967年，一支法国研究小队在埃塞俄比亚南部的奥摩地点发现了一块没有牙齿的下颌骨，将其命名为傍人埃塞俄比亚种，距今约250万年。1985年，理查德·利基在肯尼亚图尔卡纳湖西岸发现了一具完整的颅骨化石，与1967年发现的下颌骨十分相似。

与南方古猿相比，傍人有发达的矢状嵴，面部和上下颌的尺寸较大，颞肌和咬肌发达，头骨显得粗壮许多。

# 第六节　能　人

1964年，路易斯·利基等人在埃塞俄比亚的奥杜威峡谷发现能人化石，距今250万~160万年[①]。在附近还发现了同时代的古纳石器遗址，是当时最早的旧石器时代遗址。因此推测能人已经可以制作和使用石器，也因而得名"能人"，意为能工巧匠之人。迄今已经在坦桑尼亚、肯尼亚、埃塞俄比亚、南非等地发现能人化石。能人的分布区域与南方古猿基本相同，并且在相当长的一段时间内能人与南方古猿是并存的。目前古人类学界认为，能人已经能够制造和使用石器工具。正是由于石器工具的广泛使用，提升了能人获取食物的方式，改变了食物构成，增加了肉食的比例，进而促进了大脑的发育。一般认为，能人是早期人类开始向现代人类演化过渡的开端，所以目前被归入与现代人相同的属——人属，被认为是人属的第一个成员。

1998~1999年，米芙·利基在肯尼亚图尔卡纳湖西南部发现一件几乎完整的人类头骨和部分上颌骨，化石的年代为距今350万~330万年。这件头骨面部非常扁平，与后期能人成员接近，但鼻部和脑颅较原始。米芙·利基将其命名为肯尼亚人扁脸种。此前，包括南方古猿在内的所有早期人类面部都明显向前突出。从整个人类演化历史看，面部形态是从向前突出朝着扁平方向发展的。因此研究者认为，扁脸肯尼亚人可能是人属的祖先，也可能扁脸肯尼亚人与南方古猿阿法种并存，其后也与其他多种南方古猿并存，或与后来出现的人属并存。但也有学者认为，应该废除肯尼亚人这个属名，将扁脸种并入南方古猿阿法种。

能人具有以下体质特征：身高约150厘米，男性体重约65千克，女性体重约38千克；脑量大约500~800毫升；下肢比例增加，完全适应直立行走；面部尺寸缩小。能人没有矢状嵴，上颌骨、下颌骨和牙齿都小于南方古猿。门齿和犬齿相对较大。头后骨骼显示与南方古猿同样的有力强壮，完全适应于直立行走。从南方古猿到能人，脑量有明显的增加。

---

[①] Leakey L S B, Tobias P V, Napier J R. A New Species of the Genus *Homo* from Olduvai Gorge. Nature, 1964, 202: 7-9.

## 第七节 直 立 人

直立人是除南方古猿之外在地球上生存时间最长的化石人类成员。根据现有的化石证据，直立人生活在距今 190 万~20 万年之间，分布在亚洲、非洲和欧洲的许多地点，代表着人类演化的一个重要阶段。进入直立人阶段的人类在体质特征和行为模式方面均呈现出明显的变化，如脑量增加、四肢更加灵活、直立行走功能日趋完善等；在文化行为方面，直立人具有了制造和使用不同类型的石器、用火和狩猎的能力。

### 一、直立人的形态特征

直立人最早由荷兰军医杜布哇于 1891 年发现于印度尼西亚的爪哇岛，但是直到 1929 年北京周口店的直立人被发现以后才得到世界的认可。直立人的面部进一步缩小，但是吻部仍然前突，没有下巴颏，鼻骨相较于南方古猿为突出；头骨较为低矮，不似现代人的圆隆，从能人到直立人，脑量有了进一步的增加，平均脑量在 725~1250 毫升之间；额骨上有明显的矢状嵴，枕骨呈较尖的角状转折，脑颅上窄下宽，头骨最大宽的位置较低；具有连续的眶上圆枕以及圆枕上沟。颅骨骨壁较厚，头骨以及头后骨总体较现代人为粗壮。直立人能够制造和使用工具，并且具有控制用火的能力。具有耐力长跑的能力，这种能力可能产生于 200 万年前，这也是直立人能够走出非洲并向其他大陆扩散最重要的原因之一。

### 二、直立人走向全世界

目前最早的直立人化石发现于非洲，约 190 万年前。非洲有着丰富的直立人化石材料，例如 WT15000 是最为完整的直立人骨架，距今 160 万年，由于发现在图尔卡纳湖附近，也被称为图尔卡纳男孩，他的年龄在 10~11 岁，身高已经达到 160 厘米，估计成年后可以达到 180 厘米，从这一点足以看出直立人的身材已经与现代人相当。从严格意义上讲，欧洲没有典型的直立人化石，意大利的切普拉诺人可能属于直立人；而亚洲的直立人化石较为丰富，在西亚格鲁吉亚发现了 5 件完整的直立人化石头骨，距今约 170 万年；中国发现的有蓝田人、元谋人、北京人、南京人、郧县人、和县人、沂源人等，印度尼西亚则在桑吉兰、桑班马堪、昂栋、特立尼尔、莫佐克托等地点发现了大量直立人头骨。直立人最晚可能生存到距今 20 万年前。除了时间上的先后，亚洲与非洲晚期的直立人在形态上也有许多相似之处，因此普遍认为直立人是从非洲扩散到欧洲和亚洲的。

### 三、非洲直立人

20 世纪 60 年代以后在东非发现大量南方古猿化石的同时，也出土了数量丰富、年代更为古老的直立人化石，包括在肯尼亚发现的编号为 KNM-ER3733、KNM-ER3883 的头骨和迄今最为完整的直立人骨架 KNM-WT15000。迄今已经在东非、北非和南非许多地点发现距今 190 万～60 万年的直立人化石。这些化石以可靠的古老年代（距今 190 万～160 万年）和翔实的解剖特征，使学术界普遍认为直立人最初出现在非洲，在距今大约 200 万年以内向亚洲和欧洲扩散并成为后期人类的祖先。

## （一）WT15000 直立人

1985 年理查德·利基和沃克报道了在图尔卡纳湖西边的纳里奥科托姆Ⅲ地点发现一具 160 万年前的直立人骨架，编号为 WT15000[①]。据推测，这具骨架当时先是埋在带有浅水的沼泽中，不久后被缓慢的流水带到一片泥地，很快被埋藏起来。它相当完整，共有 70 余块骨骼，包括下颌骨、脊椎骨、肋骨、锁骨、肱骨、盆骨、大小腿骨等，是迄今发现的最完整的直立人骨架。第二臼齿萌出不久，上犬齿还没有萌出，第三臼齿也尚未萌出。早先按照现代人出牙的时间表估计为 11 岁，也有研究者认为化石介于人和猿之间，牙齿萌出时间应该早于现代人，估计为 9 岁。脑量估计为 700～800 毫升。他的骨骼发育的程度似乎比牙齿更加成熟。这副骨架的身高为 160 厘米，估计当他成年时应不低于 180 厘米。估计脑量可达 909 毫升。由此可见，虽然在南方古猿中身高似乎有逐渐增高的过程，但是到 160 万年前直立人阶段就已经达到现今的水平。

## （二）KNM-ER3733 直立人

1974、1975 年发现于图尔卡纳湖东岸的女性个体，生存年代距今 160 万～130 万年，脑量接近 900 毫升，眉嵴与额部之间有深沟分隔，梨状孔宽阔，其下缘明显，鼻骨突出，从齿槽推测，前部牙齿尺寸与能人接近。

## （三）特尼法因人

1954 年发现于阿尔及利亚的特尼法因。有一片年轻人顶骨，边缘均未愈合。3 具成年下颌附带一些牙齿。顶骨厚度在现代人范围内。从其弧度看化石人颅骨不高，最宽处不在顶骨，而在颞骨。颞线粗，脑膜中动脉后支比前支粗。1、2 号下颌骨为男性，3 号是女性，均无颏突，2、3 号都有颏下三角。前臼齿有大的齿带，有些臼齿也有齿带迹象。第 2 臼齿最大，第 3 臼齿最小。2 号下颌骨的第 2、3 臼齿都有第 6 尖。咬合面磨耗较轻的臼齿显示有复杂的釉质皱纹。与人化石伴存的主要有用石英岩和砂岩制造的石器，包括手斧，属于第 2 模式，此外动物化石还有河马、犀牛、骆驼、羚羊、巨狒狒等，距今 73 万～60 万年之间。

---

[①] Brown F, Harris J, Leakey R, et al. Early *Homo erectus* Skeleton from West Lake Turkana, Kenya. Nature, 1985, 316 (6031): 788-792.

## 四、中国直立人

自 20 世纪初在北京附近的周口店发现直立人化石，在中国已有 10 余处地点发现了直立人化石。主要的中国直立人化石产地包括云南元谋、陕西蓝田公王岭及陈家窝、安徽和县、湖北郧县曲远河口、湖北郧西白龙洞、湖北建始龙骨洞、江苏南京汤山、山东沂源等。一般认为，直立人在中国的生存年代在距今 170 万～40 万年之间，但也有人认为直立人在中国的生存年代最晚要到大约 20 万年前。1965 年在云南元谋发现的 2 枚直立人牙齿化石的年代为大约 170 万年前，被认为是中国最早的直立人化石。

### （一）元谋人

1965 年发现于云南元谋县城东南大约 5 千米的上那蚌村与大那乌村之间一个小山包上的河湖相堆积里。有两颗门齿，呈铲形，中间舌状突抵达咬合缘。根据动物群对比为早更新世。根据古地磁测定，年代在 170 万年前左右。

元谋人这两枚门齿齿冠和齿根都显得较粗壮，在形态特征和测量尺寸方面都与周口店直立人相似。但是也有一些差异，如周口店直立人上颌中门齿唇面更为隆起，而元谋人上颌中门齿唇面则相对平坦；元谋人远中边缘脊比周口店直立人更为发达；元谋人齿冠舌面结构更为复杂。在此之后一些学者的研究中也注意到了元谋人牙齿与非洲早期直立人（如 KNM-WT15000）有相似之处，包括齿冠舌面基底隆起、中央脊，以及复杂的舌面结构。

### （二）蓝田人

1964 年发现于陕西西安东南 66 千米蓝田县公王村南的公王岭附近的黄土层中。根据伴生动物群估计属于早更新世。古地磁测定为距今 160 万年。

包括脑颅和面颅的几块化石。脑颅保存基本完整的额骨和两侧顶骨，枕骨以及右侧颞骨残部；面颅保存左侧鼻骨大部，右侧鼻骨上部，右侧上颌骨大部，附带第二和第三臼齿，左侧上颌骨额突；还有一颗单独的左侧上第二臼齿。从埋藏位置、形态、大小、颜色和牙齿磨耗程度判断，所有这些化石属于同一女性个体，估计年龄在 30～40 岁之间。头骨有地层挤压变形的痕迹。根据皮尔逊公式推算的脑量为 780 毫升（图 4-2；图版二，1）。

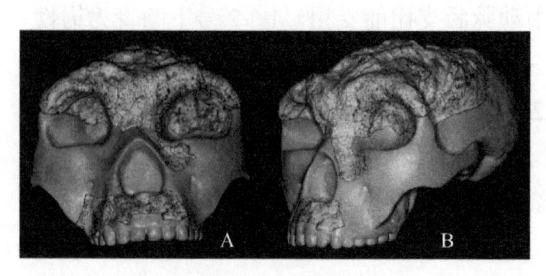

图 4-2　蓝田人头骨
A 前面；B 左侧面

此外，在陕西蓝田城以东的黄土层中，蓝田陈家窝子化石地点，发现有一具大体完整的下颌骨，多颏孔，没有第三臼齿。古地磁测定为 60 万年前。

## （三）郧县人

发现于湖北郧县城西大约40千米的曲远河口的学堂梁子。化石埋藏地点在汉江第四级阶地内，根据伴生动物群估计，时代与公王岭相近。古地磁测定为87万～83万年前。

有两个头骨，分别为1号和2号，都受到了地层中一定程度的挤压和变形。分别出土于1989年和1990年，都属于中年，头顶低矮，眉嵴上沟比北京猿人宽浅，鼻根点深凹（与北京猿人、蓝田猿人都不同），头骨最宽处接近颅底，没有明显矢状嵴，眶后缩狭，乳突大，有枕骨圆枕，骨壁不厚，上面部低矮，颧颌角大，眼眶大约呈长方形，但是四角圆钝，眼眶边缘没有锐棱，上颌骨颧突更多地朝向前方，其下缘与上颌骨交点位置高，牙齿齿冠大。

2022年在该地点的发掘中又发现一具完整的头骨，称郧县3号，该头骨化石保存完整，并没有出现1号与2号的头骨变形。目前还没有正式的研究报道，但是这件头骨化石对于中国直立人的演化研究无疑具有重要的作用。

## （四）周口店直立人（北京人）

周口店直立人是中国最早发现的直立人化石，主要发现于周口店第1地点。这个遗址是1921年瑞典考古学和古生物学家、当时北洋政府农矿部顾问安特生、美国古生物学家葛兰阶与奥地利古生物学家师丹斯基一起在周口店考察时发现的。加拿大解剖学家步达生研究了1926、1927年发掘获得3枚人类牙齿，牙齿被确认为原始人类的牙齿，并为之建立一个新属新种"中国猿人北京种"。1927～1937年，由美国洛克菲勒基金会资助在周口店进行了10年的大规模发掘。1929年冬天，裴文中发现了第一个完整的头盖骨。后又发现完整或较完整的头骨5件、面骨6件、头骨碎片7件、下颌骨14件、牙齿147枚、股骨断片7件、肱骨2件、锁骨1件、月骨1件[1]。1966年发现的头骨残件与1934、1936年发现的同属一个个体，并能合并成一个近乎完整的头盖骨。这里已经出产的人类化石代表大约40个个体。遗憾的是，1941年珍珠港事件后，周口店第1地点发现的大部分人类化石丢失（图4-3；图版二，3）。

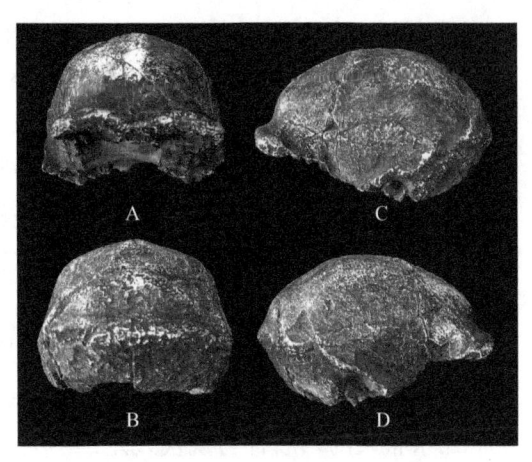

图4-3 周口店第1地点北京人头盖骨（模型）
A 前面；B 后面；C 左侧面；D 右侧面

---

[1] 刘武、吴秀杰、邢松等：《中国古人类化石》，科学出版社，2014年。

根据伴生动物群判断，北京猿人生活在中更新世。采用不同年代测定方法获得的数据差别较大，但一般认为，出产人类化石的上部地层的年代在30万～20万年前，下部地层的年代不早于60万年前。最早的北京猿人化石出现于第11层，最晚的发现在第1～3层，因此北京猿人群体的时间跨度可能达到30万年左右，他们的体质和文化都经历了一定的发展变化。

在周口店堆积中发现有几处大的灰烬层，从中发现有大量的烧骨、烧石和烧过的果核等。有学者对生活在周口店的古人类是否具有控制性用火能力持怀疑态度。最新的研究证实了这些燃烧遗迹是当时人类用火的证据。另根据对在周口店第1地点发现的动物化石破碎情况及表面痕迹的分析，当时人类已经具备了狩猎能力。

周口店直立人头骨的脑颅低，前额低矮，眶后缩狭明显。有额结节，顶骨有角圆枕。头骨骨壁厚。头骨上加强结构显著，如眶上圆枕，枕圆枕，在额骨上部和顶骨正中延伸有矢状嵴，在前囟点周围有十字隆起，有粗的颧弓。颧弓位于眼耳平面之下，眉嵴和枕骨圆枕上方都有一条浅沟，枕平面与项平面之间的夹角较小，呈角状弯折而不似现代人那样圆钝，枕平面与项平面之间的比例较小。从外侧面看，颞骨鳞部上缘呈直线，导致鳞部略呈直角三角形。颞鳞的高长指数较现代人小。外耳门深陷。乳突小，乳突上嵴粗壮。从头骨后面观察，脑颅由上向下逐渐变宽，最宽处在外耳门附近。而在现代人最阔处的位置则比较高，更接近球形。印加骨的比例较高。

在颅内模上，脑膜中动脉后支比前支粗，但是5号头骨例外。小脑窝面积大约相当于大脑窝的一半，与现代人的比例相反。枕内隆凸点与枕外隆凸点间的距离比现代人大。

额骨与鼻骨、上颌骨之间的骨缝水平，额骨与鼻骨之间平缓过渡，而不呈角状转折。鼻骨平扁，两眶之间的距离比南方古猿大，颧骨额蝶突外侧面比较朝向前方，鼻以下的颌部比南方古猿小，突出程度介于南方古猿与现代人之间。脑量在915～1225毫升之间，成年人平均脑量1088毫升。下颌骨没有颏隆突（下巴颏），颏孔2～5个，在内侧有下颌圆枕。

前部牙齿增大，上门齿比南方古猿的竖直，铲形，有舌结节、指状突和边缘嵴，第一上前臼齿有两个齿根（现代人只有一根），第三臼齿比第二臼齿小（南方古猿相反）。齿冠基部的釉质增厚成为齿带。北京猿人的第二臼齿比犬齿先长出齿龈，这样的出牙顺序与猿类相同而与现代人不同。

四肢骨壁厚，相应的骨髓腔较狭小，其直径大约只有骨干直径的三分之一，而现代人的则相当于骨干直径的一半。根据一根男性大腿骨复原的身高为156厘米。

北京猿人的四肢骨与现代人差别不大，头骨却保留较多与猿相似的特征。这在一定程度上反映了演化的不平衡性，即身体的结构并不是以相同的速率进行演化的。

（五）汤山人

汤山人位于江苏省南京市汤山镇西南的雷公山葫芦洞，1990年3月22日，当地人员在雷公山采石过程中发现这个洞穴,并在洞内发现动物化石。在葫芦洞南侧小洞中发现 1 具人类头骨化石(即 1 号头骨)。在葫芦洞发现的哺乳动物群组成与周口店直立人共生的中更新世动物群基本相同,可能为中更新世中晚期。采用铀系和电子自旋共振方法对地层钙板和动物化石测定的年代为 35 万年前。采用热电离质谱(TIMS)铀系法对洞穴次生碳酸盐样品进行的测定认为南京 1 号头骨的年代至少为 50 万年前;2 号头骨的年龄不晚于 23.9 万年前。

1 号头骨发现于南京汤山葫芦洞内的小洞中。共有三块骨片。其中一块较大,主要包括左侧面骨,右侧面骨一部,额骨和两侧顶骨的一部分等,属于 21～35 岁的女性。1 号头骨具有比较典型的直立人特征:脑颅低而狭长,前缘在顶面观几乎构成一条直线的眶上圆枕,前额低平,枕项平面间角状转折,颞鳞上缘低平呈弧形,颅骨骨盖低,最大宽接近颅底,有矢状嵴,眶后缩狭,有角圆枕,骨壁厚,有枕骨圆枕,枕平面短于项平面,小脑窝远小于大脑窝,枕内外隆凸间距大。脑量估计 860 毫升。颜面低而宽,有颧切迹,颧骨特别高,其前外侧面比较朝向前方,颞面较宽,有颧结节和缘突。它的高耸的鼻梁、眼眶与梨状孔间的隆起与中国大多数头骨不同,可能是适应寒冷气候的结果。

2 号头骨颅骨最大宽位置接近颅底,后面观轮廓、前囟位指数均在北京猿人范围内,上枕鳞和下枕鳞间呈角状过渡。

(六)和县人

发现于安徽和县龙潭洞,出土人类化石共 14 件,有一个完整的头盖骨,两件头骨碎片、一件附带两枚牙齿的下颌骨残段,以及 10 枚单个牙齿。龙潭洞地层从下到上分为 5 层,人类化石和大多数动物化石发现于第 2 层。地层和动物群对比显示,和县人类化石的地质时代和周口店第 1 地点上部堆积(大约在第 5 层)相当。采用热释光、铀系和电子自旋共振进行的年代测定获得的人类化石的年代范围在距今 41.2 万～5 万年。最近一次采用铀系和 ESR 混合方法进行的年代测定显示人类化石的年代在 41.2 万年前。

颅顶低,眉嵴厚,眉嵴上沟浅,矢状嵴短,有角圆枕,上枕鳞和下枕鳞间呈角状过渡,脑膜中动脉后支比前支粗。头骨厚度在北京猿人范围内,上门齿呈铲形,臼齿有残留的齿带。下颌体比北京人和蓝田人的下颌骨都厚,比周口店直立人男性的低矮,比周口店和蓝田直立人的女性都高得多(图 4-4;图版二,4)。

其他一些地点如山东沂源、湖北郧县梅铺和郧西黄龙洞、河南南召和陕西洛南,发现的人类化石都比较零星。

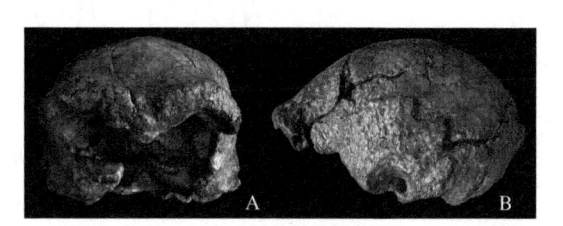

图 4-4 和县人头盖骨
A 前面;B 左侧面

## 五、印度尼西亚直立人

自 19 世纪末杜布瓦在爪哇岛发现第一例直立人化石以来,印度尼西亚出土了大量直立人头骨化石,共计 30 余例。但是由于这些化石材料大多缺乏准确的地层信息,以及洞穴年代的复杂性,关于印尼直立人的年代一直处于争论之中。印度尼西亚直立人与其他亚洲直立人有较多的形态相似,例如:额骨低矮平缓;颧骨粗壮,颧结节位置位于颧骨底部,眶下缘圆钝;梨状孔下缘圆钝;面部突出等。但是在印度尼西亚直立人内部也有较大的形态变异,例如桑吉兰 17 号头骨尺寸明显大于其他直立人,脑量也较大,达到 1029 毫升,超过了其他直立人的平均值 911.5 毫升。

### (一)爪哇人

1891 年在印度尼西亚爪哇岛梭罗河边的特里尼尔(Trinil)村附近发现了一个头盖骨,次年又在不远处发现一根人类的大腿骨。头盖骨低平,最宽的地方接近颅骨底部,额部扁平,有粗厚的眉嵴,脑量约 900 毫升,股骨表明具有能直立行走能力,所以在 1894 年被命名为直立猿人。

### (二)莫佐克托人

莫佐克托人化石根据外耳道的发育属于 6~8 岁的幼童,脑量 650 毫升左右。因地面采集而得,年代不详。

此外,在距今 180 万~80 万年的桑吉兰(Sangiran),距今 90 万~40 万年的特里尼尔(Trinil),距今约 40 万年的桑邦甘马切(Sambungmacan)等地均发现了直立人头骨化石。

### (三)魁人

1936 年起在爪哇岛的桑吉兰发现一段人类的下颌骨化石,命名为魁人,层位相当于卡巴层的底部,距今约 98 万年。由于魁人的化石材料较少,其演化地位还存在争议。

## 第八节 中更新世古老型人类

大部分中更新世古老型人类在时代和形态上都处于从直立人向智人过渡的阶段,而且彼此之间形态变异较大,因此过去的研究中分类较为混乱。其中欧洲大多数人类化石被归入"海德堡人",而亚洲的一些人类化石表现出与欧洲"海德堡人"或尼安德特人相似或相异的形态,因此被笼统地归入"古老型智人"或"早期智人"。近些年来随着越来越多化石证据的增加，古人类学家开始对这种分类的方式产生怀疑，提出废除"海德堡人"以及"古老型智人"的说法，转而用更加完整的标本（例如非洲的博多人）和明确的定义建立新种，同时正视这些人类化石中存在的变异，采用更加细致的分类学方法确定他们的分类地位。

例如在非洲发现的距今60万年前的博多人，已经开始表现出智人的进步特征。除博多人外，在非洲发现的著名古老型智人化石还有在赞比亚布罗肯山发现的头骨。在欧洲英国斯旺斯库姆、德国海德堡、德国施泰茵海姆、希腊佩特罗纳、法国阿拉戈等地点发现的更新世中期人类化石都曾被归入古老型智人或海德堡人。1976年开始在西班牙阿塔普埃尔卡山胡瑟裂谷的山洞里陆续发现了数量丰富的距今40万～30万年的人类头骨、牙齿等化石，以往曾将这些化石也归入古老型智人，还有大部分学者将这些化石归入海德堡人，目前更多人认为他们是尼安德特人演化的早期形态。

## 一、欧洲

### （一）阿塔普尔卡人

这是欧洲出土中更新世人类化石最多的遗址，主要包括两种不同的人类化石，即先驱人和尼安德特人（或前尼人）。其中前者生存年代可以早至140万年，可能是尼安德特人、丹尼索瓦人与智人的共同祖先。后者生存年代在43万年左右，可能是尼安德特人的早期类型。

### （二）胡瑟裂谷人

西班牙北部布尔格斯附近的胡瑟裂谷，出土化石上万件。迄今已发现700多件人类化石，至少代表28个个体。这些人类化石之间有很大的变异范围。生存年代距今43万年。这一地点发现的人类化石已经开始出现典型尼人的特征，因此也被称为"前尼人"。根据最新的分子生物学证据，胡瑟裂谷地点出土的人类化石相比于丹尼索瓦人，与尼安德特人更加接近。

### （三）格兰刀林纳人

格兰刀林纳距胡瑟裂谷约600米，但是时代根据动物群和古地磁定为早更新世。距今65万年的ATD-6上颌骨化石表现出的面部特征与现代人很相似，被认为是现代人特征出现得最早的记录。这些人类化石体现了现代的面部和原始的牙齿的独特的结合，因此研究人员将其定为新种：先驱人，认为是智人和尼人的共同祖先。

此外在相邻的另外一个地点，发现了距今130万年的下颌骨残片，编号ATE9-1，也被认为是先驱人，这也是欧洲发现的最古老的人类化石。

## （四）海德堡人

1907年在德国海德堡东南5千米的毛尔村的砂坑中，离地面20多米的深处得到一具人的下颌骨，与其在一起的还有斑鬣狗的化石。生存年代不确定，可能距今70万～50万年。这件下颌骨是海德堡人的正型标本。

下颌骨保存得相当完好，比较硕大，没有颏隆突。下颌枝很宽，可能反映有强大的咀嚼肌。但是牙齿却不成比例地大，中等程度磨耗，左侧4个颊齿在发现时破损。

近年的研究中，许多欧洲和非洲的标本被归入海德堡人，并且被认为是尼人和智人的共同祖先。由于海德堡人没有头骨标本用于对比，被纳入这一类别的化石成员变异较大，形成分类学上的"垃圾桶"。所以近些年的研究倾向于废除这一学名，并对该分类单元下的所有化石成员进行更加细致的研究与分类。

## （五）佩特罗纳人

佩特罗纳人头骨发现于希腊塞萨洛基附近的一个复杂的山洞中，是欧洲这个时段保存得最好的头骨。生存年代估计在距今40万～20万年之间。

脑颅低而粗壮，颅骨的最大宽度在下部，比脑颅宽度大得多。颅骨的增强结构很发达：眉嵴的鼻部和眶中部特别厚，外侧部变细，眉嵴下缘与眶缘一致，呈弧形，而非直线。没有矢状嵴，却有矢状隆起，其高度与宽度的比例比矢状嵴小得多。枕骨圆枕厚而低，使脑颅顶部与颅底相交成角状。面骨很大，既高又宽，颜面部整体向前突出。鼻梁突出，梨状孔下缘宽阔。眼眶椭圆形，两眶间距大。颧弓粗壮，与颧骨的前面之间没有明显的转角，颧骨额蝶突比较朝向外侧。上颌窦很大，没有犬齿窝。

# 二、非洲

## （一）博多人

博多人于1976年发现于埃塞俄比亚的中阿瓦什地区。根据与附近许多地点的生物地层及考古遗物的对比认为距今60万年。不远处还发现一块顶骨的后下角和一根肱骨的远侧段。该头骨化石所具有的直立人与智人的特征组合，表明直立人向智人转变的事件在60万年前的非洲就已经开始发生。

头骨包括面部、脑颅的前部和顶部，与布罗肯山头骨很近似。两者的共同特征有：颊部前面平或微凸，眶柱朝向外侧，齿槽突颌，有矢状隆起和前囟区隆起以及角圆枕，额骨较长。颅骨比布罗肯山人高，面部更宽，大约等高。眉嵴很厚，分为中央和外侧两部。额骨扁平。梨状孔下缘宽阔。其下缘呈沟状。上颌窦大，犬齿窝不发达，梨状孔前缘有浅窝。从残破的颅底可以看出其弯度较大。上颌骨到颧弓的颧颌线几乎成一直线。鼻骨突出，眉间突出，鼻根显得深陷。

## （二）恩杜图人

头骨化石1973年发现于坦桑尼亚恩杜图湖边，出土地层可能是奥杜威剖面的上部堆积，生存年代可能距今40万～20万年。头骨的骨壁厚，额部较饱满或陡直，没有矢状嵴，头骨侧壁较垂直，顶骨结节显著，乳突小，乳突上嵴不延伸到外耳门上方，有枕圆枕。脑量1100毫升。兼有直立人与智人的特征。

## （三）布罗肯山人

1921年开采铅矿时发现人骨化石于布罗肯山附近一个山洞中，由于发现于曾经的罗德西亚（现已解体）而曾被称为罗德西亚人。动物群属于中更新世，生存年代大约距今30万～12.5万年。颅骨保存完好，面部尺寸较大。额骨低矮，眉嵴粗壮，前额扁平，枕嵴显著。脑量约1300毫升，颅骨较高，枕骨上部较大项肌附着区减小，颅骨上部与底部的宽度很接近。

# 三、中国

## （一）大荔人

1978年发现于陕西省大荔县解放村边的甜水沟，是一件保存完好的头骨，左后上部缺损。颜面下部受挤压有些错位，属于一个小于30岁的青年男性。采用铀系和ESR方法对大荔人头骨化石层位进行的年代测定获得的数据在距今35万～18万年之间。目前多数学者认为大荔人的年代距今30万～25万年（图4-5；图版二，2）。

在大荔地点与人类化石和动物化石相同的地层中，发现有500多件石制品，原料多为石英岩和燧石。石器类型有边刮器、尖状器、钻具、端刮器、凹缺器和雕刻器。石器制作工艺较原始。

头骨眉嵴厚，两侧眉嵴顶面观呈八字形。矢状嵴限于额骨下段。眶后缩狭不深，颧弓细，与耳眼平面持平。颞鳞

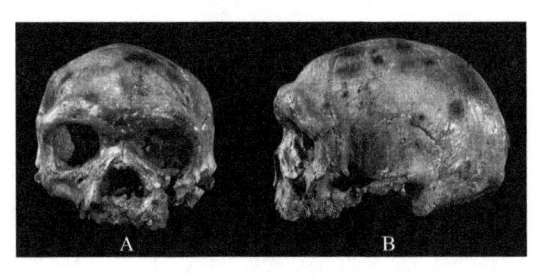

图4-5 大荔人头骨
A 前面；B 左侧面

高，有角圆枕。头骨后部呈角状转折。从顶枕部一块残骨推测可能有印加骨。鼻骨、上颌骨与额骨构成的缝成一条几乎水平的、稍向上凸的弧线。面高较小，比欧洲的中更新世人类低。眼眶两个外侧角显著，正眶略近长方形。头骨壁厚与周口店直立人相近。

## （二）金牛山人

金牛山人骨化石发现于辽宁营口金牛山一个石灰岩裂隙中。根据动物群的组成，

一般认为金牛山人的生存时代在中更新世晚期。采用热释光方法对出产人类化石的第 7 层进行年代测定获得的年代数据为距今 19.70 万～19.46 万年。采用 ESR 方法对与人类化石伴生的动物牙齿测定获得的年龄为距今 23 万～20 万年。陈铁梅等采用铀系法对各层位的动物骨骼和牙齿样品进行了多次测定，获得了距今 31 万～20 万年的年代范围。目前一般认为金牛山人的年代在距今 26 万年左右（图 4-6）。

在金牛山发现的人类化石材料包括头骨 1 件（缺下颌骨）、脊椎骨 6 件、肋骨 2 件、尺骨 1 件、髋骨 1 件、髌骨 1 件、腕骨 9 件（左侧腕骨 4 件、右侧腕骨 5 件）、左右侧掌骨各 1 件、指骨 7 件（近端指骨 4 件、中间指骨 2 件、远端指骨 1 件）、跗骨 11 件（左侧距骨 5 件、右侧距骨 6 件）、跖骨 2 件、趾骨 13 件（近端趾骨和远端趾骨各 6 件、中间趾骨 1 件）。根据对金牛山人髋骨形态的研究认为金牛山人更可能属于女性，其年龄在 20～22 岁之间。

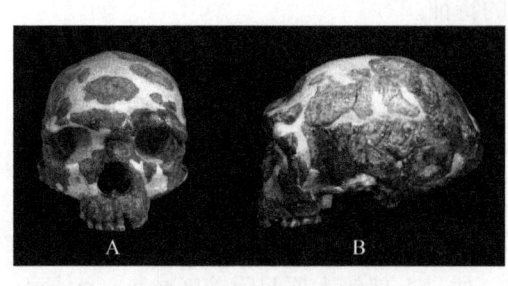

图 4-6　金牛山人头骨
A 前面；B 左侧面

吴汝康认为金牛山人头骨的形态虽然还残留有直立人的一些性状，如低矮的颅穹窿、发达的眶上圆枕、明显的眶后缩窄、倾斜的额鳞、明显的枕脊等，但其多数形态特征如颅高的增加、颅最大宽位置的上移、脑量增大、颅骨厚度变薄、眶后缩窄程度减小、颞鳞相对较高、角圆枕趋于消失、枕骨枕平面长于项平面并其转折较为圆钝、枕脊的发育趋于减弱、面部与齿槽突出程度减小等，与直立人头骨形态明显不同，而更接近于智人。

（三）马坝人

马坝人化石发现于广东曲江马坝镇附近的狮子岩。发现的人类化石较为破碎，但拼接修复后得到一件较为完整的右半侧头盖骨。在马坝发现的哺乳动物化石包括豪猪、黑鼠、兔、柯氏小熊、大熊猫、最后斑鬣狗、虎、豹、东方剑齿象、纳玛古菱齿象、中国犀、貘、野猪、鹿、羊、牛等。其地质时代被认为在中更新世晚期或晚更新世初期。用铀系法对与人类化石同一层位动物化石进行的年代测定获得的数据为距今 13.5 万～12.9 万年。对次生碳酸盐岩和骨化石样品测定获得的铀系年代为距今 23.7 万年。

吴新智认为马坝人颧骨额蝶突前外侧面朝向前方、额鼻缝与额颌缝呈大致水平的浅弧形，以及面部较为扁平等特征，是从中国直立人到晚期智人这条进化线上所有化石共同特征组合的一部分，说明马坝人是中国古人类连续进化链上的一员。同时，马坝人眉嵴厚度与典型尼人接近，眼眶较高并且呈圆形，眶下缘较锐利都与尼人特征接近。马坝人的这些特征可能是欧洲较早的古人类——尼安德特人的祖先有关的基因流向亚洲东部的结果。

## （四）许家窑人

许家窑人骨化石发现于山西省阳高县许家窑村东的梨益沟。包括73113（两叉沟）和74093（长形沟）两个地点，分别属于山西省阳高县许家窑村和河北省阳原县侯家窑村，被称为许家窑遗址（许家窑－侯家窑遗址），人类化石发现于74093地点。对许家窑的3次发掘一共发现人类化石20件，包括顶骨12件、颞骨1件、枕骨2件、上颌骨1件、下颌骨残段1件、单个牙齿3枚。在许家窑遗址中发现的哺乳动物化石种类绝大多数是华北地区晚更新世常见类型，例如普氏野马、野驴、马鹿、原始牛、普氏原羚、哦喉羚等。最新的测年结果显示，许家窑人的生存年代可能是距今20万～16万年，这一结果与适应寒冷的动物群相符。

早期的研究显示许家窑人类化石形态特征总体上介于周口店直立人与现代人之间。新的研究发现，许家窑人下颌骨具有镶嵌性形态特征，分别呈现尼安德特人、古老型智人及现代人的表现特点。对许家窑人下颌骨的研究发现，在所观测的6项特征中，有2项特征（磨牙后间隙较大以及粗大的翼内肌结节）的表现特点与尼安德特人相似。采用激光扫描对许家窑人鼻骨基底部断面的形态进行研究，发现其具有双层型内鼻底，可能与尼安德特人存在关系。对许家窑人内耳迷路的研究也发现，较高的外半规管矢状指数、较大的外半规管尺寸等形态特征，都与尼安德特人高度一致。

此外，许家窑人头骨上还表现出一系列病例及创伤的痕迹。许家窑11号顶骨后方有一个直径2厘米的穿孔，可能是较为罕见先天性遗传病，巨顶孔症，与高密度的近亲繁殖有关。

## （五）许昌人

2005～2017年，对位于河南省许昌市的灵井许昌人遗址进行了连续13年的考古发掘，发现了45件人类头骨碎片化石、一万余件古人类制作使用的石器以及20余种哺乳动物化石。通过地层对比、动物群组成分析及光释光测年等多种方法的综合研究，人类化石的年代被确定为距今12.5万～10.5万年。经过鉴定，确认这些头骨碎片代表5个个体，其中1号和2号个体相对较为完整：许昌人1号头骨由26块游离的碎片组成，复原后的头骨保留有脑颅的大部分及部分底部，代表一个年轻的男性个体；许昌人2号头骨由16块游离的碎片拼接而成，复原后的头骨保存有脑颅的后部，为一较为年轻的成年个体（图4-7；图版二，5）。

许昌人头骨表现出独特的形态特征组合。首先，许昌人表现出脑颅的扩大和纤细化，许昌人1号头骨脑量达到了1800毫升，头骨骨壁变薄，枕圆枕弱化，眉嵴厚度中等。其次，具有东亚中更新世期人类（如周口店直立人、和县直立人等）的原始及共同特征：包括低矮的头骨穹隆、扁平的脑颅中矢状面、位置靠下的最大颅宽、

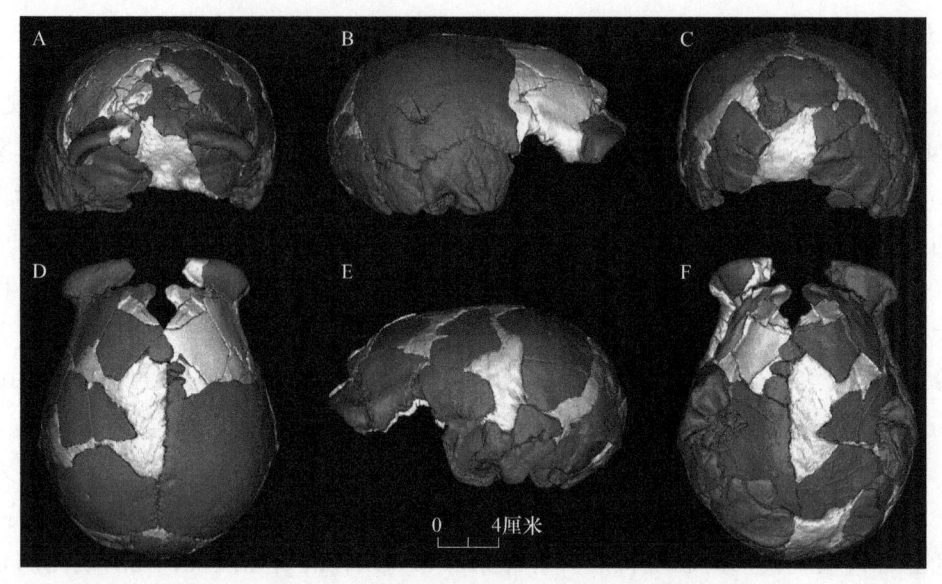

图 4-7 许昌人 1 号头盖骨 3D 虚拟复原图
A—F 为前面、后面、顶面及各侧面

短小并向内侧倾斜的乳突。许昌人头骨具有东亚古人类一些原始特征及若干共同的形态特征提示，从更新世中、晚期，东亚古人类可能具有一定程度的连续演化模式。此外，具有与典型的尼安德特人相似的两个独特性状：一个性状表现在项区，包括不发达的枕圆枕、不明显的枕外隆突伴随其上面的凹陷，即圆枕上凹；另外一个性状是内耳迷路的模式，前、后半规管相对较小，外半规管相对于后半规管的位置较为靠上。关于许昌人的分类地位有许多争议，由于与尼安德特人既有相似又有差异，所以有人认为许昌人属于尼安德特人的姊妹群，即丹尼索瓦人。但是丹尼索瓦人没有直接的头骨化石进行形态对比，所以还需要更多的化石证据来确定许昌人的分类地位。

（六）丁村人

丁村人化石 1954 年发现于山西省襄汾县城以南丁村附近的汾河动岸的黄土层中。电子自旋共振年代距今 11.4 万～7.5 万年，铀系年代距今 21 万～16 万年。地层最下部丽蚌铀系年代距今 15 万～8.3 万年。

有三颗 12 岁小孩的牙齿、一块婴儿的顶骨和 2014 年发现的枕骨。中门齿和侧门齿都呈铲形。下颌第二臼齿咬合面形态复杂，具有 5 个齿尖。丁村人牙齿尺寸比北京直立人小，形态更加进步。顶骨显示可能有顶枕间骨。

另外，中国还有湖北长阳和北京周口店第 4 地点等也出土过早期智人化石，但是都比较零星。

## 第九节　尼安德特人与丹尼索瓦人

尼安德特人是在大约13万~3万年前居住在欧洲及西亚的古人类。丹尼索瓦人是通过对古代遗留的牙齿和指骨化石提取的DNA进行分析，科学家证明了丹尼索瓦人的存在，在青藏高原白石崖溶洞发现的"夏河人"属于丹尼索瓦人。

### 一、尼安德特人

1856年，采石工人在德国杜赛尔多夫附近的尼安德特山谷的一个山洞中挖掘出一些人骨，包括一件完整的头盖骨、肋骨、肩胛骨、锁骨等。这些化石被发现后，一些学者对其有不同认识，有人认为这是比日耳曼人还早的古代人骨，也有学者提出尼安德特头盖骨属于一个白痴或佝偻病患者。爱尔兰的科学家研究了这些人骨，确信它们代表一种与现代人不同的古代人类。1864年，研究文章将这种古代人类命名为人属尼安德特种（*Homo neanderthalensis*）。1886年，在比利时一个叫斯披的地点又发现了2个人类头盖骨，形态与在尼安德特山谷发现的头骨非常相似。尤其重要的是，在斯披还发现了大量与人类化石相伴的动物化石。通过对动物化石组成的分析，确认发现的人骨显然代表与现代人不同的古人类的看法。从此，尼安德特人在人类演化历史上的地位得到确认。

迄今已经在欧洲、西亚和中亚多处地点发现尼安德特人化石。一般认为典型尼安德特人的生存年代在距今13万~3万年之间。但目前古人类学界倾向于将部分距今20万~13万年之间的欧洲和西亚中更新世晚期人类归入尼安德特人。甚至有学者认为尼安德特人谱系可以上溯到大约40万年前的一些欧洲更新世中期人类。尼安德特人具有一系列与其他更新世中、晚期人类不同的化石特征：头骨粗壮，额骨低矮，头骨最大宽位置介于直立人和现代人之间。头骨厚度也介于直立人和现代人之间。尼安德特人脑量非常大，在1200~1750毫升之间，平均1450毫升。尼安德特人具有一些特有的标志性特征：眼眶呈圆形，眼眶和鼻腔宽阔，枕骨后部有一个圆形隆起（发髻状隆起），枕骨上部有一个小的圆形凹陷（圆枕上凹），下颌骨无颏隆突，下颌第3臼齿后方有较大空隙，躯干和四肢都短而粗等。

尼安德特人的文化行为也比较独特。他们采用莫斯特文化的技术制造尖状石器。尼安德特人已经具有埋葬死者的习俗。在伊拉克沙尼达尔山洞的尼安德特人化石点周围发现大量植物孢子和花粉化石。研究显示，这些孢粉化石代表多种色彩艳丽的花卉，推测在死者下葬后，同伴在其身边放了许多鲜花。

## 二、丹尼索瓦人

2008年，在俄罗斯境内的南西伯利亚阿尔泰地区丹尼索瓦山洞中发现的人类指骨和臼齿化石，年代大约在4.5万年前。研究人员从这些化石中提取了DNA并进行了分析。结果显示，其基因组与尼安德特人及智人都不同，这些人类化石被命名为丹尼索瓦人。在丹尼索瓦山洞中还发现有制作工艺复杂的石器和骨器，估计是智人制作的。研究人员推测，在丹尼索瓦山洞曾经生存有丹尼索瓦人、尼安德特人和早期现代人3种人类。此外，在南太平洋美拉尼西亚人的基因组中发现有大约5%的丹尼索瓦人基因。2019年，中国学者在青藏高原白石崖溶洞发现了一块古人类下颌骨，距今约16万年。通过古蛋白分析认为是丹尼索瓦人，扩大了丹尼索瓦人在时间和空间上的分布范围。古DNA研究表明，丹尼索瓦人是尼安德特人的姊妹群，尼人与丹人的共同祖先可能在58万年前就已经与智人分离了，而丹尼索瓦人与尼安德特人则可能在43万年前分离。

# 第十节　智人与现代人起源

智人（*Homo sapiens*）是人类演化最后一个物种，也是现今世界上所有人类的唯一生物学学名。然而在追溯智人的祖先的研究中，由于化石证据的不完整，目前学术界对于现代人的起源还存在争议。为了更好地进行研究，特别将最早的现代人化石命名为早期现代人，即解剖学上的现代人，这一名称主要是用来描述那些在形态上与现代人完全一致的化石人类，以区分更早的处于过渡状态的人类化石。历史上还存在过"晚期智人"这一叫法，以区分更古老的进步与原始特征镶嵌的"早期智人"或"古老型智人"，需要注意的是这三种名称在生物分类学上都是无效的，现在一般废弃不用。

## 一、现代人的起源与演化

20世纪80年代中期以来，现代人起源的研究与争论一直占据着古人类学研究的前沿，形成非洲起源说和多地区进化说两个主要的对立学说。非洲起源说认为最早的现代人（早期现代人）大约在20万年前首先出现在非洲，大约在13万年前走出非洲，向世界各地扩散，取代了当地的古人类成为各地现代人的祖先。非洲起源说的主要证据来自对现代人DNA的研究以及在非洲发现的时代较早的早期现代人化石。寻找早期现代人化石并确认其最早出现的时间，是研究一个地区现代人起源的关键。此前，在南非的克拉济斯河口和边界洞、东非的蒙巴萨等地，以及西亚的卡夫泽和斯虎尔等地点，发现距今10万年左右具有现代人特征的人类化石。支持非洲起源说的学者认为，起源于非洲的早期现代人经过中东地区向欧亚地区扩散。2003年公布的在埃塞俄比亚北部赫托地点发现的3件人类头骨化石，已呈现一系列现代人特征，脑量达1450毫升,超过了现代人的平均范围。$^{40}Ar/^{39}Ar$同位素测定显示化石的年代为距今16.0万~15.4万年,被认为是迄今发现的最古老的早期现代人。这一发现强化了现代人最早起源于非洲的观点。多地区进化说主张世界各地的现代人起源于当地的古人类,其主要证据是一个地区不同时代的古人类化石具有一系列共同的特征,呈现演化的连续性。同时,与其他地区的古人类之间也有一定程度的基因交流。多地区进化说认为世界各地的现代人起源于当地的古人类,其核心是强调同一地区人类在演化上呈现区域性连续性,呈现出一些区别于其他地区古人类的区域性特征。近年古人类学界对现代人起源与扩散的具体过程的认识发生了一些变化[1]。一些学者认为最早的现代人起源于非洲,向欧亚扩散并取代当地古人类的出自非洲起源说,以及强调连续进化的多地区进化说都难以准确解释现代人起源与演化的过程。现代人起源很可能遵循一种吸收或同化的模式。按照这一模式,最早的现代人出现在东非后,迅速扩散到亚洲西南部和非洲其余地区,最终到达高纬度的欧亚地区。在这一过程中,不断与当地古人类发生融合或基因交流。这个解释现代人起源的同化模式结合了非洲起源说和多地区进化说各自的一些观点。

## 二、世界各地的早期现代人

目前学术界公认的最早的现代人化石出现在非洲,即距今19.5万年的奥摩人和距今16万年的赫托人。虽然近些年在其他地点的新发现和新研究认为智人的特征出现时间更早,例如,距今31.5万年的北非摩洛哥的杰贝尔依罗,距今21万年的希腊阿皮迪马,距今19.4万年的以色列的米斯利亚,虽然他们有了一部分进步的特征,但同时也保留了许多原始的特征,还不能真正称之为现代人或智人,这些化石的分类地位仍然不明确。

(一)非洲的早期现代人

**1. 奥摩人**

奥摩人发现于埃塞俄比亚,有两个不完整的头骨,差异颇大。1号缺少面骨,有粗壮的长而低的脑颅,有发达的枕骨圆枕。2号则形态较接近晚期智人,额骨垂直,头骨后部较圆隆。最新对火山灰样本$^{40}Ar/^{39}Ar$的测年结果认为该地层距今至少23.3万年[2]。

**2. 赫托人**

1997年,在埃塞俄比亚瓦什的赫托地点发现了三件古人类头骨化石,距今约16

---

[1] 戎嘉余、袁训来、詹仁斌等:《生物演化与环境》,中国科学技术大学出版社,2018年。
[2] Vidal C M, Lane C S, Asrat A, et al. Age of the Oldest Known *Homo sapiens* from Eastern Africa. Nature, 2022, 601: 579-583.

万~15.4万年。平均脑量1450毫升。虽然眉嵴较为粗壮，但是整体形态已经与现代智人基本一致。

### 3. 边界洞人

边界洞人化石1940~1941年发现于南非与斯威士兰边界。由于地层记录混乱，其生存年代可能为11.5万年前或者20万年前。颅骨特征与现代人十分接近。例如额骨较高，无眶上圆枕。

### 4. 克拉济斯河口人

克拉济斯河口人化石发现于南非，有头骨和头后骨的许多残片。大多数标本的年代可能为9万年前，2个上颌残片可能在12万年前。额骨没有粗壮的眉弓。颧骨比中更新世和晚更新世的非洲头骨略高。

（二）亚洲的早期现代人

### 1. 斯虎尔人

1931~1932年加罗德领导的英美联合考察队在以色列巴勒斯坦地区卡美尔山的斯虎尔洞，至少发现有10个个体，包括7个成人、1个儿童、2个婴儿。以5号最完整。一般认为是早期的解剖学上现代人。电子自旋共振测年为距今大约10万年。

头骨形态可以分为两种类型：2、4、7、9号介于尼人和智人之间，头骨低矮，眉嵴粗壮，前额倾斜，无犬齿窝，颌部不向前突出；5、6号的形态略同智人，头骨较高而圆，眉嵴粗壮，顶结节突出，枕骨没有发髻状隆起，眼眶低矮，中面部突出。可能同时存在两种人，前者接近尼人，后者接近智人。石器文化相似，有属于莫斯特文化的燧石工具。

与这一地点位于同一座山上，还发现了另一个时代接近的洞穴遗址，即塔邦洞穴，洞穴中出土的则是更加接近尼安德特人类型的化石，结合斯虎尔人类化石中保留的尼安德特人特征，不难猜测当时两种人类之间可能存在密切的交流。

### 2. 卡夫泽人

这是以色列巴勒斯坦地区卡美尔山地区的另一个山洞，年代为距今9.5万年。代表至少15个人类化石个体，形态上已经表现出智人的特点。头骨高而圆，头骨和头后骨骼都比较纤巧，下颌有中度到显著的颏隆凸，没有尼人那样的臼齿后空间。9号个体前额高，为男性，身高172厘米。眉嵴弱，分成内侧和外侧两部分，枕部圆隆。6号头骨眉嵴厚，面部短而宽，与9号一样有犬齿窝和上颌切迹。5号女性前额和枕部较扁，与其他头骨存在一定差异。

## 3. 道县人

2015年在湖南省道县发现的47枚具有完全现代人特征的人类牙齿化石的研究论文,发表在《自然》杂志上[①]。测年结果表明这些牙齿化石的年代为距今12万~8万年前。这是东亚地区目前已知最早的具有完全现代形态的人类。道县人类牙齿尺寸较小,明显小于欧洲、非洲和亚洲更新世中、晚期人类,位于现代人变异范围。道县人牙齿齿冠和齿根呈现典型现代智人特征,如简单的咬合面和齿冠侧面形态、短而纤细的齿根等。

## 4. 山顶洞人

1930年,裴文中等在清理周口店第1地点顶部时,在发掘区西南发现一个含化石堆积的小洞。1933~1934年对这个小洞的堆积进行了发掘。位置在周口店北京猿人洞西北上方。出土了3个完整头骨(编号101、102和103)和许多哺乳动物化石以及一些文化遗物。年代大约距今3万年。遗憾的是,第二次世界大战期间,全部山顶洞人类化石与周口店直立人化石一起丢失(图4-8)。

在山顶洞发现有数量丰富的装饰品,包括穿孔的小石珠、穿孔小砾石、穿孔兽牙和骨管等。其中,穿孔兽牙最多,有120多枚。此外,在人骨周围撒有赤铁矿粉末和装饰品,提示当时人类的埋葬习俗。在山顶洞发现的石器数量较少。

101号头骨属于老年男性,102号头骨属于一个年轻的女性,103号属于一个中年女性。魏敦瑞研究认为102号头骨属于美拉尼西亚类型,103号属于爱斯基摩类型。吴新智研究认为他们都属于原始的黄种人,比如头骨都较长且高,眼眶属于长方型而且不高,鼻腔前口比较宽,鼻子颧角和齿槽突颌程度很接近等。山顶洞出土的三件人类化石头骨已经属于现代人,且存在较大的形态变异,在东亚现代人的形成过程中扮演了重要的角色。

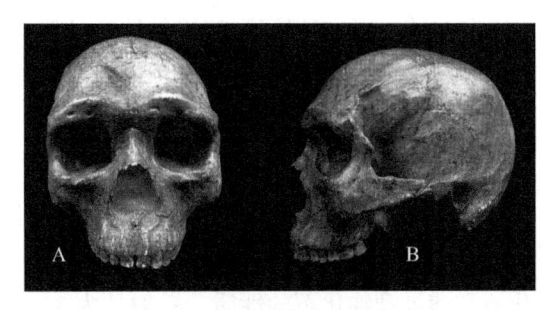

图4-8 山顶洞人头骨(模型)
A 前面;B 左侧面

## 5. 田园洞人

田园洞人化石2001年发现,位于北京市房山区周口店镇黄山店村的田园林场,田园洞洞穴主体堆积厚度约2.5米,自上而下分为4层。化石主要来自第3层松散角砾层和第1层钙板与土状堆积交互层,其中人类化石全部发现于第3层。对一件在田园洞

---

① Liu W, Martinón-Torres M, Cai Y J, et al. The Earliest Unequivocally Modern Humans in Southern China. Nature, 2015, 526: 696.

人类股骨上提取的样品进行的 AMS 年代测定获得的年代数据为距今 3.43 万年前。

田园洞发现的人类化石，包括下颌骨、牙齿、肩胛骨、脊椎骨、肢骨、手部和足部的骨骼等。研究显示田园洞人类骨骼和牙齿形态特征表现特点以现代人特征为主，同时也保留少量常见于晚期古老型智人的形态特征，以及一些可能属于中间状态的特征。基于这些发现，相关研究将田园洞人类确定为早期现代人。最新的古 DNA 的研究表明，田园洞人与亚洲现代人的亲缘关系更近。

### 6. 柳江人

1958 年，在广西柳江通天岩中挖岩泥时发现一个完整的头骨、一段脊柱、一块髋骨、几段肋骨和股骨。由于无法得知标本出土的具体地层关系，年代存在争议，一般认为在距今 6.7 万年左右，最新的测年采用多种方法确定头骨出土层位，认为其年代为距今 3.3 万~2.3 万年之间。柳江人的绝大多数体质特征位于现代中国人变异范围内。

### 7. 资阳人

1951 年，在四川资阳架设铁路挖桥墩时挖出一个头盖骨和一片硬腭。在这个地点发现的动物化石有豪猪、斑鬣狗、竹鼠、虎、东方剑齿象、亚洲象、马、中国犀、野猪、麝、麂、水鹿、大额牛。根据动物化石组成、比重及氮含量的分析，裴文中认为在资阳发现的化石包括两个不同时代的动物群。人、马、鹿、麝属于时代比较晚的动物群，为更新世晚期；犀牛、水鹿、东方剑齿象则代表时代较早的动物群。$^{14}$C 年代测定显示，资阳人化石有两个数据：一个为距今 3 万年，另一个距今 7000 年。根据人类化石和哺乳动物化石的性质，一般认为 3 万年的数据更为可信。

### 8. 丽江人

1956 年发现于云南省丽江市古城区木家桥村的人类头骨，颅底有些破损，属于一个年轻的女性。伴生的哺乳动物化石年代为更新世晚期。

丽江人眼眶形状接近方形，两侧眶指数均为中眶型，与多数更新世晚期人类的低眶不同。右侧上颌第二臼齿具有明显的卡氏尖。头骨测量数据多在现代人变异范围。虽然丽江人头骨在个别特征上呈现出一定的原始性，如头骨最大宽位置偏低及外耳孔长轴向前倾斜，但总的来看与现代人更为接近。

### 9. 尼阿洞人

1958 年在东南亚加里曼丹岛北部沙捞越尼阿洞发现的人类化石，距今约 4.1 万~3.4 万年，是东南亚最早的现代人化石。

头骨碎片可以复原成一具头盖骨和颜面的下部。右第三臼齿尚未萌出，枕骨基部与蝶骨体几乎已经完全愈合。额骨较膨隆，顶骨结节显著，乳突很小，头骨厚度与现代人相仿。鼻前棘不显著，梨状孔下缘没有锐缘，也不呈沟槽状。研究者认为尼阿洞人类化石与澳洲土著人有密切的关系。最新的研究认为尼阿洞人类化石代表最早定居婆罗洲的早期现代人，更有可能是从东亚大陆迁徙而来。

**10. 塔邦人**

1962～1966年在菲律宾塔邦洞的发掘，出土了距今2.4万～2.2万年的头骨化石，另一件现代人胫骨的年代为距今4.7万年。

塔邦人身材矮小，个体间差异显著，其中2颗上颌臼齿尺寸较大，超出东亚人群变异范围。另外4颗上颌臼齿尺寸接近东南亚土著居民。

### （三）欧洲的早期现代人

**1. 克罗马农人**

克罗马农人化石是欧洲发现最早的早期现代人化石，也是最著名的人类化石，克罗马农人因此一度成为早期现代人的别名。1868年发现于法国多尔多涅省的名为克罗马农的岩厦内，此处发现了至少5个个体。距今3.2万～3万年。

其中一具老年男性头骨保存完好，脑颅大而长，脑量大约1600毫升，前额饱满，眉弓粗壮，在现代人的变异范围内，面部宽而矮，眼眶呈长方形，鼻梁高而窄，上颌齿槽向前突出，下颌骨有颏隆突。四肢骨显示身材高大，肌肉发达。后来在德国、英国、意大利和捷克斯洛伐克等地也发现类似的人类化石。他们的体质特征已与现代欧洲人非常接近。生存时代为晚更新世后段，文化遗物有奥瑞纳文化的燧石工具和艺术品。伴生动物有驯鹿、野牛、猛犸象和马等，表明当时该地区气候仍然寒冷。

**2. 牟拉岱人**

牟拉岱人化石地点是欧洲东部和中部最大的、信息最丰富的旧石器时代晚期人类化石地点。距今约3.1万年。大多数标本在第二次世界大战中被毁坏。

人类化石变异很大，可能代表了智人与尼人间的密切交流，与尼人有着独特的解剖学联系，但是线粒体DNA的研究未检测出尼人成分。1号头骨面部短，眼眶和鼻腔前口低，有犬齿窝。4、5、6号头骨脑颅低矮，有突出的眉嵴，有尼人典型的发髻状隆起和圆枕上凹。5号头骨脑量1650毫升，比尼人的平均脑量大。

### （四）其他类型的人类

**1. 弗洛勒斯人**

2004年10月英国《自然》杂志报道，在印度尼西亚的弗洛勒斯岛西部的良巴发现体形特别小的人类化石，生存年代为距今 18000 年。

弗洛勒斯人有相当完整的头骨、下颌骨、股骨、胫骨等。头骨很小，长而低。后面观轮廓像直立人，但是颅高较小。脑颅最宽处在乳突上嵴处。脑量 380 毫升，相当于南方古猿的最小脑量。头骨骨壁较厚，枕外隆凸点在枕内隆凸点上方 12 毫米，在直立人变异范围内。下颌关节窝像智人。颞骨岩部的下面有许多特征像周口店直立人。没有矢状嵴和角圆枕。面骨和牙齿较小。眶下窝大，眶上缘弯曲。眶上圆枕外侧端有三角区，有圆枕上沟。额骨鳞部中部有圆形的已经愈合的病变区，直径 15 毫米，可能是压迫性骨折造成的。下颌骨有深而宽的二腹肌窝，没有颏隆突，两侧都有双颏孔，后下孔较小。右侧上第三臼齿先天缺失，上犬齿没有前接触面，提示可能有齿隙。左侧髂骨宽而矮，右侧股骨、右侧胫骨完整，只缺内踝，骨干横断面圆钝。估计个体身高 108 厘米。

有一种假说认为是当地直立人在长期地与外界隔离的情况下演变而来的。较小的个体可能是由于岛屿化现象，即在食物缺乏的岛屿上，大型动物尺寸侏儒化的现象。

**2. 吕宋人**

2007 年，在菲律宾吕宋岛北部的卡劳洞穴发现吕宋人化石，有 1 件跖骨，包含在有上颌骨上的 5 颗牙齿、2 颗孤立的牙齿、2 根指骨、2 根趾骨和 1 根折断的股骨，代表至少三个个体。发掘者将其定为新种：吕宋人。这些化石具有明显的镶嵌特征。其前臼齿尺寸与现代人相似，但齿根是反映古老特征的双根或三根。

## 思 考 题

1. 简述我国境内与现代人起源有关的古人类化石。
2. 简述我国境内的直立人化石。

## 延 伸 阅 读

刘武、吴秀杰、邢松等：《中国古人类化石》，科学出版社，2014 年。

理查德·利基著，吴汝康、吴新智、林圣龙译：《人类的起源》，上海科学技术出版社，1995 年。

# 第五章　旧石器研究方法与理论

　　石制品的加工制作是古人类获得生产、生活工具的重要经济活动。石制品生产的流程包括了原料的选择与搬运、坯材整形、剥坯、加工成器等一系列环节。这些环节体现的古人类行为与决策，既受到其文化传统与技术知识累积的影响，同时也蕴含着古人类与其所处的环境、资源不断互动协调过程中所形成的应对策略。作为旧石器时代保存至今数量最为丰富的遗物类型，石制品的研究成为旧石器时代考古学"透物见人"的重要窗口。传统的石器类型学研究，对于构建旧石器时代狩猎采集人群的技术与文化传统具有重要意义。但是，随着类型学框架体系的逐渐完善，考古学家希望更加深层次地探讨人类石器技术组织所反映的行为生态适应。侧重于典型器物分类与组合的静态类型学已经无法提供更加丰富的人类行为信息，依据动态类型学开展石制品各项属性的量化统计分析，并结合遗址古气候与环境重建，进行人类行为的阐释已经成为目前旧石器考古综合研究的主流。

## 第一节　石制品原料

　　正所谓巧妇难为无米之炊，作为古人类打制与加工技术的承受载体，石料本身的力学特征很大程度上限定了打制技术的发挥。只有针对不同石料的力学特征，施以不同的打制和加工策略，方能有效地提高剥片产出率、达到剥片形态的可控性。在对石料的物理性质有了一定认识，具备了一定的原料辨识能力之后，如何获取适合的原料并运输至石器加工地点，同样是旧石器时代狩猎采集人群在生产石制品之前需要解决的问题。

### 一、原料的选择

　　古人类打制石器的原料一般选用的是自然界中常见的卵石或石块。这是古人类从自然界中最容易获得的高硬度天然材料。但是要找到适用于剥片和加工的石料，还需要进行一定的筛选。因为并不是所有的岩石和矿物的质地或形态都能用来打制石器。石制品的生产过程，就是人类通过外力使石料破裂以获得加工工具坯材或直接加工工具的活动。因此，要理解古人类选择石料的标准，就要先去探究石制品的破裂机制。

　　石料毛坯破裂的实质则是石制品生产者通过一个硬物为施力媒介，对石料施以宏观尺度上瞬间的作用力。在这一过程中，受力物（矿物或岩石）的微观结构变形破坏累积，最终以破裂作为受力的宏观反应[①]。研究表明，硬度适中、各向同性和脆性更好的石料打制效率更高、事故率更低、剥离的石片形态更容易控制，是古人类生产石制品的理想原料[②]。

岩石硬度是岩石抵抗其他物体刻划或压入其表面的能力。早在1812年，德国地质学家和矿物学家腓特烈·摩斯（Frederich Mohs）便提出用10种矿物来衡量世界上最软和最硬的物体，称为摩氏硬度（Mohs'hardness scale）。这10个硬度等级所对应的标准矿物分别是：滑石（1）、石膏（2）、方解石（3）、萤石（4）、磷石灰（5）、正长石（6）、石英（7）、黄玉（8）、刚玉（9）、金刚石（10）。一般我们可以用指甲（2.5）、小刀（5.5）、玻璃片（6.5）来对石料进行相对硬度的判断。时至今日，摩氏硬度仍被野外地质工作者和考古调查人员使用。旧石器时代常见的石料硬度一般在6～7，例如石英（7）、石英岩（7～8）、花岗岩（6.5～7），以及燧石（7）等硅质岩类（6.5～7）。石料硬度过大，单靠人类自身发力不容易开发。而硬度过低的原料，如石灰岩、凝灰岩等，虽然易于剥片和加工，但石器的耐用性会大打折扣。因此这类原料多用来制作一些权宜工具，进行短暂的使用后随即废弃。

各向同性亦称均质性，是指物体的物理化学等方面的性质不会因为方向的不同而有所变化的特征。均质的岩石矿物缺乏节理或晶面构造，利于打击力在岩石体内进行集中有效的传导（图5-1），从而保障裂纹沿着主要应力迹线方向稳定扩展，并在受力后产生以打击点为中心的贝壳状断口。

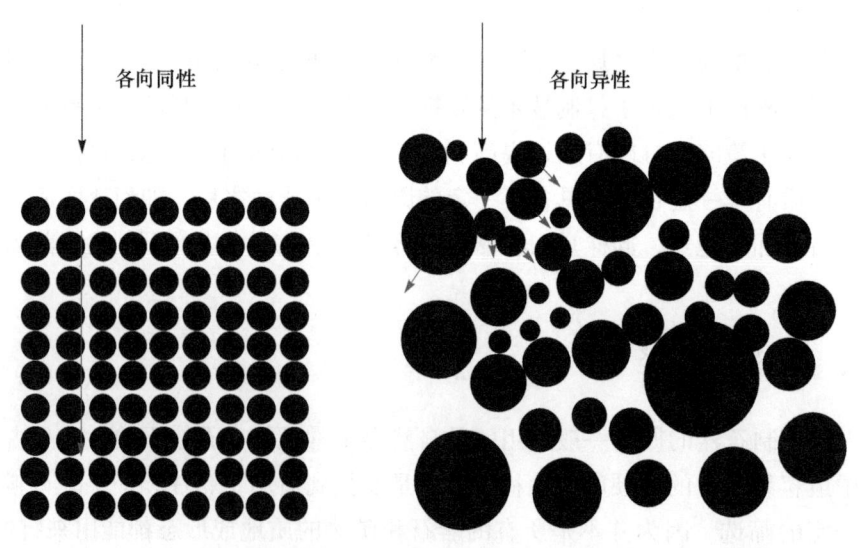

图5-1　打击力在各向同性与各向异性材料中的传导模式（仝广供图）

---

[①] 周振宇、郁勇、刘薇：《石料力学性能分析在旧石器考古学研究中的应用》，《人类学学报》2016年第35卷第3期，第407～417页。
[②] 裴树文：《石制品原料的分类命名及相关问题讨论》，《文物春秋》2001年第2期，第17～23页。

脆性是指材料在外力作用下仅产生很小的变形即断裂破坏的性质。绝大多数硅质矿物和岩石都具有脆性，受力容易破裂，因而适于打制加工[①]。考古记录表明，早在距今7万年左右的非洲南部地区古人类就开始对硅质岩类的原料进行有目的的加热[②]。实验研究表明，在适当的温度阈值下，硅质岩的硅质含量增高，质地更加均匀（图 5-2）；热处理后降温的过程中，热胀冷缩效应使得石料内部细微的裂痕断面增加，脆性增强[③]。石料的热处理从岩性上降低了对于打击力度和施力工具硬度的要求，不仅利于提高石器制作效率，还可以对热处理过的石料毛坯开展更为精细的软锤或压制修理。

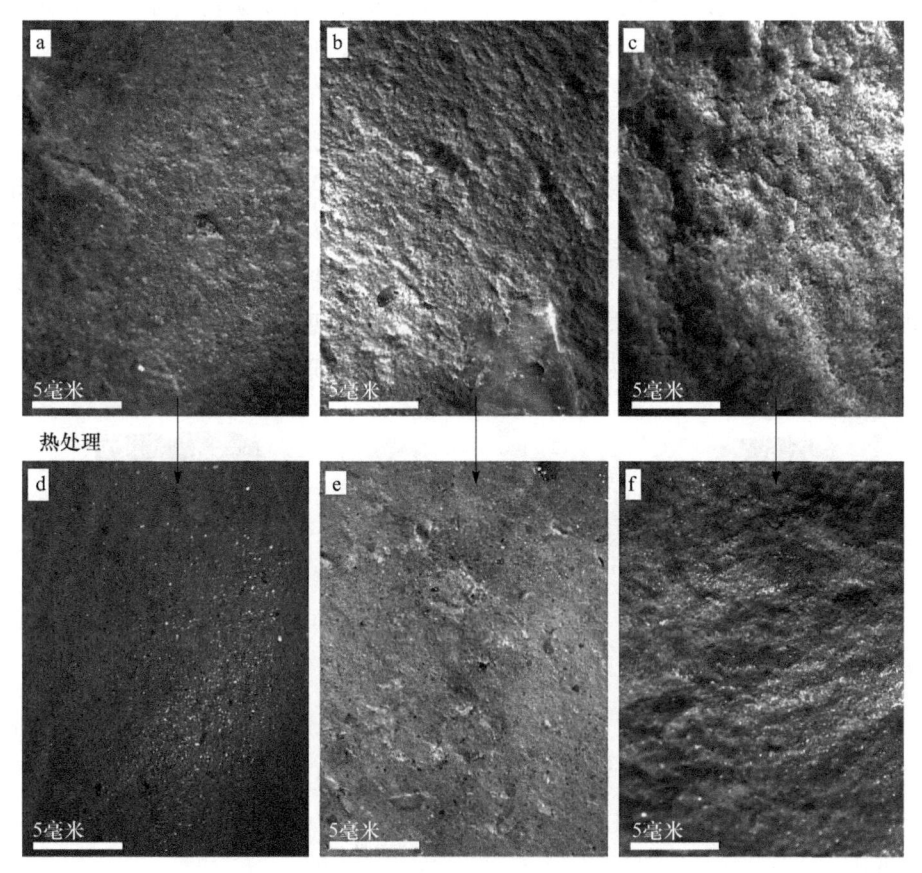

图 5-2　硅质岩石料热处理前后的劈裂面显微结构
（热处理后的 d、e、f 石料均质性显著提升）[④]

---

① 裴树文：《石制品原料的分类命名及相关问题讨论》，《文物春秋》2001年第2期，第17～23页。
② Brown K S, Marean C W, Herries A I R, et al. Fire as Engineering Tool of Early Modern Humans. Science, 2009, 325: 859-862.
③ Domanski M, Webb J. A Review of Heat Treatment Research. Lithic Technology, 2007, 32(2): 153-194.
④ Delagnes A, Schmidt P, Douze K, et al. Early Evidence for the Extensive Heat Treatment of Silcrete in the Howiesons Poort at Klipdrift Shelter (Layer PBD, 65ka), South Africa. PLOS ONE, 2016, 11(10): e0163874.

## 二、旧石器时代常见原料

旧石器时代常见的原料从质地来看，一般可以分为玻璃质、隐晶质和显晶质三大类岩石或矿物。玻璃质和隐晶质的石料是生产石制品的更优选择，但是这些原料在世界范围内的分布存在较为显著的不均一性。因此除了石料本身的力学特性，矿物与岩石在自然界的出露情况同样影响着古人类对于石料的选择与利用。

（一）玻璃质原料

高热岩浆冷却形成固体时，如果冷却时间很短，岩浆中矿物的原子没有充足时间依结晶构造排列生长，就会造成极为细微的颗粒不规则聚集，有如玻璃的结构。旧石器遗址中常见的玻璃质原料是黑曜岩。黑曜岩的主要成分是二氧化硅，含量一般为70%～75%。黑曜岩质地均匀、光泽度高，是天然形成的火山玻璃中最典型的一种岩石。它的颜色通常呈黑色或烟熏色，但也有一些呈棕色、灰色、红色、蓝色和绿色等（图5-3）。除了纯色的黑曜岩，还可以看到当黑曜岩的内含物被拉成带状时，形成的流纹状构造。还有许多类型的黑曜石被发现含有气泡或结晶矿物的内含物，这会使得黑曜岩内部产生一种类似雪花状的效果。黑曜岩的摩氏硬度接近5，质地纯净无节理，剥片能够形成边缘锋利的贝壳状断口，是加工制作石器的理想材料。

图5-3 颜色各异的黑曜岩

玻璃质原料的形成往往与火山喷发活动密切相关，因此黑曜岩原料集中分布在全球板块交界火山活动频繁的区域。但并不是所有火山活动多发的地区都盛产黑曜岩。美国夏威夷群岛的火山活动频繁，但由于喷出的岩浆含硅量低，无法形成优质的火山玻璃。全球黑曜岩的主产区包括：非洲的东非大裂谷地区，环地中海的欧洲和北非地区，东北亚地区，美洲大陆的西部山区，以及新西兰等地。东北亚是世界上黑曜岩产地分布较为集中的地区之一，目前在日本群岛、俄罗斯远东地区以及中朝交界的长白山区均发现有黑曜岩矿源。

## （二）隐晶质原料

若岩浆冷却时间稍长，矿物的原子可以进行规则排列，但是没有充分时间完成生长，就会形成隐晶质岩石。旧石器遗址中常见的隐晶质原料包括燧石、安山岩、粗面岩等。燧石是一种比较常见的硅质岩，颜色多为灰色、棕色、褐色和黑色。质地致密无节理，破裂后断口同样呈贝壳状。在产出状态上燧石多呈结核状、透镜状和条带状，产于碳酸岩或泥质岩中，少数呈较薄的层状（图5-4左）。燧石在旧石器时代被广泛地用来制作各种不同类型的石制品，既包括大型的砍砸、切割、挖掘类工具，也有细石器和小石片等。燧石和铁器碰撞会产生火花，所以也被称为火石，是古人常用的取火工具。

在欧亚大陆西部与美洲地区，燧石是史前人类应用最为广泛的优质石料。但是，燧石在东亚地区的分布范围有限，出露不多。旧石器时代晚期之前，中国燧石原料的应用并不多见。直至旧石器时代晚期，随着细石器技术的兴起，对石料的质量要求随之提高，燧石原料的应用才比较普遍[①]。

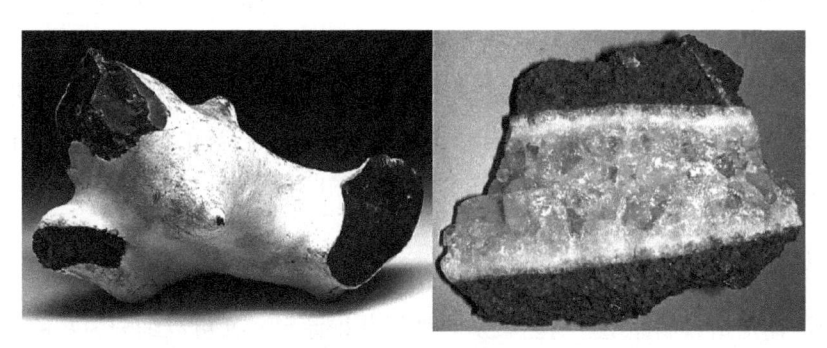

图5-4 燧石结核（左）与脉石英条带残块（右）

## （三）显晶质原料

显晶质石料的矿物结晶时间更长，矿物颗粒较大，质地的均一性最差。旧石器遗址中常见的显晶质原料包括石英和石英岩。石英是一种硅酸盐矿物，其主要成分是二氧化硅。石英的颜色常为乳白色、灰色或透明色。不透明的石英其断口多呈现油脂光泽。旧石器遗址中的石英原料一般来自于风化后的脉石英。脉石英是由地下岩浆分泌出来的二氧化硅的热水溶液填充沉淀在岩石裂缝中形成的（图5-4右）。风化之后，经过流水等自然营力搬运形成了次生的石英砾石。这类砾石一般多节理，在打制过程中容易发生碎裂。但是破裂的石英石片边缘锋利且硬度高，是旧石器时代常见的石制品

---

① 王幼平：《试论石器原料对华北旧石器工业的影响》，《"迎接二十一世纪的中国考古学"国际学术讨论会论文集》，科学出版社，1998年，第75~85页。

原料。石英岩是一种常见的变质岩，石英含量大于85%。一般是由石英砂岩或其他硅质岩石经过区域变质作用，重结晶而形成的。也可能是在岩浆附近的硅质岩石经过热接触变质作用而形成。石英岩一般为块状构造，粒状变晶结构，呈晶质集合体。石英岩致密且硬度高，适用于制作大型的切割、砍砸类器物。但是结晶颗粒度显著同向性较差，不利于加工制作精致细小的石制品。

石英和石英岩是东亚地区旧石器遗存中最为常见的原料。脉石英风化破碎以后形成的块体较小，因此该类原料一般被古人类用来加工制作小型的石核－石片类器物，脉石英石器工业最具代表性者当属北京周口店遗址地点群。石英岩由于致密坚硬耐风化，因此即便在经过后期的搬运扰动，仍容易以较为大型的砾石或卵石的形态保存下来。古人类可以利用该类原料来生产一些大型工具。如我国南方的砾石工业遗存中就有相当大比例的大、中型工具是由石英岩加工制作而成的。

## 三、原料的运输

石制品原料的来源一般分为原生产地和次生产地两种。原生产地是指矿物或岩石形成后未经过自然力搬运移动的基岩。这些产地一般都是自然出露或被泥土或岩石所覆盖，所以原料未见风化或风化程度较小。次生产地是岩石或矿物经过长期的风化作用后，经过外力搬运扰动，脱离原岩母体后形成的形状各异的原料块体。石料从产地进入遗址的人为运输过程包括直接运输和间接运输两种情况。

（一）直接运输

直接运输是指石制品生产者直接从自然界获得原料，又可以细分为两种可能性。一是对原生矿源的直接开采。古人类在开采石料的过程中会对开采出来的砾石岩块进行一些简单的加工处理，有时还会当场进行剥片与石器制作。这类原料露头地点往往会被古人类反复光顾利用，导致原料产地附近形成了石制品的富集。这类石料开采活动目的明确，代表了古人类专门化的石料开采活动。因此，石制品富集的地点往往缺少与人类日常生活相关的遗存，如用火遗迹和动物骨骼遗存等。即便存在上述生活遗迹，一般也非常零星，与遗址大量的石制品不成正比。考古学家一般会把这类位于原生原料产地附近且文化面貌单一的遗址认为是石器制造场。内蒙古大窑遗址是中国北方性质明确、规模最大的石器制造场遗址（图5-5）。该遗址所在区域有多处燧石岩脉露头，在2平方千米的范围内散布着大量的石制品，利用时间从中更新世后半段一直持

图 5-5 大窑遗址地表散落的石料与石制品碎片

续到晚更新世[①]。

二是对次生源头的开发利用。河滩的砾石或卵石，是古人类获取石料非常方便的来源。有学者认为这些原料的采拾属于一种嵌入式获得策略，即石料的获取是狩猎采集人群在营地移动或搜寻食物的过程中顺带获得的，相对于原生矿源的直接开采，专业化组织程度相对较低。在这种"就地取材"的情况下，遗址中各类石料在周边环境的分布情况，可以反映古人类的流动范围。对于重建遗址人群的资源开发策略与古人类流动性的研究具有重要指示意义。

（二）间接输入

从旧石器时代早期到晚期，古人类对于优质原料的识别能力和开发倾向性不断增强，石料的运输距离不断增加。以非洲地区黑曜岩原料的运输为例，在整个旧石器时代早期和中期早段，非洲遗址中黑曜岩原料的搬运距离一般在30千米以内；旧石器时代中期后半段，黑曜岩的运输距离从50千米发展到了200千米以上；旧石器时代晚期更是出现了400千米以上的长距离运输[②]。同样是旧石器时代晚期，长白山的黑曜岩原料向南传播到了800千米以外朝鲜半岛最南端[③]。由于狩猎采集人群的日常活动范围往往小于20千米的半径，很难想象数百千米以外的黑曜岩原料是古人有目的的专门前往获取并运回营地。更多情况下，可能是通过和近邻群体交流而间接获得。因此，间接输入遗址的原料一般是一些本地稀有的优质原料，反映了旧石器时代狩猎采集人群日益发达的社会网络联结。

# 第二节 石制品生产

石制品生产的本质是原料不断破裂缩减的过程。因此首先应该对石制品破裂过程中在原料和产品身上形成的可识别的特征结构有所了解，这是我们开展石制品剥片和加工技术分析的基础。不同的打制或加工方式，引发的岩石破裂机制不同，就会在石制品破裂的一些特征点位上产生不同的形态特征，进而影响到石制品的形态与功能适用性。

## 一、石制品的破裂特征

对于打制的石制品而言，任何一次施力操作的目的都是造成剥片。不同之处在于，

---

[①] Ge J Y, Wang Y H, Shan M C, et al. Evidence from the Dayao Paleolithic Site, Inner Mongolia for Human Migration into Arid Northwest China During mid-Pleistocene Interglacials. Quaternary Research, 2021, 103: 113-129.

[②] Goldstein S T, James S, Ranhorn K. Two-million-years of Obsidian Extraction, Utilization, and Exchange in Eastern Africa. https://doi.org/10.31219/osf.io/bs3ct.

[③] 侯哲、赵宇超、高星等：《原料产地对中国东北和韩国旧石器时代晚期黑曜岩石器工业的影响》，《人类学学报》2022年第41卷第6期，第982～993页。

一些剥片是为了产生完整的石片毛坯，用于进一步加工制作成石器；另一些剥片操作则是以石核预制或加工石器为目的产生碎片或碎屑。因此石制品分析的基本单元离不开一个母体和从母体上剥离的产品。母体和产品在破裂的过程中，形成的不同痕迹，是鉴定石制品的人工属性和区分石器技术的重要参考。在以剥取石片毛坯为目的的石制品生产活动中，从石料上打下的片状产品统称石片，剩下的石料部分称石核。完整的石核与石片保留的石制品破裂特征最为全面和典型。

（一）石核

在理想状态下石核具备以下基本特征结构（图 5-6）。

台面：是指直接与施力物相接触的受力面，既可以是石料的某个天然面，也可以是经过人工修整的平面。

打击点：是施力物在台面上着力的点，打击力以此为中心向石核体内扩散。

剥片面：石片剥离以后在石核块体表面留下的剥片疤。

台面角：石核台面与剥片面的夹角。

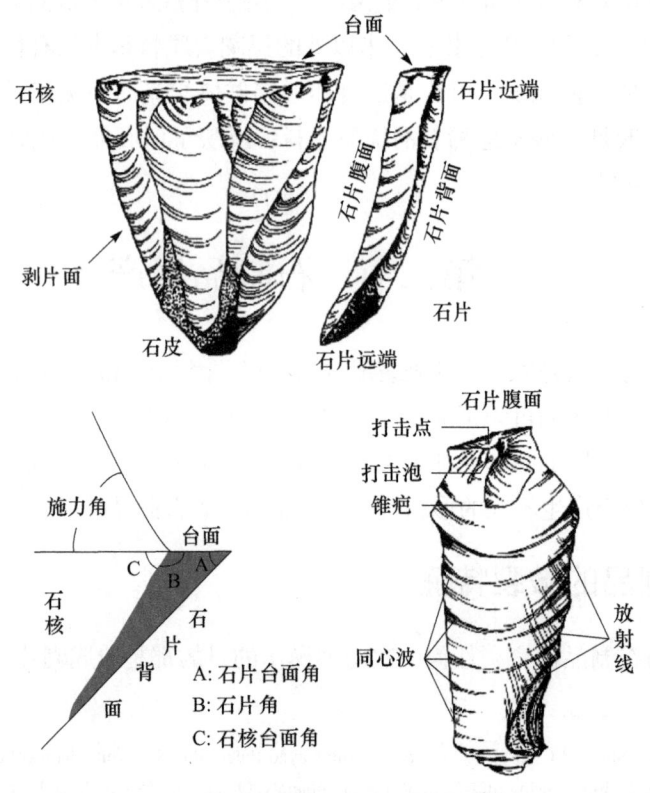

图 5-6　石核与石片的基本特征[①]

---

① 修改自 https://la.utexas.edu/users/denbow/labs/lithic2.htm.

## （二）石片

在理想状态下石片具备以下基本特征结构（图5-6）。

台面：从石核台面破裂分离出来的小平面，同样包含自然和人工两大类。

打击点：如果原料各同向性好的话，打击点一般位于石片靠近台面的中部。

腹面：从石核分离时形成的面，也称劈裂面。

背面：与腹面相反的面，相当于石片剥离前石核的外表面的一部分；背面可能为自然的砾石面或石皮所覆盖，也有可能含有先前石核剥片留下的石片阴疤。

台面角：石片台面与背面的夹角，也称为石片外角。

石片角：石片台面与腹面的夹角，也称为石片内角。

打击泡：石片腹面靠近打击点位置凸出的部分，由打击时的力而形成的形变。

锥疤：在靠近或在打击泡上，在石片剥落时形成的片疤。

同心波：犹如一颗石子投入平静的水面会形成波纹涟漪，当打击力或压力在石核内传播时，产生的横向波纹会在石片腹面形成同心波。对于台面和打击点部位缺失的石片而言，同心波以打击点为圆心向外扩散的方向特征，对于判定剥片方向有良好的指示意义。

放射线：是以打击点为中心向四周散射的与同心波垂直相交的一些细小裂隙，对于打击点位置和打击方向的判断同样具有良好的指示意义。

上述存在于石片腹面的特征，一般会在玻璃质原料的石片上有充分展现。隐晶质材料石片腹面除了放射线以外，大部分特征也都有一定程度的体现。显晶质材料由于内部晶体颗粒发育显著，打击力在原料块体内的传导会被节理和晶体结构所影响，导致放射线、同心波等特征不容易显现，但是打击点较为明显。

## 二、石制品的破裂机制

科特雷尔和坎明加根据岩石力学原理将岩石破裂形成石片的方式分为三类：赫兹破裂、弯折破裂和楔作用破裂（图5-7）[①]。不同破裂类型的形成主要取决于打击力的大小、打击物的形态和硬度，以及石核被击打部位的形态和硬度等因素。不同的破裂类型会在石核和石片表面的特征部位形成不同的形态，从而对石制品的最终形态产生直接影响。

### （一）赫兹破裂

这是旧石器生产过程中最为常见的一种破裂类型。人们早就注意到一些石片破裂以后会在腹面形成锥状隆起，但直至1896年德国物理学家海因里希·赫兹才率先对这

---

① 布赖恩·科特雷尔、约翰·坎明加、陈淳等：《石片之形成》，《文物季刊》1993年第3期，第80～102页。

种锥形破裂的成因开展了科学实验，赫兹破裂因此得名。当打击物从斜向击打石核的边缘，会在其打击点下方快速形成一个应力汇聚区，这个区域的形变在接触点周围形成一个球形张力区。随着球形张力区力量的不断增强，最终会在其附近最大的微节理处形成环形裂缝。打击力延裂缝继续释放，最终形成了整个石片的破裂剥离。

由于赫兹锥体的发育靠近台面和打击点，一般不会形成一个完整的锥体。所以石片腹面的赫兹锥体也称为半锥体。由于打击力在沿着石核边缘向下传递时，不可避免地会向外部弯曲，这就使得锥体不会一直凸起而是向外表面弯曲，最终就形成了腹面打击泡的形态。

（二）弯折破裂

弯折破裂形成的石片腹面不会产生类似赫兹破裂的打击泡，但通常会在打击点附近形成一个小唇边（lip）或突起（overhang）。打击点下方往往形成一个平滑的凹面。造成这种破裂的打击物质地较软，施力方式多为打击物抵靠在石核边缘持续施压导致弯曲形变的积累而发生破裂。

（三）楔作用破裂

前两种破裂的着力点一般位于石核边缘，采用从边缘向核心缩减的策略。而楔作用破裂石核的打击点距离台面边缘较远，更像是一种将石料从中间"一分为二"的方法。典型的楔作用破裂是利用岩石已有的缝隙使用尖锐器物楔入岩石，撑开缝隙，促使其完全断裂。如果石核块体尚未形成明显裂隙，就会通过多次敲砸在石核内部造成微裂隙，最后使石料能够沿着某一裂隙发展形成完全破裂。如果石核没有裂隙且打击物较为钝厚，要实现楔形破裂对于打击力和打击物硬度都有更高的要求。

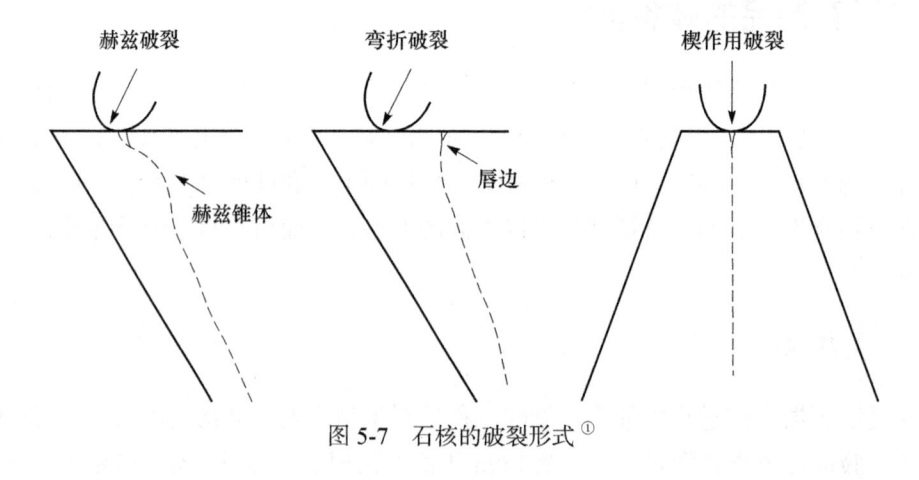

图 5-7　石核的破裂形式 [1]

---

[1] 修改自 Manninen M A. Non-flint Pseudo-lithics: Some Considerations. Fennoscandia Archaeologica, 2007, 24(7), Fig 1.

## 三、石制品的生产技术

石制品生产技术指古人类在剥片或加工过程中所采用的施力方式、打制工具以及动作姿势等，属于古人类石制品生产过程中所使用的初级知识[①]。研究者可以较为直观地通过石制品特征的分析来提取出这些石制品生产的基本信息。生产技术研究由于其基础地位，在世界范围旧石器研究中都具有普适性，能够在较为宽泛的时空尺度上揭示史前人类技术与认知能力的演化发展过程。

（一）石核剥片技术

石核剥片主要包括锤击、砸击和压制三种技术类型（图5-8）。锤击技术容易造成赫兹破裂，有时也能产生弯曲破裂。砸击技术往往形成楔作用破裂，而压制技术则主要产生弯折破裂。

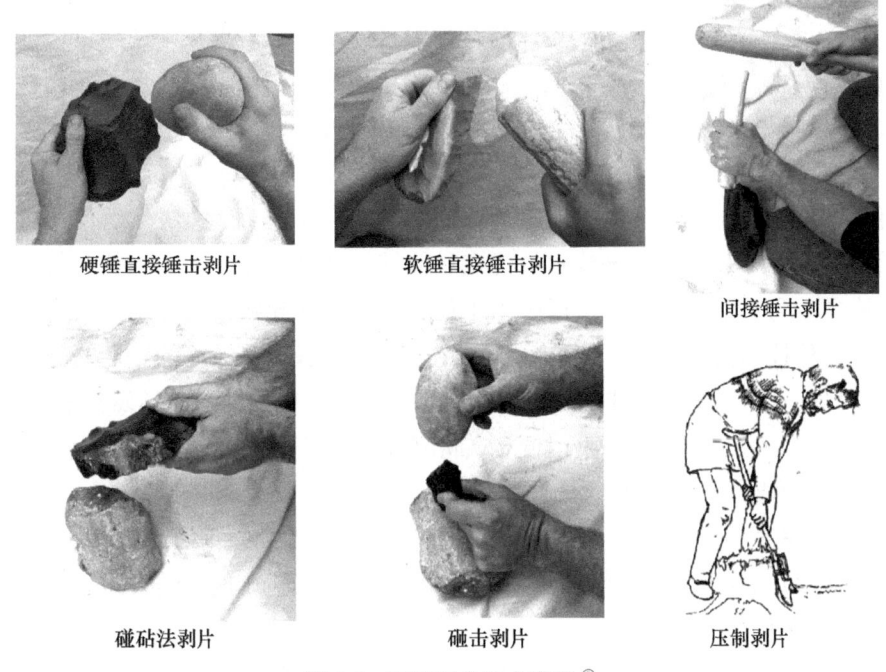

硬锤直接锤击剥片　　软锤直接锤击剥片

间接锤击剥片

碰砧法剥片　　砸击剥片　　压制剥片

图 5-8　石核剥片技术类型[②]

**1. 锤击剥片**

锤击法可以按照石核是否相对静止分为动态和静态锤击两种，静态锤击方法又可

---

① 周玉端、李英华：《旧石器类型学与技术学的回顾与反思》，《考古》2021年第2期，第68~80页。
② 修改自 Shea J. Lithics Basics//Shea J J. Stone Tools in the Paleolithic and Neolithic Near East: A Guide. Cambridge: Cambridge University Press, 2013: 23, Fig 2.2.

以根据打击物和石核之间是否存在中间媒介分为直接和间接锤击两种[①]。

1）静态锤击

A. 徒手直接锤击技术

静态锤击最常见的是徒手直接锤击法（freehand percussion）。打制者一手持石核并保持稳定，另一只手持施力物直接击打石核边缘进行剥片。该方法灵活度高，除了太小的石核不适合以外，其余各类原料都可以使用该技术进行开发。因此从旧石器时代早期一直应用至旧石器时代晚期。

施力物根据硬度分为硬锤和软锤两种。硬锤一般是硬度较高的岩石，也称石锤。软锤一般包括动物骨、角或硬木。棱角分明的石块不适合做石锤，既不便于持握，也不容易精确控制打击点的位置。打制者一般会选用磨圆度较高的河卵石作为石锤。石锤的大小一般取决于打制者想要剥片的大小。要从硬度高的大型石核获取较大的石片，打制者就需要选择更大的石锤来增强挥动石锤的势能，从而增加打击力。若石核块体较小，就会更换成小型石锤，既可以更加精确地控制落锤击打的区域，还可以控制打击力度避免打碎石核。徒手锤击石片的特征为台面小、打击点集中、半锥体凸出、石片前角的度数多在90°～100°之间。软锤锤击主要适用于小型石核剥片和石核的修整预制。软锤剥下的石片打击泡小，石片腹面更加平整，厚度更薄。

B. 间接锤击技术

间接锤击是指用一个鹿角或木质传导棒的尖端抵靠在石核边缘然后使用打击物敲击该媒介产生剥片的技术。该技术的优点是能够保证打击点的精确定位和打击力的集中有效传导。为了避免在击打过程中由于传导棒的位移导致打击点和打击力与预计发生偏离，这种技术需要保证石核的静止稳定，台面形态也要保证传导棒的尖端能够稳定地抵靠其上。因此相较于徒手锤击，间接锤击需要一些辅助的工具设备来固定石核，石核的台面也经常需要人工修整以便于传导棒尖端的安置。间接锤击法能够保证打击力的充分纵向传导，适用于剥取长石片和细石叶。

2）动态锤击

动态锤击的情况下，石核不再被动接受打击，而是主动撞向一个静止的石头（石砧）。

A. 碰砧技术

碰砧法是动态锤击中最为常见的剥片技术。打制者双手紧握石核，用力向地面的石砧碰击，石料本身的下坠重力，再加上双手向下的力量，就可以从手中石核剥下较大的石片[②]。碰砧法使用的石核体型和重量较大，这可以保障石核碰砧前产生充分的动能。碰砧石核一般选取体型较扁的长方形、舌形、椭圆形砾石或卵石，便于抓握其中

---

[①] 乔治·奥德尔著，关莹、陈虹译：《破译史前人类的技术与行为：石制品分析》，生活·读书·新知三联书店，2015年。

[②] 裴文中、贾兰坡：《丁村旧石器》，《山西襄汾县丁村旧石器时代遗址发掘报告》，科学出版社，1958年，第97~111页。

后部，给前部留出足够空间进行剥片。碰砧法相较于动态锤击法的最大不同在于受力物与施力物的接触不是点接触而是面接触，容易造成前者产生更大的横向碰击力并且打击点不够集中。因此产生的石片大而厚，一般宽大于长，台面大而倾斜，打击点比较散漫，半锥体大而浅平，石片角一般在120°以上、同心波明显。

B. 摔击技术

摔击法是将石核投掷到地面与石砧碰撞产生剥片的一种方法。这种技术一般选用扁圆的河卵石，将卵石垂直摔向身边地面上的石砧，以扁平砾石的侧缘（平行长轴边缘）和端缘（平行短轴边缘）之间的一点受力撞击石砧，砾石在弹起瞬间劈裂产生石片[①]。该方法在我国的长江流域河卵石原料丰富的区域发现较多，有学者将此命名为扬子技术。该技术产生的石片形态一般为圆形或椭圆形，宽而薄；打击点呈现一个宽浅的破碎带，或直或凹，一次形成，无多次撞击形成的重叠小疤；破裂面比较平坦，无打击泡，波纹和放射线较为清楚；石片的台面小于90°并与背面呈球面状逐渐过渡，在背面同时产生小石片疤的情况下，台面被破坏成刃状；背面为砾石面或具有打片同时产生的1~2个小片疤；尾部一般表现为刃状尖灭；石片有时破裂成为一对左右裂片（图5-9）。

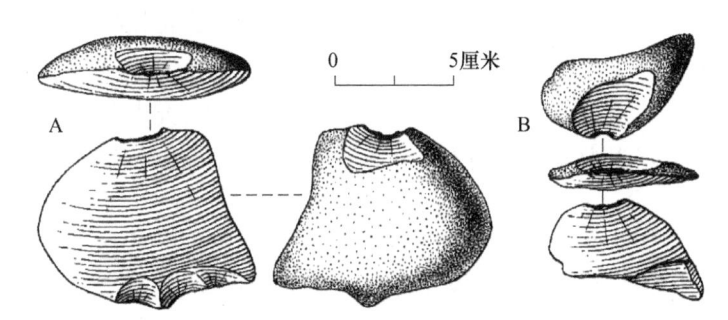

图5-9 石片背面具有与破裂面同向同源片疤的摔击石片[②]

## 2. 砸击剥片

典型的砸击剥片技术是指将石核立于石砧上，一手握住固定，另一只手持石锤垂直砸击石核的一端，造成它两端受力，从而使石核破损并同时剥落石片的技术。这种技术运用了岩石的楔作用破裂机制，通过反复敲砸石核顶端或底端形成微裂痕，最终沿着上下压力交界的中轴面发生破裂。

理想状态下，石核顶端和底端由于连续击打和碰撞石砧会形成较为密集的砸痕；石核的剥片面会形成两级片疤，这种阴疤会同时在上下端具有两个相对的打击点或者打击泡；剥离的石片台面的平面面积有限，有时会呈点状和线状；石片的上下端都有

---

① 高星、卫奇、李国洪：《冉家路口旧石器遗址2005发掘报告》，《人类学学报》2008年第27卷第1期，第1~12页。
② 高星、卫奇、李国洪：《冉家路口旧石器遗址2005发掘报告》，《人类学学报》2008年第27卷第1期，第1~12页。

打击点或打击泡形成两极石片；石片的台面边缘不平整也会保留敲砸导致的细小破损。

砸击技术的模拟实验表明，石锤与石砧的上下作用力并不总是能够实现上下贯通，双阳面石片的比例很低，大部分石片与锤击法产品相似，给锤击产品在石制品组合中的精确区分带来一定的困难[1]。与徒手直接锤击法相比，砸击技术适用于不易于徒手抓的小型石核或者锤击法剥片至极限的石核。周口店第1地点的主要剥片技术就采用了砸击法。该遗址的原料主要为脉石英，由于脉石英原料块体较小且具有多节理易破碎的特点，古人类倾向于以砸击这种粗放却更加快捷的方式破裂石核。虽然在石核剥片控制等方面不如锤击法理想，但是可以在相对较短的时间内生产大量的石片，再从中挑选合适的石片进行使用或加工。

我国学者在研究南方砾石石器工业的过程中，命名了一种锐棱砸击技术。20世纪70年代在贵州水城硝灰洞发现了一批所谓"锐棱砸击"石片。这些石片台面基本呈线状或点状，因此也常称为"零台面石片"。个别石片的打击点部位呈凹线性的崩损，凹入到石片中，石片平面整体呈凹马鞍形。石片一般宽大于长，腹面无半锥体、有大的打击点、清楚的放射线、在放射线下缘有明显的类似同心波的弧形凹，石片背面基本上都是砾石面完全覆盖[2]。最早研究者通过实验复原的流程是先将扁平的砾石稍倾斜地放置于石砧之上，一手抓握固定石核，另一手执石锤，用石锤扁锐的边棱猛砸石核顶部边缘而产生石片[3]。但是近年来的一些考古发现和实验研究表明，双手持握扁平砾石，用砾石的平面砸击略以微倾斜的姿态立于石砧河卵石的侧缘同样可以产生典型的锐棱砸击石片[4]。

**3. 压制剥片**

压制剥片是使用骨角质工具的尖端抵靠在石核边缘，依靠打制者胸部或手臂施压来产生石片的技术。压制石核的台面多保留有修整的痕迹。石片靠近台面处有唇，打击泡小而集中，腹面整体平坦，同心波、放射线均不显著。压制技术产生的石片长而薄，常用于剥取石叶和细石叶，其产品形态与间接锤击技术产品特征相近，有时难以区分。相较于间接锤击技术，压制技术可以用来开发体积更小的石核，生产出的细石叶也往往更加短而窄。

（二）石器加工技术与方式

石器特指经过人类有意识加工修理和维护的工具类器物。石器既能够为古人类提

---

[1] 马东东、裴树文：《旧石器时代砸击法剥片技术相关问题探讨》，《人类学学报》2019年第38卷第4期，第584~597页。
[2] 贺存定：《扬子技术及相关剥片技术的概念探析》，《考古》2019年第11期，第67~75页。
[3] 曹泽田：《贵州水城硝灰洞旧石器文化遗址》，《古脊椎动物与古人类》1978年第1期，第67~72页。
[4] 陈胜前、刘睿喆、周怡昕：《锐棱砸击技术与旧新石器时代过渡》，《江汉考古》2022年第3期，第59~69页。

供切割、砍砸或刮削等活动所需的刃缘，同时还能提供挖掘、钻刺或雕刻所需的尖端。因此石器加工主要任务包括边刃的开发与维护，以及器物轮廓形态的塑造。不同的使用场景对于边缘的锋利和耐用程度要求各不相同。比如用于切割的工具一般要求边刃尽量锋利；用于砍砸的工具注重边刃的耐用性，因此不能过于薄锐；而处理动物皮毛常用的端刮器，刃角钝厚且圆滑，既可以刮去兽皮上的油脂又不会割破兽皮。除了对边刃角度的调整，刃缘的形态修整也是石器加工的重要组成部分。如果是切割或刮削的刃缘，则要求尽量平直整齐，从而在有限的边刃长度内增加可利用刃缘的长度。而有的边刃则会故意加工成锯齿状来满足一些特定的功能。例如实验考古表明，锯齿状尖状器要比普通的直刃尖状器能更深地射入动物体内，有利于提升狩猎武器的杀伤力[1]。

除了对边刃进行加工，石器加工还包括了对石器整体形态的修整。一般都是为了更好地持握、捆绑或镶嵌装柄来充分发挥石器的性能。例如，古人类会对作为复合工具使用的石叶或细石叶需要镶嵌的一侧的边缘进行敲啄修理。修背处理不但可以使石器的形态和尺寸更为规范，而且其修理出的陡背为一个粗糙的小面，更有利于使用黏合剂将其固定于骨柄之上。

**1. 加工技术**

1）锤击修理法

锤击修理法，是指用硬锤或软锤敲击毛坯边缘，通过一系列剥片来塑造边缘形态。硬锤修理打击力度大，不能太靠近毛坯边缘，否则会造成石器边缘明显的破损。硬锤打击的石片台面大，打击点集中，半锥体凸出石片短厚。相应遗留在石器器身的修理阴疤的下凹也就比较显著。多个修理阴疤叠加，从侧面看就会形成波浪起伏的边缘。而软锤打击的石片台面小、打击点散漫、半锥体浅平，石片宽薄。石器器身的修理阴疤就比较浅平，多个阴疤组成的刃口整体比较平齐。软锤加工技术出现在旧石器时代早期的阿舍利技术的中后期，相较于早期硬锤加工而成的手斧，使用软锤进行后期加工，手斧整体形制更加对称规整，边缘更加锋利薄锐，边缘侧视更加平直。

2）压制修理法

压制修理是旧石器时代古人类对石器边缘进行修整减薄或进行特定形态塑造的一种加工技术。一般用于锤击修理过后毛坯边缘的进一步精细化修理。常用的方法是将修理好的毛坯放置于手掌内，用带尖的骨角或木质工具的尖端压剥毛坯的边缘，从而剥下薄而窄长的小石片（图5-10左；图版三，2左）。压制修理在石器器身遗留下的修理阴疤浅平而窄长。通过双面连续压制，可以让器物的边刃更加平直和锐利。同时

---

[1] Ferdianto A, Suryatman, Fakhri, et al. The Effect of Edge Serration on the Performance of Stone-tip Projectiles: An Experimental Case Study of the Maros Point from Holocene South Sulawesi. Archaeological and Anthropological Sciences, 2022, 14(8).

由于压制剥片更长，加工进深更大，该加工技术能够有效地对石器中心部位也进行去薄和修整。精致的压制工具为了实现对器物整体形态的完全人工塑造，往往使器物通体遍布规整的层叠的压制疤痕。北美古印第安人制作的福尔瑟（Folsom）投射尖状器，不仅周身两面压制，还分别会在石器两面从底端压制一个直通尖端的长条形凹槽用于更好地装柄捆绑使用，其技术难度之高体现出在旧石器时代末期压制修理发展到顶峰。

过去一直认为压制修理是旧石器时代晚期才出现的技术，近十年来非洲地区的一系列发现将压制技术的出现推进至旧石器时代中期。北非摩洛哥的走私者（Contrebandiers）洞穴遗址保留了目前非洲最早的压制技术遗存。从该遗址距今约12万年的地层中出土了一颗作为压制工具的鲸类牙齿化石。南非的斯蒂尔贝（Still Bay）和豪韦森珀特（Howiesons Point）文化遗存保留了典型的压制技术遗存。博罗姆博思（Blombos）洞穴遗址的SB文化层（距今约7.3万年）发现了对硅质岩热处理后压制修理的两面器（图5-10右；图版三，2右）。

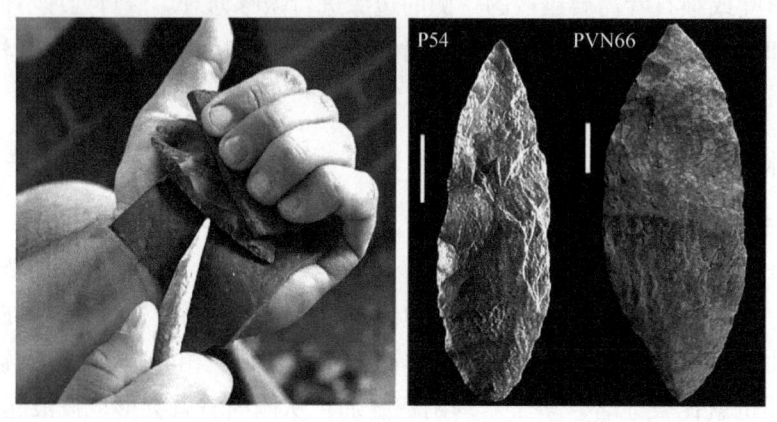

图5-10　压制修理实验（左）与博罗姆博思洞穴发现的压制两面器标本（右）

## 2. 加工方式

旧石器加工的工具以较为扁平的器物为主，一开始主要针对石器正反面交互的边缘进行加工，发展到后来对石器正反面开始进行平整和去薄修理。石器加工可以理解为以石器边缘两侧面为台面进行剥片，石器的加工方式主要就是根据以哪一面为台面向另一面加工来进行区分。根据加工方向的组合，石器加工方式分为同向加工和异向加工两种。

1）同向加工

同向加工是指无论是单刃还是多刃工具，刃缘的加工方向都一致（图5-11）。如果是从石片的腹面向背面加工或者是从毛坯平坦的一面向不平坦的一面加工，就称为正向加工。反之则是反向加工。

正向加工形成的修理阴疤留在石片背面或砾石毛坯凸起的一面，这样就使得工具的腹面或平坦面在使用过程中与被加工物接触时更加平滑顺畅。以端刃刮削器为例，其刃缘基本上都是正向加工，从石器腹面端刃部位看上去只有一个圆弧的端头，这样可以保证其在刮削动物油脂或鞣皮的过程中更加顺畅且不损伤皮毛。

反向加工一般也是因为石片的背面要比腹面更加平坦而做出的选择。因此正常情况下，同一组石制品中出现反向加工的比例要低于正向加工者。在云贵高原旧石器时代晚期发现的以零台面石片为毛坯的石器常出现反向加工为主的情况。可能是因为零台面石片的背面为卵石平面，平坦程度与石片劈裂面不相上下，因此具有较高的反向加工比例。除此以外，可能还受当地的区域文化传统的影响[①]。

2）异向加工

异向加工是指一件石器甚至是石器的一条边刃上存在不同的加工方向，具体包括以下几种情况（图 5-11）。

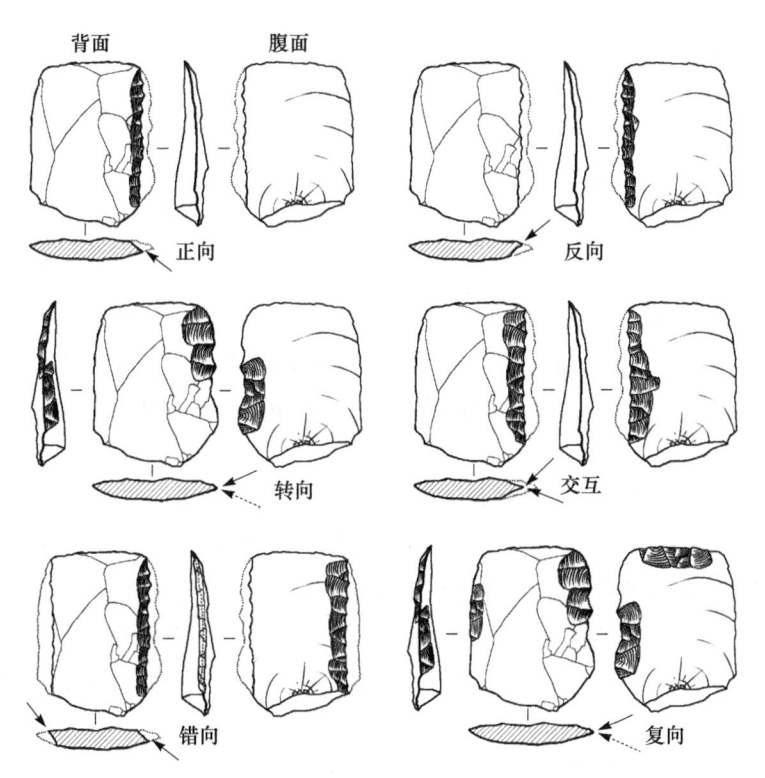

图 5-11 石器加工方式示意图

转向加工：石器一个边既有正向也有反向修理。

交互加工：在石器的一个边上有规律的正反互击。第一次修理在另一面产生的修理疤是第二次修理的台面，以此类推，最后从石器侧面观形成一个 S 形刃口，一般多

---

① 张森水：《中国旧石器文化》，天津科学技术出版社，1987 年。

见于锤击法修理。

错向加工：在石器相对的两个边分别朝正反两个方向加工。

复向加工：上述情形以外的加工方向组合，常见于多刃器物。

## 第三节　石制品研究方法

### 一、分类

(一) 分类的定义和基本原则

考古学家面临的材料是古人类动态行为的静态残留，再加上复杂的遗址形成过程的影响，往往形成丧失了原生时空关系而混杂在一起的多样文化遗存。面对各种各样的考古材料，如何思考整理、归纳和表达这些资料，成为考古学家首要解决的困惑。而梳理研究思路的起始点往往是从分类开始。分类整理行为其实就是人类对混乱无序环境感知后的一种物理输出。分类的过程能够帮助我们整理思绪，重新获得掌控感和安全感。因此，分类是考古材料整理的起点，是考古"透物见人"对人类纷繁复杂的行为进行有序重建的基础，是考古学自诞生以来沿用至今的基本研究方法。

分类是将具有共性的事物划分进特定的单元，其基本原则是将属性相同相近的物质或现象按一定的标准和逻辑关系划分入尽可能小的且相互不兼容的单元或类型，以实现材料与信息的简洁化、清晰化，借以表明事物内在关联、外在区别[1]。分类作为一种方法和手段，可以根据不同的科学问题而有不同的分类。好的分类方法应该具备以下特征。

首先，分类能够准确把握器物的变异性。分类单元不能过少导致无法进行对比研究、提取有效信息。同时又不能过于地一味细分，到最后"只见树木不见森林"。

其次，分类方法具有一定的普适性。考古研究往往要开展遗址间的横纵对比来复原更大时空尺度下人类的行为与文化。这就需要分类方法同样能够运用到比较范围内的遗址材料之上。对于研究区域已经较为常用的分类体系要尽可能地遵循统一、易懂易用的分类体系，不宜故意标新立异。

最后，分类方法具有清晰的结构和形式逻辑。研究时空尺度范围越大，遗址间器物的变异性越大，不可能存在一套完全放之四海而皆准的分类体系。同时，随着考古器物发现的不断增加，多样性不断增多，原有的分类依据和分类体系也会随之发生变化。因此分类不是一成不变的，但是作为一种学术交流的专业共同"语言"，分类必须要符合一些基本的形式和逻辑，以便于他人理解或运用。旧石器分类的基本原则应该

---

[1] 高星：《旧石器考古类型学及其在中国的实践》，《人类学学报》2022年第41卷第4期，第618~629页。

包括以下几个方面[①]。

第一，每一次划分只能有一个根据，同一层面上的划分不允许有双层标准。

第二，每次划分不能越级，层次要分明。

第三，划分后的各子项没有共同的分子，相互是全异关系，即彼此排斥或不相容。

第四，各子项必须穷尽母项，实际分类中有的子项常常缺失。

由于石制品本身的属性特点及其与自然材料的差异，在对其分类过程中有时会偏离上述学术原则与规范；加之研究者的主观因素，使石制品乃至其他文化遗存的类型学与针对自然造物的类型学产生了一定分异。

（二）旧石器的分类体系

世界各地的旧石器考古分类体系都是因地制宜，即使是在一个地区内部也难以形成统一体系。中国旧石器时代石制品的分类体系，目前尚未建立一个绝对统一的分类标准和术语体系。本节主要介绍目前中国旧石器考古研究中常用的石制品类型划分，主要涵盖搬入石料、石核、石片类、石器、断块类和碎片类等。

**1. 搬入石料**

搬入石料特指遗址中出土的小砾石和岩块，表面虽无人工痕迹但却难以在堆积自然形成，一般认为这类石制品是经由人力搬入遗址。有些是作为加工石制品的原料毛坯被带回遗址，一般把这种石料称为"备料"。还有些硬质的卵石如石英岩原料等，可能是打算用作石锤而被带回遗址。还有一些扁平的砾石则可能是作为石砧被搬入遗址。

**2. 石核**

石核就是剥离石片的母体，根据不同的剥片技术和石核预制技术大致包括以下几种类型：锤击石核、砸击石核、碰砧石核。

1) 锤击石核

锤击石核是使用锤击法剥片的石核，根据石核的形态和预制技术可以分为以下几类。

① 普通石核：这类石核无预制，没有固定的形态特征。主要根据石料原始形态选择合适的台面和剥片面进行剥片。国内学者多使用以台面数量为划分标准的方法对该类石核进行分类，一般分为单、双、多台面石核。在此基础上，卫奇又根据石核剥片阴疤数量做了细分，具体包括：

Ⅰ 1 型石核，1 个台面，1 个石片疤。

Ⅰ 2 型石核，1 个台面，2 个石片疤。

---

① 卫奇：《石制品观察格式探讨》，《第八届中国古脊椎动物学学术年会论文集》，海洋出版社，2001年，第218~227页。

Ⅰ3型石核，1个台面，3个和3个以上石片疤。

Ⅱ1型石核，2个台面，2个石片疤。

Ⅱ2型石核，3个台面，3个和3个以上石片疤。

该方法注意到了石核剥片数量的变化，能够在一定程度上弥补以台面分类的过于简化的标准，以展现更多的石核变异性。但是该分类方法缺少对石核剥片面的关注，而石核台面与剥片面的组合特征，往往对于揭示古人类对于石核的开发策略有重要意义。比如一个台面对应多个剥片面，说明古人类以该台面为核心旋转块体，对石核周身进行剥片。而一个剥片面对应多个台面则说明石核的开发以该剥片面为核心，从周边台面向心剥片。因此又有学者根据台面与剥片面的数量对普通石核做如下划分：

Ⅰ1型：台面1个，剥片面1个。

Ⅰ2型：台面1个，剥片面≥2个。

Ⅱ1型：台面2个，剥片面2个。

Ⅱ2型：台面2个，剥片面≠2个。

Ⅲ1型：台面3个，剥片面3个。

Ⅲ2型：台面3个，剥片面≠3个。

从以上两种分类体系可以看出，普通石核的分类包括了台面、剥片面和剥片疤三种因素的组合。除了数量以外，台面与剥片面的相对位置，剥片疤在石核剥片面的排列组合方式，也都可以作为进一步细分的指标。例如德·拉·托瑞（de la Torre）将石核假设为一个正方体，由水平面、横截面和矢状面6个面构成，并以石核上剥片面的数量、片疤方向和剥片角度为考量对象，将石核分为了16个类型[1]。该分类体系对于形态变异较大的普通石核分类有较好的兼容性和解释性，近年来被国内学者引入到中国旧石器时代早期石核剥片技术的研究中，取得了一定的成果。

② 盘状石核：盘状石核的一般定义是指沿着石核的一个边沿向两侧或单侧向心剥片，形成的两侧突起的石核[2]。这一概念由博尔德（Bordes）在20世纪50年代最先提出，目前为止较为详细的定义是博伊达（Boëda）给出的6项判定指标（图5-12）[3]。

第一，石核有两个突起的表面，并且这两个面会有一个理论上的交汇面（theoretical plane）。

第二，两个面不一定存在主次之分，当一个为台面时另一个为剥片面，二者在剥片过程中可以可相互转换。

第三，为了更好地进行剥片，剥片面要进行一定的控制。原则是要保证盘状石核

---

[1] 有关该分类方法的具体中文介绍可参考李三灵、李浩：《旧石器时代早期石核分类方法试析》，《人类学学报》2021年第40卷第2期，第194～207页。

[2] Debénath A, Dibble H L. Handbook of Paleolithic Typology-Volume One: Lower and Middle Paleolithic of Europe. Philadelphia: University Museum University of Pennsylvania, 1994.

[3] Boëda E. Le débitage discoïe et le débitage levallois récurrent centripète. Bulletin de la Société Préhistorique Française, 1993, 90(6): 392-404.

的理论交汇面的外侧缘保持突出的状态。

第四，为了保证石核的盘状形态以及控制剥取的石片形状，打击的位置要进行一定的选择。一般是打击点所在的局部台面要与剥片的纵轴方向垂直。

第五，剥片面相对于理论交汇面是倾斜的。

第六，硬锤锤击法直接剥片是盘状石核采取的唯一剥片技术。因此在打制过程中可能会导致石核台面有所破损。

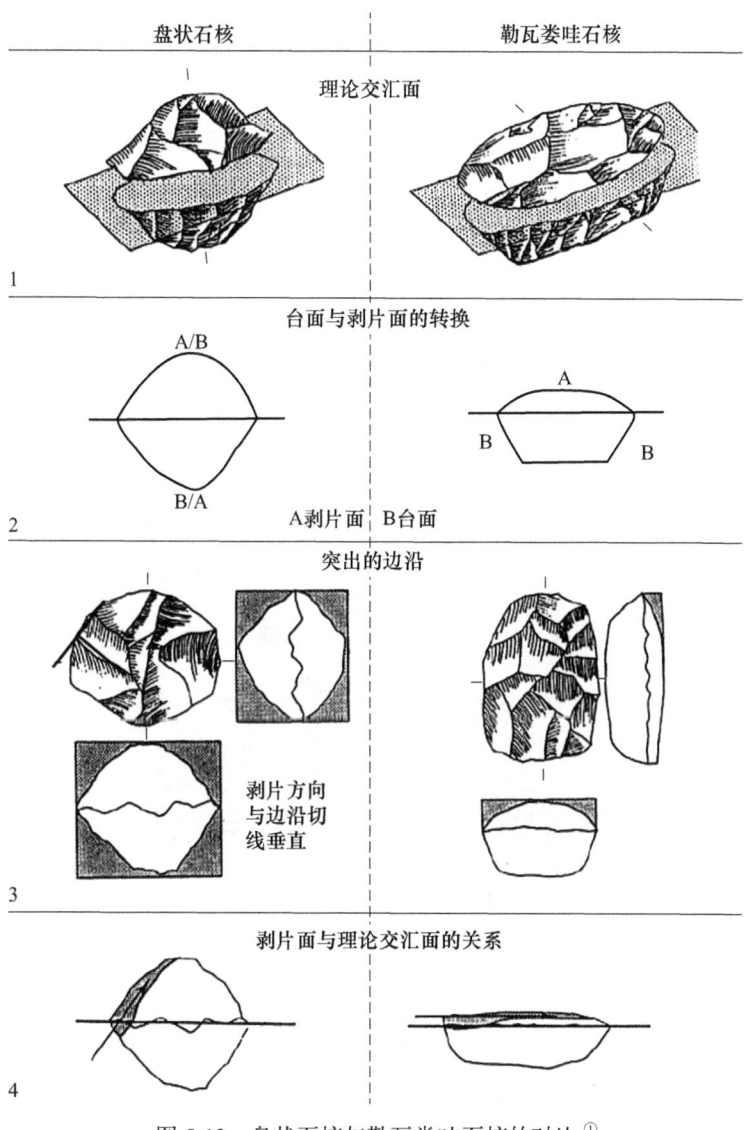

图 5-12　盘状石核与勒瓦娄哇石核的对比[①]

---

① 修改自 Boëda E. Le débitage discoïde et le débitage levallois récurrent centripète. Bulletin de la Société Préhistorique Françise, 1993, 90(6): 392-404.

③勒瓦娄哇石核：勒瓦娄哇石核是指采用勒瓦娄哇技术进行预制和剥片的石核，是旧大陆西侧旧石器时代中期石核预制技术的代表（图5-12）。因法国巴黎近郊的勒瓦卢瓦－佩雷石器制造场发现该技术类型的器物而得名。石核预制分为上下两个工作面，首先以上工作面为台面对石核四周进行剥片，四周修整之后，下工作面的结构就形成内缩的侧边再加上底面。然后，以石核边缘的剥片面为台面，以上工作面为剥片面，进行向心剥片。修整后的上工作面由剥片疤构成一个凸起的平面，整体构成一个龟背状石核。之后在石核长轴顶端进行台面调整之后，使用锤击法从上工作面剥下勒瓦娄哇石片。剥取的勒瓦娄哇石片形态规整，左右对称，背面布满修理的石片疤，边缘锋利可以直接装柄使用，不需再进行修整。

勒瓦娄哇石核与盘状石核在旧石器时代中期的遗址中经常共出，两者从技术上最显著的差别就在于台面与剥片面是否可以相互转化，以及剥片面与理论交汇面是否存在一定角度。根据博伊达的判定标准，勒瓦娄哇石核的上下工作面相互关联但作用不同，不能像盘状石核那样相互取代和替换；而剥取预制石片或石叶的打片方向与理论交汇面几乎平行，不像盘状石核是倾斜的[①]。

④石叶石核：石叶石核是一种生产长石片毛坯的石核，产生的石叶一般长度是宽度的两倍以上，两侧边平行规整，背面有纵向的一条或数条棱脊（图5-13）。石叶石核

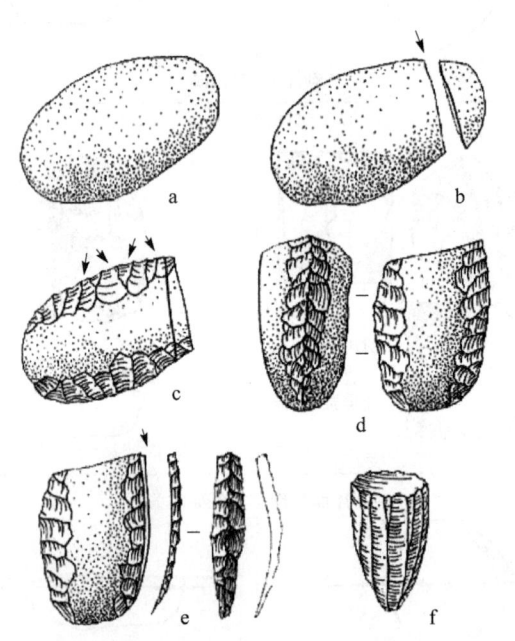

图5-13　石叶石核的预制流程（a到e）与锥形石叶石核（f）[②]

---

① Boëda E. Levallois: A Volumetric Construction, Methods, A Technique//Dibble H L, Bar-Yosef O. The Definition and Interpretation of Levallois Technology. Madison: Prehistory Press, 1995: 41-68.
② 修改自 Collins M B, Kay M. Clovis Blade Technology: A Comparative Study of the Keven Davis Cache, Texas. Austin: University of Texas Press, 2002: 21, Fig 2.3.

多数经过预制，形状有锥形、柱形和楔形等，部分勒瓦娄哇石核也可以用来剥取石叶。以典型的锥形石叶石核的预制过程为例，首先需要劈裂砾石，确定一个平面为台面。对台面进行修理之后，需要预制从台面延伸到石核底部的直线形侧脊。侧脊的功能在于引导打击力的纵向传导，从而保证石叶能够完整地从台面一直破裂至石核底部，同时还能保证石叶两侧平直的边缘形态。修理侧脊的方式一般是以脊为中轴线双面修理，因此形成密集的交互的修理痕迹。侧脊所在的位置就是石核剥片的起始位置，剥下来的第一片石叶背部纵贯修理的侧脊，横截面呈三角形，因此也被称为鸡冠状石叶。鸡冠状石叶剥离后就会在石核上留下两条新的纵脊，以这两条脊为引导，接下来就可以从石片疤的任何一侧剥落更多石叶。

⑤ 细石叶石核：细石叶是台面宽小于 10 毫米的石叶，因此细石叶石核（简称细石核）形状大小一般小于石叶石核。东北亚地区从旧石器时代晚期至新石器时代出土了数量丰富的细石核，国内学者对其分类方法从静态形状的划分发展到动态操作链的区分，进行了较为充分的探索，同时还借鉴了日本学者的一些细石核分类方法。

目前国内一般将细石核分为船形、楔形、锥形和柱形细石核。从名称来看仍是以形状进行划分，但是形态的差异往往是由于不同的石核毛坯形态和采取的预制修理技术的差异而导致的。锥形和柱形细石核的预制与剥片方法与类似形状的石叶石核基本一致，在此不多介绍。主要介绍一下船底形和楔形细石核的形态特征和预制方法。

船形细石核一般以厚石片和断块为毛坯；台面一般为平坦的自然面、节理面和破裂面；核身宽厚，核体低矮，因此导致剥片面低而宽；剥片面多位于台面最大径较为宽阔的一端，两端和周身剥片者很少见。船底形石核的预制主要利用天然的平面为台面，台面精致修理者不多。石核两侧面的修整通过从台面向下剥片完成。石核底部一般不做修理，呈小平面、斜刃状或点状。刃状底是由于对核身的修窄而产生的，点状底多见于剥片至末期的细石核，是刃状底长度缩减之后的产物。

楔形石核预制环节复杂、方法多样，被认为是石核剥片技术发展到旧石器时代晚期的巅峰制作。国内外学者在操作链理念的引导下，结合石器拼合和实验考古数据，鉴别出了一系列楔形石核的预制技法。有学者对国内学术界的楔形石核分类经过总结之后，归纳出我国楔形石核制作的五种典型技法[①]，具体如下。

下川技法：对断块或石片进行单面或双面加工，形成楔状缘；以天然平面或横向打片形成的平坦面为台面；剥片时根据楔状缘的角度从前向后对台面进行调整，获得有效台面；从石核的一侧剥制细石叶。

阳原技法：单面加工天然断块或厚石片，使其纵剖面为 D 字形；在台面中部由平坦面向凸面打制一个制动缺口，随后纵向打掉一片止于制动缺口的削片，形成一个平

---

① 仪明洁、裴树文、陈福友等：《水洞沟第 12 地点楔形石核"操作链"分析》，《边疆考古研究（第 18 辑）》，科学出版社，2015 年，第 105~120 页。

整的台面后从此端开始剥片。

虎头梁技法：将核体单面加工，纵剖面呈 D 字形；从平坦的一侧对石核台面进行横向击打产生有效台面，进而剥制细石叶；有效台面的调整随剥片而进行。

河套技法：预制石核体为两面器形态后，将其上段的刃缘纵击，打掉一至数片雪橇状石片，进而获得纵贯核体的平坦台面，剥片中不再调整台面；该工艺在日本被称为"涌别技法"。

桑干技法：首先将核体加工成两面器形态，将台面一端击打出窄小的有效台面后剥片；有效台面的调整随剥片而进行。

综上不难看出，尽管在具体技术环节上，楔形石核的不同操作技法之间存在一定的差异，但是与船形、锥形、柱形细石核相比，楔形细石核的技术特色在于台面和楔状缘的修整。尤其是底缘和后缘楔状缘的单面或双面修整，是楔形石核最具标志的技术特征。与船形石核相比，楔形石核的预制过程显然要更为繁复。修理楔状缘、台面修理与实时调整等不是船形石核的技术重点。船形石核两侧面是单向的自台面向下的修理疤，而楔形石核侧面因为有底缘和后缘的修整，石片疤的朝向更为复杂。船形细石核的开发过程更为简便，但是产生的细石叶无论是长度还是形状的规整程度都不及楔形细石核生产的细石叶。而对于以镶嵌作为刃缘来使用细石叶，边缘越长越平直得到的有效刃缘就越长。因此，从经济学角度来看，楔形石核虽然预制过程繁琐，但是能够保证产出更多"优质"产品。

2) 砸击石核

砸击石核没有预制的过程，台面一般为点状或线状。石核台面和低端与石砧接触的部位有碰撞形成的小而密集的片疤。石核的剥片面上会形成从上而下和从下而上的对向片疤，又称两极片疤。

3) 碰砧石核

碰砧石核一般应是扁平的，最好是有一个平坦面的大砾石或石块。石核的底面如果凹凸不平，则很难控制它和石砧的接触点（即打击点），也不容易获得理想的石片。石核形状以长方形、舌形、椭圆形或叶形等较为合适，这样便于打制者把握后端，避免操作时把手碰伤，并给前端留出足够的剥片空间。石核应有一定的重量以增大挥动过程中产生的势能，但是过于厚重则仅靠人力将难以使石片从石核分离下来。作为剥片的一端或一边的台面角以锐角最为合适，角度偏大，则不容易碰下合适的石片[①]。大于 90° 不仅无法产生石片，反而可能导致石核碰砧一端断裂形成断块。

## 3. 石片类

石片类器物包括完整石片与不完整石片两大类。

---

① 李莉：《碰砧法和锤击法打片的实验研究》，《南方民族考古（第五辑）》，四川科学技术出版社，1993 年，第 180～197 页。

1）完整石片

完整石片根据剥片技术可以划分为简单剥片和预制剥片两类产品。简单剥片产品包括锤击石片、砸击石片和碰砧石片等。预制剥片包括勒瓦娄哇石片、双阳面石片、石叶与细石叶等。

A. 锤击石片

锤击石片与生产的它的普通石核一样，石片整体形状、台面和背面的特征都具有较多的变异性。国内学者较早地引入了图斯（Toth）针对非洲旧石器时代早期锤击石片所采取的分类方案，目前已经普遍用于我国旧石器时代早期石片分类体系中。该分类体系将完整石片分为六型（图5-14）。

1型：自然台面，自然背面。
2型：自然台面，部分自然背面和部分人工背面。
3型：自然台面，人工背面。
4型：人工台面，自然背面。
5型：人工台面，部分自然背面和部分人工背面。
6型：人工台面，人工背面。

该分类体系不仅能够对锤击石片的变异进行很好地归纳整理，同时被认为是动态分类实践的一个范例。因为随着一个天然砾石石核剥片的持续开展，其表面的石皮或自然面的覆盖率会不断地减少。以石片的背面的动态变化为例，初期剥片的石皮覆盖率可能是100%，但是不断地向中心缩减到一定程度之后，石片的背面就不会再有石皮的覆盖。因此按照上述方法分类后，在统计这些石片在遗址中的比例，能够帮助我们对于遗址石核利用率有一个大致的评估。如果一个遗址石核数量较多、体积较大，且背面含有自然面的石片类型居多，那么整体对于石核的利用就处在一个初期。但有时候整个遗址都没有发现背面带有自然面的石片，那么很有可能石核在带回遗址的时候已经进行了修整，或者初期的打片加工在遗址别的区域完成，但由于发掘区面积有限没能揭露这些区域。

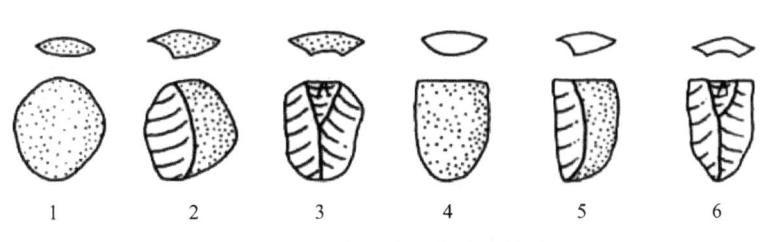

图5-14 锤击石片动态分类体系

B. 砸击石片

典型的砸击石片又被称为两极石片，具有上下两端两个相对的打击点或者打击泡。但砸击实验结果显示，砸击法剥片中产生的两极石片的数量很少，而大部分石片的形态则是与锤击法剥片相似的一端破裂[1]。石片的台面多为点状和线状台面，台面和底端会有剥落碎屑的痕迹，打击泡较明显，腹面较为平坦，石片角集中在 90°左右。

C. 碰砧石片

石片台面大，石片角一般在 120°以上，打击点散漫，打击泡微凸，半锥体不明显，石片以宽大于长者居多，石片厚度常常超过 80 毫米[2]。

D. 勒瓦娄哇石片

勒瓦娄哇技术理念中有不同的目标产品。剥片面向心修理之后，一击剥下的勒瓦娄哇石片近卵圆形，尺寸较大，整体形态规整，边缘薄锐，背面片疤多呈向心方向分布。还有一种通过对石核剥片面进行打片之后形成 Y 字形的脊，然后剥下三角形的"勒瓦娄哇尖状器"，这类石片两侧汇聚边缘平整，远端部分尖锐，背脊呈 Y 形分布，可以直接作为复合工具的箭头部位。

E. 双阳面石片

该类器物的命名是由王建等在研究研究丁村的石制品过程中率先提出的。该方法首先通过剥片获取一个圆形、半圆形或椭圆形的大而厚石片。然后以该石片为石核，由石片的背面或台面向破裂面打片。打下的石片背面为原始石片的腹面，因此前后两面具有半锥体、打击泡等特征，故命名为双阳面石片。该技术在非洲也有发现，被称为孔贝哇（Kombewa）剥片技术，主要用来生产加工阿舍利类型工具的大石片毛坯[3]。

F. 石叶与细石叶

石叶与细石叶的定义在相关的石核部分已经进行了介绍，不再重复。

2）不完整石片

石片在打制过程中由于用力过度或者石核存在节理等，会造成完整石片发生劈裂或断裂。同时石片在形成之后，由于人类或动物的后期踩踏等扰动因素，可能也会发生断裂。不完整石片包括裂片和断片两大类。裂片是指完整石片纵向断裂后形成左裂片和右裂片两种。断片则是完整石片横向断裂后形成的近端片、中段片及远端片三种。

## 4. 石器

石器是旧石器石制品组合中类型最为丰富的一大类器物。国内外学者普遍倾向于首先依据石器是否经过了人为的加工修整作为石器分类的初级标准。例如玛丽·利基在对非洲奥杜威峡谷旧石器时代早期的石器分类中就把石砧、石锤和直接使用的石片等归为使用材料，其他刻意修整的材料归为工具。张森水结合上述分类理念，提出了

---

[1] 马东东、裴树文：《旧石器时代砸击法剥片技术相关问题探讨》，《人类学学报》2019 年第 38 卷第 4 期，第 584～597 页。

[2] 张森水：《中国旧石器文化》，天津科学技术出版社，1987 年。

[3] 有关孔贝哇剥片技术的具体介绍可参考雷蕾、李大伟、麻晓荣：《阿舍利大石片生产方式与策略研究》，《人类学学报》2020 年第 39 卷第 2 期，第 183～192 页。

一类工具和二类工具的划分体系。一类工具，是直接用来生产、加工其他石制品的工具，包括石锤和石砧；二类工具是指经过加工修理的工具类型。未经修理而直接使用的石片，也可以纳入一类工具。

1）一类工具

A. 石锤

锤击石锤一般是自然形成的圆形砾石，其重量和形态使其可以被手握住。此类石锤的主要鉴别特征是在特定的区域存在的砸痕或凹痕（图 5-15；图版三，1）。

砸击石锤的凹痕常见于砾石的一个或几个面上，坑疤浅而散漫。如果是砸击扁圆石核的边棱的话，还会在石锤与边棱的接触面上形成长条形的凹坑痕迹。锐棱砸击技术的砸击石核一般是扁圆形的卵石，其与石核接触的边棱常见崩裂的小片疤，部分边缘有变钝和纵向裂纹。

图 5-15 以河卵石为毛坯的小石锤

B. 石砧

石砧也被称为被动石锤，是接收主动石锤所传递力的器物。石砧要求位置固定置于地面，不能轻易移动，这样才能保证受到冲击力时，能够充分地给予石核反作用力以产生破裂。当然，除了石核剥片会用到石砧，古人类给坚果去壳、敲骨吸髓、切割木质材料或处理动物尸体等也都会用到石砧。

石砧被冲击的顶面会形成砸痕或者凹陷的片疤（图 5-16）。不同的剥片技术会利用石砧不同的区域，在石砧上产生的痕迹也不尽相同。比如砸击法主要利用石砧的平面为石核提供支撑，因此石砧顶面接受冲击的区域往往靠近中部。而且古人类会选择大致相同的区域反复砸击石核，于是坑疤的分布就比较集中。砸坚果使用的石砧同样具有上述使用痕迹特征。

碰砧法与石砧接触的区域往往是顶面的边缘区域，一般不形成凹坑，但是石砧边缘也可能会有石片从石砧母体剥落。这些石砧剥离的石片大多不具备台面或其他可指示打击方向的特征，背面也没有脊或之前剥片的痕迹[①]。

图 5-16 砸击法使用的石砧

---

① Ignaciodela TORRE、Rafael MORA、裴树文等：《旧石器时代早期石制品分析方案》，《人类学学报》2021 年第 40 卷第 4 期，第 547~567 页。

C. 使用石片

使用石片可以理解为不经过二次加工直接使用的石片，与石片的区别是这些石片往往有使用造成的破损或磨损的痕迹。例如勒瓦娄哇尖状器直接装柄作为投掷武器的箭头或矛头，其尖端往往会有破损，底部还会有装柄时与木柄摩擦形成的磨光微痕等。在实际分类研究中，对于大量普通石片——进行微痕研究并确认这些痕迹与人类的使用直接相关，往往具有很大的难度。

2）二类工具

二类工具往往表现为人类对毛坯的整形、边刃的钝化或锐化等修整行为。对于二类工具的划分用途是分类命名的首要依据，但功能往往不是唯一的命名考量，有些还涉及形态、部位等因素。目前旧石器考古尚未形成一个统一的二类工具划分方法，但是一些器物类型已经在国内旧石器考古研究中长时间使用，形成了一些基本的共识。

A. 刮削器

毛坯以石片为主，少数是用小石块、断块或石核加工而成；主要加工修理器物的一个或数个边，由比较连续细密的修理疤组成刃缘；主要用于切割和刮削，是整个旧石器时代最为常见的一种工具类型。根据刃缘的数量可以分为单刃、双刃和复刃刮削器。

单刃刮削器按照刃缘的形态可以分为单直刃、单凸刃和单凹刃刮削器。直刃适合切割，凸刃适合刮削，而凹刃则可以专门用于圆柱状物体表面的如刮削木棍制作木质标枪等。

双刃刮削器多数是将毛坯的两个侧边修理成刃。根据刃缘形态组合可以分为双直刃、双凹刃、双凸刃、直凹刃、直凸刃、凹凸刃共六种。

复刃刮削器具有三个和三个以上的刃口，如果边刃没有明显的转折而连续地环绕刮削器周身就形成了盘状刮削器。

B. 端刮器

端刮器是刮削器类型中一个比较有特色的工具类型。多数刮削器是加工侧边，因此一些分类中也被称为边刮器，而端刮器主要加工的部位是石片或石叶的远端，而且是正向加工占绝对主导地位。刮削器主要出现在旧石器时代晚期，经常和细石叶、细石核等器物共出。该工具主要用于去除动物皮革上的油脂，殖民者在到达北美地区时，当地的土著居民仍在使用该器物加工处理兽皮。

在博尔德和佩洛特（Perrot）的法国旧石器时代晚期石制品的分类体系中，依据毛坯形态、加工技术和器物形态，可以划分出 16 种端刮器[1]。这些不同类型端刮器的毛坯包括薄石片、厚石片、石叶和石核等。加工技术以压制居多，修疤规整，多层叠压。一些端头较厚的端刮器，修疤细长类似于细石叶剥片。从端刃数量上可以分为单端、双端

---

[1] 有关该分类的具体中文介绍可参考李锋、邢路达、陈福友等：《欧洲旧石器时代晚期石器类型学评介及类型学相关问题探讨》，《人类学学报》2018 年第 37 卷第 4 期，第 613~630 页。

刮器。多数刃缘呈圆弧的形态，有部分修理成凸出的刃口形成有肩端刮器。

C. 锯齿刃器

该器物与刮削器的加工毛坯和加工方法类似，但是加工修理的进深较大，会刻意在刃缘上修理出连续的小凹缺。这种锯齿形刃缘更加适用于锯和割，而不适用于刮削。锯齿刃器在旧石器时代早期就已经出现，这类器物有时可能会被认为是加工比较粗糙的一种刮削器，在实际研究中要根据其在整个遗址石器组合所占比例和与刮削器刃缘的差异程度进行类型区分。

D. 尖状器

两个修理边相交形成一个尖刃的器物，也称"尖刃器"。功能主要用于锥刺和切割。加工方式以正向加工居多，也有一定的错向加工。依据尖刃的数量，可以分为单尖和双尖尖状器。

单尖尖状器依据尖刃的位置可以分为正尖和角尖两种。单正尖的两条修理边交汇在毛坯纵轴的一端，单角尖位于标本的一侧角上。角尖中有一种较为特殊的喙嘴形尖状器，顶部刃缘为平直的横刃，侧边刃内凹使得尖刃凸出。

双尖尖状器可分为双正尖和正角尖尖状器，双正尖尖状器的尖刃位于毛坯长轴两端，正角尖尖状器的角尖分别位于毛坯横轴和纵轴端。

E. 钻器

该器物是从尖状器衍生出来的一种工具，同样是对片状毛坯加工两刃形成一个可以用于钻和锥刺的尖角。因为使用方式与尖状器不同，加工出来的钻头尖端呈锐角，而且有类似于喙嘴尖形尖状器那样凸出的尖刃部分。与喙嘴形尖状器不同的是，钻器的尖部位于标本顶端中部。为了凸出尖端而在两侧边修理出的凹陷，就构成了钻器的肩。钻器的尖端可分为长尖和短尖两型。依据肩部数量可以分为单肩和双肩，再根据肩部边缘曲线分为折线较为明显的端肩和较为圆滑的溜肩。

F. 雕刻器

雕刻器是指在石片或石叶的一端或两端，修理出凿子形刃口的小型工具。该器物同样强调对于石器尖端的使用，但是尖端的加工制作主要靠人工打制的雕刻器小面（burination）交汇成型，不像刮削器或钻器是通过两侧边的连续修整成型。凿形刃的构成方式可分为单雕刻器小面和双雕刻器小面交汇两种情况。

单雕刻器小面的雕刻器在欧洲旧石器分类体系中称为截端毛坯雕刻器。这类器物首先对毛坯边缘和截端进行修整，然后从修整边打出一个与毛坯腹面和背面相垂直的雕刻器小面。国内学者一般称该类器物为修边雕刻器。由于截端修理边的形态多样，和一条平直小面组合之后，会形成如喙嘴形、直刃截端、凹刃截端、凸刃截端等不同形状的雕刻器。还有一种被称为断面角雕刻器，与雕刻器小面交汇的不是修理边而是毛坯天然的断裂面。

双雕刻器小面交汇构成的雕刻器在欧洲旧石器分类体系中称为交叉刃雕刻器。最典型的当属屋脊形（正刃）雕刻器，即两个小面相交于毛坯纵向中轴位置上。角雕刻器的一个雕刻器小面位于毛坯侧边与毛坯长轴或中心轴平行。

雕刻器大量出现在旧石器时代晚期，实验考古和微痕研究表明，雕刻器的功能是复杂多样的。旧石器时代晚期的雕刻器的功能一般与骨角器的加工联系起来。除了具有雕刻的功能以外，还兼具为楔裂或沟裂骨角提供刻槽，或是刮剖骨器表面等[①]。而在尚未出现骨角器的时代，雕刻器也承担了刮和钻等功能[②]。

G. 砍砸器

砍砸器是以砾石、石核或大石片为毛坯加工而成的大型工具，从旧石器时代早期奥杜威工业就大量出现。这种工具主要用于劈砍、锤砸和挖掘等多种用途。其刃口钝厚曲折，多使用交互法加工而成。加工粗糙，一般通过锤击法产生几个大的修疤即可完成刃缘的制作。按照刃缘的数量可以分为单刃、双刃、复刃砍砸器等。

H. 手斧

手斧是在距今约170多万年前开始出现的一种大型有尖工具。手斧多采用砾石、石核或大石片为毛坯，通过对两侧进行双面修整塑形，形成一个交汇的尖端。在手斧作为主要工具类型的上百万年时间里，随着加工技术的不断提高手斧的形态也发生了明显的变化。早期类型手斧由于用硬锤打击而具有身厚、疤深、刃脊曲折、轮廓不对称和保留石皮等特点。而到了旧石器时代早期晚段，手斧开始普遍采用软锤进行精加工，器身变薄、片疤平远、刃脊平齐、轮廓匀称，不保留或保留很少石皮。手斧一般认为是徒手抓握底部直接使用的，有的作为大型切割工具更侧重于两侧刃缘的开发利用，而有些可能是大型挖掘工具更加侧重于尖部的利用。

I. 手镐

手镐是以砾石、石核或大石片为毛坯，采用单面加工修理而成的大型尖状器。由于是单面修理，两侧的修理疤向中间汇聚，所以该类器物的修理疤所在的一面凸起明显，有时会使横截面呈三角形，形成三棱手镐。器物底部钝厚，最后往往保留砾石磨圆面，保证器物的重心位于底部。手镐的主要功能是利用尖部进行发掘，两侧边修理钝厚不适于切割。

J. 薄刃斧

薄刃斧是以大石片为毛坯，将毛坯的两侧边和台面均作修理，而远端保留的较为平直的一部分不做修理直接作为刃缘使用的大型切割工具。修理大石片的两侧边和台面主要是为了便于抓握，修理方式可以是单面也可以是双面修理。

K. 石球

石球是一般以磨圆度较好的砾石为毛坯，表面遍布剥片痕迹，剥片方向凌乱，疤

---

[①] 赵海龙、徐廷、马东东：《吉林和龙大洞遗址黑曜岩雕刻器的制作技术与功能》，《人类学学报》2016年第35卷第4期，第537~548页。

[②] 王幼平：《雕刻器实验研究》，《考古学研究（一）》，文物出版社，1992年，第65~90页。

间棱脊角度大于90°，整体呈球形的器物[①]。根据加工的精细程度，其产品可以分为球形石、准石球、正石球三种。球形石与剥片面较多的多面体石核类似，但后者的大部分片疤的打击方向可以辨识、疤间棱脊的角度适宜进一步剥片。准石球的剥片疤更小，数量极多，疤间棱脊不尖锐，器身更接近球体。正石球是经过琢击修理，加工细致，表面较光滑，片疤无法辨识，通体圆滑的球体。石球的功能可能是多样的，有一些是作为石锤、石核或砸击工具在不断的消耗过程中逐渐形成了球形块体。还有的则是作为狩猎的投掷武器而专门加工制造的。

L. 石镞

石镞主要是旧石器时代中、晚期出现的一种投射类复合武器的尖端。从制作技术上看，其毛坯一般为石片，修理方式主要采取两面压剥，制作出一个锋利尖端。常见尾端减薄的处理，部分修理出铤，或在近尾部修理成束腰形，方便装柄。

M. 琢背石刀

"琢背"是指对石片或石叶毛坯的一个边缘进行较为连续的"修钝"处理，从而形成圆钝或陡斜的背部小面。修背处理不但可以使石器的形态和尺寸更为规范，而且其修理出的陡背为一个粗糙的小面，更有利于使用黏合剂将其固定于骨柄之上，作为复合工具的刃缘进行使用。该技术最早可以追溯至旧石器时代中期，在我国主要出现在旧石器时代晚期，常与细石器石制品共存[②]。

**5. 断块类**

断块类包括普通断块以及石核断块两类。普通断块多是在剥片过程中顺自然节理面断裂分离出来的，其表面难以寻觅剥片痕迹。石核断块相对于普通断块最显著的区别便是该类石制品表面可以识别出人工剥片形成的疤痕，但由于石料内部节理发育以及打制技术水平所限导致剥片过程中石核块体断裂，故而石核断块表面的剥片疤是不完整的，台面也往往缺失。石核断块源自于以石核消减过程为核心逻辑的分类体系，属于重度消减的石核类器物中的一支。

**6. 碎片类**

碎片一般指在剥片或加工过程中产生的，形态呈片状，且表面无法分辨出明确人工将其从母体剥离的痕迹特征的剥片或加工过程中产生的副产品。

## 二、观测

石制品分类整理结束之后，便进入到对于各类器物的观察与记录的环节。在旧石

---

[①] 仪明洁、高星、裴树文：《石球的定义、分类与功能浅析》，《人类学学报》2012年第31卷第4期，第355~363页。
[②] 陈宥成、曲彤丽：《试论旧大陆旧石器时代琢背刀》，《北方文物》2021年第4期，第24~32页。

器研究已经普遍进入到技术元素分析的今天,对于石制品观测指标的选取,以及确定指标之后科学有效的观测,就成为我们获取可供研究的定性或定量数据的基础,如果在这个环节上出现问题,那么就会对数据库的科学准确性产生影响,从根本上影响到基于数据库所作的统计分析和结果阐释。

(一)观测定位

定位能够明确石制品观测数据的来源,因为涉及不同遗址数据库之间的对比研究,定位的规范和统一是开展有效对比的前提和基础。

观察石核时,需将台面朝上,剥片面朝向观测者。多面体石核的台面、剥片面数量和组合方式较为多样,建议在对一组台面与其相关的剥片面观察记录结束之后,再旋转块体去观察下一组台面与其对应的剥片面。对于已经观测过的台面或剥片面,可以用铅笔等可擦除物在石核块体进行标记,以免重复统计观察。

石片类的观察目前没有统一的规则。如果是按照石片从石核剥离的原始状态来看,一般是台面朝下,背面朝向观测者,观察者左边即为左边缘,右边即为右边缘,台面一端为近端,底部为远端。因此,在描述石片的左右两侧情况时,需要先介绍清楚石片的定位方式是怎样的。不完整石片在明确了剥片方向之后,定位方式与完整石片保持一致。

观察石器时,以石片为毛坯加工者,采取石片的定位方式,台面朝上,背面面向观测者。如果是有尖的石片类器物,一般是尖部朝上,背面面向观测者。对于以非石片为毛坯加工而成的石器,可以自行定位,但是要解释清楚定位的方式。

(二)观测项目

石制品的测量包括基础测量和详细测量。基础测量项目适用于各类石制品,包括石制品的长、宽、厚、重、原料、颜色、原型、磨蚀和风化程度等。详细测量则是为了更好地对石制品技术特征元素进行分析,从而针对各类石制品创设不同观测项目。

基础测量项目中由于石制品形态各异,对于其长、宽、厚指标的具体所指各有不同,将分类进行介绍。以下先介绍各类石制品观测时通用的基础测量指标。

重量,是石制品整体的重量。

原料,是对标本的主要岩性进行鉴定记录。而对于石料颜色的记录虽然存在较大的主观性,但是能够为后期的石制品拼合或者原料最小单元的划分提供一定的参考。

原型,指石制品在其生产过程中前一工序流程的类型,包括石制品(石核、石片类和断块等)、自然砾石或岩块等。[1]

---

[1] 卫奇:《石制品观察格式探讨》,《第八届中国古脊椎动物学学术年会论文集》,海洋出版社,2001年,第218~227页。

磨蚀，即标本废弃后经受的自然机械磨损程度，可分 4 级：Ⅰ级，磨蚀轻微或几乎未被磨蚀；Ⅱ级，中等磨蚀；Ⅲ级，磨蚀较严重；Ⅳ级，磨蚀很严重，但尚可辨别人工特征。

风化，即标本在埋藏以前露天发生的化学变化程度，可分 4 级：Ⅰ级，风化轻微或几乎未经风化，保存新鲜；Ⅱ级，中等风化；Ⅲ级，风化较重；Ⅳ级，风化严重，但尚可辨认人工特征。

**1. 石核**

1）基础观测项目

在不同的时代与地区，石核形状的变异非常复杂。尤其是数量丰富且持续时间最长的普通石核，形态变异最为丰富，因此对于石核长、宽、厚的具体所指需要注意区分。

以形态最为简单的单台面普通石核为例，石核的长一般是指从台面到石核最底端的距离；宽是指垂直于纵轴的两端最远点的距离；厚度是与长和宽相交平面垂直的标本两端最大距离。以形态结构较为固定的楔形细石核为例，石核的高是指垂直于有效台面长轴方向且平行于石核纵中轴线方向的上下最大长度；长度是指平行于有效台面长轴方向前后的最大长度；厚度则是平行于有效台面长轴方向的左右最大长度。而对于台面和剥片面数量较多的多面体石核而言，石核的长度一般是指块体的最大长，确定了最大长的轴向之后，宽度与厚度的测量方式与前述单台面石核的测量方式接近。

2）详细观测项目

A. 台面观测

（1）台面数量，石核台面的个数。在鉴别出石核所有的台面之后，给每一个台面编号，开始进行台面个体的观测。

（2）台面尺寸，每个台面的长与宽。

（3）台面性质，石核台面类型一般可做如下划分[①]：

自然台面，包括砾石面、天然的节理面等；

打击台面，利用先前剥片的疤面为台面者；

修理台面，一般可以细分为仅有一个石片疤的素台面和多次修理而成的多疤台面；

点状台面，仅保留很小呈点状的台面，典型的砸击剥片法会形成这类台面；

线状台面，亦称刃状台面，台面仅保留一线或呈刃状。

（4）台面修理方式，主要观测台面的修疤数量，修疤的排列分布方式，台面边缘是否进行过研磨等。

（5）台面角，台面与剥片面形成的夹角。

（6）各台面之间的关系，用于记录多台面石核的台面之间相连、垂直或平行等关

---

① 李炎贤：《关于石片台面的分类》，《人类学学报》1984 年第 3 卷第 3 期，第 253～258 页。

系。对于了解多面体石核的转向开发模式具有参考意义。

B. 剥片面观测

（1）剥片面数量，石核剥片面的个数。在鉴别出石核所有的剥片面之后，给每一个剥片面编号，开始进行剥片面个体的观测。

（2）剥片面所对应的台面，各个剥片面所对应的台面编号。

（3）剥片面尺寸，剥片面上石片阴疤组合所占据的最大长和最大宽。

（4）剥片面阴疤的数量，剥片面可识别剥片残留疤痕的数量。

（5）剥片面阴疤的剥片方向，包括单向、双向（对向、垂直）和复向（包括向心剥片）等。

（6）最大疤的尺寸，指石核通体可以识别的最大石片疤的长度与宽度。如果剥片面上石片疤叠压较多的话，石片疤的真实宽度往往难以获得。

## 2. 石片类

1）基础观测项目

以完整石片为例，石片的最大长是指从台面到石片尾端最远点的垂直距离；宽度是与石片长垂直，并向两侧水平延伸至最远点间距离；厚度是指腹面与背面的最大距离。

2）详细观测项目

A. 台面观测

（1）台面性质，石片台面作为从石核台面上分离的一部分，分类方式与石核台面的分类整体一致。

（2）台面尺寸，包括台面的长与厚。台面长是指台面垂直于打击应力方向的最大长度，台面厚度则是垂直于台面长的台面两侧最大距离。

（3）台面疤数，台面上可识别的有意修理或维护台面过程中产生的石片疤。

（4）台面角，石片台面与背面的角度。

（5）石片角，石片台面与腹面的角度。

B. 背面观测

（1）背面性质，石片背面的自然面（主要是石皮）与人工面的占比情况统计。

（2）背面可识别阴疤数量，背面如果有人工面的话，可以识别的剥片疤痕数量。

（3）背面可识别阴疤排列方式，根据疤痕的剥片方向组合可以分为单向、双向和多向。单向疤痕包括与石片打击方向一致的同向，打击方向相对的对向，以及与打击方向垂直的垂向。

C. 腹面观测

（1）打击点，包括深、浅、平、缺失等状态。

（2）打击泡，包括显著、不显著、无三种状态。

（3）半锥体出现情况，包括显著、不显著、无三种状态。

（4）锥疤，包括有、无两种情况。

（5）同心波，包括有、无两种情况。

（6）放射线，包括有、无两种情况。

D. 远端形态

受打击力量与角度以及原料等因素的影响，石片远端的断裂方式一般包括尖灭、崩断、内卷和外翻等情况。

E. 石片边缘痕迹

均值原料的石片边缘平滑而锋利，除了加工以外，直接使用石片或者石片形成以后由于自然因素导致的碰撞或后期生物踩踏等都会在石片边缘形成破损痕迹。对于石片边缘痕迹的观察，是筛选使用石片和评估遗址石制品后期扰动的重要指标。

**3. 加工工具**

1）基础观测项目

石器的长度是指按照标准定位后，在纵向长轴的最大长度；宽度是指与长轴垂直，向左右两侧水平延伸至两侧最远点的距离；厚度是指与长宽交汇面垂直延伸至器物正反面最长的距离。

2）详细观测项目

A. 加工技术与方式

（1）加工技术，一般包括硬锤锤击、软锤锤击、压制等。

（2）加工方式，包括同向和异向加工两大类。

B. 刃缘信息

（1）刃缘数量，器身上加工的刃缘数量。

（2）修理部位，一般分为器物的左右两侧和上下两端，一些着重于尖端加工的石器其左右两侧的修理部位一般延伸至上、中部。

（3）刃缘形态，包括平视和侧视两个方向观。平视的几何形态包括直、凸、凹、锯齿形，侧视刃缘的几何形态包括平直、S形、曲折等。

（4）加工刃长，单个刃缘修理疤延续的长度。

（5）有效刃长，单个边缘实际可用的边长。

（6）加工进深，修理边上修疤的最大长度。

（7）有效进深，工具实际可用的深度，从边缘到工具最厚处。

（8）刃角或尖角，边刃为正反面的夹角，如果器物修理出一个角尖还需测量左右两侧的夹角。

（9）修疤形态，一般分为连续和不连续两大类。连续修理的修疤常见有鱼鳞状的单层或多层叠压的修整痕迹。

（10）自然面比，自然的砾石面或节理面占器身的比例。

### 4. 其他类型

对于其他的器物类型如搬入石料、断块类和碎片等，主要进行基础观测。断块类中的石核断块可以对其自然面的占比进行观测记录。

## 三、功能分析

石制品的分类命名虽然有些已经赋予其功能学意义，例如刮削器、砍砸器、雕刻器等，但石器分类命名与实际功能之间并非严格地一一对应。仅凭器物的形态难以完全确定器物的使用方式与功能。肉眼观察也无从知晓石器具体曾用于加工哪些物质。但是，了解石器的具体功能与加工对象，能够为考古学家复原古人类的生产与生活图景、了解当时古人类的石器技术与资源利用策略等提供最为直观的信息。这就需要考古学家借助民族学类比、实验考古、残留物分析等方式，开展石器功能的综合分析。

### （一）民族学类比

在石器研究的早期阶段，考古人员会借助民族志文献资料或主动开展民族学调查，去了解当代土著群体是如何制作和使用石器的。这些观察与记录，为考古学家推测旧石器时代类似石制品的加工与使用提供了宝贵的参考材料。例如，古尔德（Gould）从西澳大利亚沙漠地区距今约10000年前的遗址中发掘出土了一批锛状器，其形制与遗址周边生活的土著人群日常用于加工木器的锛状器并无二致[1]。古尔德遂对当地土著人群的石器生产与使用进行了民族学调查，了解到遗址出土的锛状器在现代是如何装柄并被用于加工何种木料。古尔德还通过采访当地人群，对土著人群的石器分类体系与旧石器考古学者所作的分类进行了对比。对于讨论旧石器类型学的主观与客观性具有一定的启发意义。

但是，同一种器形使用的方式以及加工的对象可能是十分多样的。民族学的类比仅能提供一些可能性假说。例如，旧石器时代早期的砍砸器与刮削器的主要功能多认为与动物资源的处理密切相关，但是海登（Hayden）通过民族学观察发现大量的砍砸器与刮削器主要被用来加工标枪、掘棍等木质工具，从而认为旧石器时代早期的很多石质工具主要服务于木器的加工[2]。为解决上述争议、更进一步确认旧石器的功能与加工对象，研究人员还需要从器物本身提取更为直接的证据，于是发展出了石器微痕和残留物的分析。

---

[1] Gould R A. The Archaeologist as Ethnographer: A Case from the Western Desert of Australia. World Archaeology, 1971, 3(2): 143-177.

[2] Hayden B. Insights into Early Lithic Technologies from Ethnography. Philosophical Transactions of the Royal Society B: Biological Sciences, 2015, 370(1682), 20140356.

## (二) 微痕分析

石器微痕分析是指通过显微镜观察，对保留在石制品刃部或表面的细微痕迹进行观察分析，从而确定这些器物的使用方式以及用途的一种研究方法。微痕研究的理论依据是，石器经过一定程度的使用，其使用部位与抓握或捆绑部位都会产生一定的物理变化，留下破碎、磨损、光泽等在显微镜下可见的细微痕迹。不同的运动方式和所加工对象质地有别，出现的微痕也不相同，可以通过使用实验了解不同使用痕迹产生的原因，将观察与实验结果进行对比，推测石器的功能。

对于石器微痕较为系统的研究始于20世纪50年代。当时的苏联考古学家西蒙诺夫1957年出版了《史前技术》，书中详细介绍了他通过显微镜（20～30倍）观察对比金属工具表面使用所致的痕迹与石器表面类似痕迹从而判断石器工具用途的研究。《史前技术》在1964年被翻译成英文之后，迅速在西方学界掀起了石器功能学研究的热潮。在20世纪70年代，奥德尔和坎明加以低于100倍的体式显微镜为工具观察石器的疤痕与磨损情况，这种技术后来被称为低倍分析法。同时期的基利（Keeley）则借助可放大100～500倍以上的金相显微镜观察石器使用后表面因磨损而产生的光泽，来判定石器曾被用来加工哪些材料，这就是后来的高倍分析法。

中国考古学界较为系统地开展石器微痕分析始于20世纪80年代，学者对包括周口店遗址第1地点、贵州马鞍山遗址、泥河湾小长梁遗址、沂源上崖洞等遗址的石制品进行了微痕分析，并开展了一些实验考古的微痕分析与盲测检验[1]。进入新世纪，在国家"知识创新工程"的推动下，2004年举办的"首届石器微痕培训研讨班"通过全面的理论与系统的方法介绍与演练，为我国石器微痕分析专业人员的培养做出了重要贡献。作为该培训班的成果结集，《石器微痕分析的考古学研究》一书的问世标志着微痕分析在我国旧石器研究领域中作为一个系统分支的完善成型。近年来，国内旧石器微痕分析的研究成果日益增多，呈现出较好的发展势头。

### 1. 低倍法与高倍法的适用性

低倍法所使用的体式显微镜价格相对较低，观察流程便于操控、易于掌握。能够在较短的时间内快速发现使用导致的崩损痕迹从而确定使用痕迹的位置，并通过擦线痕迹的走向来判断工具的运动方向。低倍法虽然能够对加工材料的质地进行大致的硬度推测，但是低倍法在鉴定具体加工对象方面存在较大的不确定性[2]。

高倍法采用的入射光源式金相显微镜和扫描电镜价格高昂，对于石器表面的清洁度要求极高，清洁程序繁琐费时。但该方法对于观察石器表面使用过程中微磨损或磨

---

[1] 沈辰、陈淳：《微痕研究（低倍法）的探索与实践——兼谈小长梁遗址石制品的微痕观察》，《考古》2001年第7期，第62～73页。

[2] 沈辰、陈淳：《微痕研究（低倍法）的探索与实践——兼谈小长梁遗址石制品的微痕观察》，《考古》2001年第7期，第62～73页。

圆形成的光泽或光面十分有效。不同的质地加工材料在与工具反复接触的过程中，会在石器表面留下不同的光泽特点，由此可以推测石器遗物曾加工过的材料类型。

两种研究方法各有所长，在实际研究过程中应当根据具体的科学问题，设计研究方案。例如，对于石制品人工属性和加工部位的判断研究，可以通过低倍法以较高的效率对遗址出土的大批量石制品进行观测。但若关注遗址某类器物主要用于加工哪些材料，就需要借助高倍法开展具体的实验与对比分析。总体而言，两种研究手段可以起到良好的互补作用。

**2. 实验考古与盲测**

微痕分析采用的是一种将今论古、由已知推未知的科学思路。就其技术手段而言，是一种实验和显微观察相结合的研究方法。实验考古，是通过可控条件下的模拟实验复原古人行为及所产生的物质遗存的一种考古学研究方法[①]。在确定了遗址石器微痕分析的目的之后，首先会选用与研究的考古材料相同岩性的石料加工出形制相似的石制品，然后使用这些复制品来进行加工实验。实验的内容要尽可能涵盖各种可能的器物使用方式和不同种类的被加工材料等。通过对这些实验品微痕的观察记录，就为遗址石器微痕的解读建立了一个可供比对的数据库。

在进行古今对比之前，还有必要对实验考古所建立的比照标尺的标准化与可重复性进行检验。这一检验的过程被称为盲测。开展盲测的途径有两种：一种是多人重复实验，观察形成的痕迹是否一致；另外一种途径是将已知使用方式和加工对象的器物交由不知情者进行微痕分析，分析判断的依据是之前实验考古得出的标准。最后将研究结果与实际结果相比较，来检验标准的成功率。盲测有助于发现实验设计的不足，改进实验设计，提高微痕对比的标准化程度。

**（三）残留物分析**

石器残留物分析是对残存在石制品表面上动植物有机物质进行提取与分析的技术手段。分布在器物使用部位如尖端或边刃的残留物，在排除了后期污染之后，能够直接指示器物的加工对象。而一些用于装柄或镶嵌使用的器物，有时会在装柄的底部或者镶嵌的一侧保留有黏合剂或捆绑物的残余物。对这类残留物的分析，不仅能够揭示旧石器时代复合工具的制作方法，还能够增进我们对于古人类调制黏合剂和捆绑物选材等方面的认知。

**1. 遗址与样品选择**

由于埋藏时间久远，并非所有使用过的旧石器时代石制品都能够保有残留物。为了避免科研人力与物力资源不必要的浪费，在开展研究之前了解石制品的埋藏情况非

---

[①] 周振宇：《中国石器实验考古研究概述》，《考古》2020年第6期，第77～87页。

常必要。一般来说，大型的有机质和有机质微体的腐朽过程是一致的，一个遗址如果保存了较多的有机质大遗存，往往暗示着从石器上提取到有机残留物的概率更高。有机质材料的残存主要取决于周围材料的基质、埋藏速率以及形成过程中的气候环境。有机质材料通常能够在微生物无法生存的环境中保存下来，如饱水遗址的厌氧环境、极端干燥的环境，还有极端寒冷甚至是冰冻的环境。由于旧石器时代发现的石制品大多是自然掩埋的一种状态，石制品会直接接触周边埋藏物质，因此石制品埋藏的土壤或基质的化学性质对于石器残留物分析同样影响显著。例如，我国南方的酸性土壤会腐蚀有机质，旧石器时代旷野遗址大多只见石制品不见动物化石等有机质遗存，以目前的技术，这些旷野遗址很难有效开展石器残留物分析。石制品在使用之后的快速埋藏，能够减缓有机质在氧气和紫外线环境下的快速分解。如果获得的石制品因为后期人为或自然营力作用已经暴露在空气中相当长时间，有机质残留物的保存概率不仅大大降低，受到的后期污染也愈发严重。

**2. 植物残留物**

石器上的植物残留物主要是微体植物化石，包括植硅体和淀粉粒两种。植硅体是高等植物通过根系从地下水中吸取可溶性二氧化硅之后经维管束传导，以硅酸钙形式沉淀于植物细胞内腔或细胞之间，并形成一层坚硬的外壳。不同的植物往往会形成形态特征独特的植硅体，植硅体因为物理和化学性质稳定，在大植物腐朽之后，植硅体可以长期保留用来指示植物种属来源。淀粉是一种由葡萄糖小分子聚合形成的长链化合物，在植物的种子、根茎等诸多器官的薄壁细胞质中以淀粉粒的形态加以储存。不同植物的淀粉粒在形状、脐点位置和消光十字状态上均有差异。除了微体化石，植物的纤维组织有时候也能残留在石制品表面。例如研究人员对坦桑尼亚的潘宁（Peninj）遗址出土的早更新世晚期手斧进行了残留物分析，不仅从使用部位提取发现了金合欢植物属的植硅体，还从非功能部位发现了矿化的不明植物纤维。说明该手斧曾被用于加工木器，而非功能区的植物纤维可能是装柄或者其他辅助功能所形成的残留物[1]。另外，在石制品装柄或镶嵌的过程中使用的含有植物成分的黏合剂也是常见的植物残留物，一些黏合剂残留物仅凭肉眼就能发现，但具体的成分需要利用红外光谱、色谱－质谱联用技术等进行鉴定。植物性的天然黏合剂主要是树脂，树脂是植物分泌物的总称，包括蜡油、树胶和乳胶等。

**3. 动物残留物**

石器的动物性残留物质种类丰富，包括动物或人的血液、毛发、脂肪、肌肉组织，

---

[1] Dominguez-Rodrigo M, Serrallonga J, Juan-Tresserras J, et al. Woodworking Activities by Early Humans: A Plant Residue Analysis on Acheulian Stone Tools from Peninj (Tanzania). Journal of Human Evolution, 2001, 40(4): 289-299.

甚至是微小的骨骼碎屑等。早期的研究侧重于对于各类残留物的细胞形态或有机分子结构的观察与种属判定。蛋白质是血液、肌肉、皮毛的主要成分，免疫学分析方法以抗原抗体的特异性反应为基本原理可用于检测特定蛋白的存在，例如血液中的血红蛋白、丝绸的丝蛋白、皮骨的胶原蛋白。而对于动物脂肪来源大类的判断，则可以使用气相色谱–质谱联用技术或脂肪酸单体碳同位素等方法进行脂质分析。随着古DNA和古蛋白的技术发展，进一步提升了动物残留物种属鉴定的精准度。近年来，高分辨率高通量质谱技术的发展使得探索古蛋白质组成为可能。而蛋白质组学分析通过鉴定蛋白质的氨基酸序列可以判断蛋白质的来源组织和所属（生物）种属，这一点是其他分析方法难以比拟的[1]。这就使得动物残留物的分析可以进一步确认石器加工了某种动物的某个器官或组织部位。复合工具的黏合剂也会添加一些动物性的材料在其中，如动物的内脏或血液，以及蜂蜡、大漆等。蜂蜡和大漆可以通过红外光谱或气质联用方法加以鉴别。

**4. 矿物残留物**

旧石器时代常见的矿物残留物是赭石，作为一种红色的氧化铁，赭石是旧石器时代晚期常见的颜料。用于研磨赭石的磨盘、磨棒的表面经常能够发现此类红色残余物。此外，考古学和民族学资料表明，赭石粉常被混入复合工具的黏合剂中。对于该行为的解释，有的学者认为象征意义大于功能意义；而有的学者经过实验之后认为赭石粉末是一种优良的掺合料，能够加速黏合剂的干燥并提升黏合剂的韧性[2]。

**5. 如何避免污染**

石器残留物分析的一项重要内容就是要排除污染，污染源主要来自于遗址形成过程、发掘过程中以及后期室内整理过程中的污染。这就要求我们要在发掘开始之前就对残留物分析进行规划。在发掘过程中，将要分析的样本需要特别仔细地提取和保存，对石制品周围的土壤样品也要进行系统采样。遗物周边埋藏基质的采样可以提供一个背景样本，如果石器提取的残留物，在基质中同样大量存在，那可能就是被周围污染了。如果残留物集中发现在使用部位而非遍布器身，并且在周围基质中也没有同类残留物，则残留物的形成与石器的使用或加工有密切的关系。

总之，在石器功能研究的过程中，上述三种方法一直是相互紧密结合的。民族学为我们提供了一些可能的研究方向，在此基础上可以进行相关的实验考古与微痕分析，之后再对痕迹部位重点进行残留物的提取与分析，形成三重证据相互印证补充的结果。例如，要想分析石器是否曾用于收割谷类植物，可以先通过微痕分析其表面的光泽，

---

[1] 杨益民：《中国有机残留物分析的研究进展及展望》，《人类学学报》2021年第40卷第3期，第535~545页。
[2] Wadley L. Putting Ochre to the test: Replication Studies of Adhesives that May Have Been Used for Hafting Tools in the Middle Stone Age. Journal of Human Evolution, 2005, 49(5): 587-601.

进而对使用区域进行植物残留物的分析。而要想确认一件尖状器是否从前曾被用作箭头，可以先观察尖部是否有撞击造成的破损，了解了该箭头可能被使用过之后，可以从尖端尝试提取动物残留物加以印证。

## 第四节　石制品研究理论

通过旧石器考古的田野工作以及室内观测整理，我们成功地获取了研究材料及其观测数据，但是如何科学阐释这些数据，把定性的或定量的数据还原为旧石器时代的人类行为和文化，是旧石器研究的重点与难点。纵观考古学理论的发展史，理论的重要意义就在于构建起一个透物见人的桥梁。旧石器考古研究阐释的核心议题就是：我们该如何去理解不同时空尺度下遗址内部和遗址之间呈现的异同。这些异同究竟是文化或人群的异同所致，还是面对相同或不同的环境所产生的适应的结果，或者是两种因素相互作用的产物？要对这一议题做出阐释，就会涉及不同的理论范式。

### 一、文化历史考古学

文化历史考古学曾是世界范围内考古学的主流研究范式。其核心方法就是类型学，通过器物分类与类型学的对比研究，建立不同的器物组合类型（即考古学文化），再将考古学文化类型与特定人群挂钩，认为是其群体独特性的物质表现。对于考古学文化的差异性，文化历史考古学的核心理念是传播迁徙论。即如果在另外一个区域发现了晚于该类型的同类器物，那么该类器物在更晚地区的出现可能就是文化传播或人群迁徙至此的结果。这种研究范式常见于新石器时代以陶器类型学为代表的考古学区系类型研究。

有学者曾指出，旧石器时代石制品组合变异的时空尺度都太粗糙，缺少像陶器那样具有足够变异性的材料以支撑构建如新石器那样明确的考古学文化单位。但是对于一些较为特殊的器物组合，采用文化历史理论来研究石器技术传播所代表的人群迁徙，并不少见。例如莫斯特技术，或者更早的阿舍利工业向东亚传播所代表的古人类跨欧亚大陆的迁徙路线等相关研究。但是以手斧的研究为例，由于技术传播路线上仍存在较多缺环，而且东西方手斧的形态变异较大，也有不少学者对这种长距离的超级传播论提出质疑，认为独立趋同演化的阐释可能更加合理。

### 二、过程主义考古学

始于20世纪60年代的过程主义考古学（新考古学）对文化历史考古学发起了冲击。文化历史考古学研究大多是在关注族群之间的关联性导致的考古材料的变异性，忽视了从人群所处的环境出发去研究这些变异性可能具有的功能适应性。过程主义考古学的研究兴趣也从关注完全一致的因素，转向了对于人类行为相似因素的研究。这些因素尽管在具体物质表现形式上并非完全一致，但却反映了人类在面对类似环境时做出的相似选择，这更加符合过程主义考古学对于研究人类行为通则的兴趣。

在新考古学发轫的过程中，上文提及的一些研究方法如民族考古学、实验考古等，为考古学家从功能与适应的角度，阐释石器技术、石器组合成因以及旧石器遗址形成过程等提供了重要的参考。考古学家逐渐意识到塑造一个遗址石制品的因素是多样的，技术与文化的传承交流是底色，而过去不曾注意到的细节变化则更多呈现出遗址古人类对于当时环境的一种适应。于是旧石器考古遗存的变异特征得到了细化，一些变异特征是文化历史范式下风格的产物，而另外一些则属于过程范式下功能性特征。风格的变化不受功能的影响，主要受文化传播或人群迁徙过程中继承、同化与变异等机制影响。而功能性变异特征是遗址人群与周边环境互动过程中的产物。因此对于后者的研究更多的是一种生态的、进化的视角。但是，这两种不同的变量有时却难以界定，宾福德和博尔德的辩论就是一个典型的例子。博尔德在观察法国旧石器时代中期的石器时，分辨出四类器物组合存在明显差别的不同的莫斯特文化类型，并认为它们代表了四个相对独立的族群。新考古学派的创始人宾福德则认为，这些类型并不反映不同的文化和族群，而更可能是同一族群在不同的季节、不同的场所（遗址功能分异，例如居住地、屠宰场、狩猎地、制作场）、不同的资源条件下使用不同的工具组合而造成的结果。

自从宾福德提出"技术作为策略"的理念之后，石器技术或类型的研究不再仅仅是文化历史考古学范式下用来判定人群亲疏远近的工具，石器的生产与使用开始从功能学角度，被视为是对外在的限制性条件进行适应的一种系统化策略。学者们开始从遗址当时所处的环境和资源背景，通过以民族学和行为生态学等为基础构建的中层理论，去理解古人类如何制造和使用石器，并最终形成考古学所见的遗物。这其中以石制品技术组织的研究成果最为丰硕，形成了一套较为行之有效的理论体系与研究方法。

## 三、石器技术组织

石器技术组织阐释的核心指导思想是人类行为生态学（Human Behavior Ecology，以下简称HBE）。HBE假设人类行为的一切目的均以"利益最大化"为原则。该理论模型的基本要素包括："目标"，即行为人要实现的最大化利益，在具体研究中可以是最大化某种资源，或者是最小化某种消耗，如时间、精力等；"度量衡"，即将目标物质化的衡量指标，一般常用到能量单位卡路里，或者是时间等；"限制因素"，即对行为人自身及其所处的生态环境进行评估，限制条件既可包括自身生理条件的限制，如可搬运的资源重量与每日的移动距离，也可以包括一系列自然生态的限制，如区域内环境的承载量等；在此基础上，最后一个要素便是行为人应当采取的最优"抉择"。

因此，基于行为生态学的石器技术组织理论，研究的重点不是器物风格或技术传统等业已存在于人脑中的基础概念模板，而更加注重研究石器生产者的主观"抉择"，即生产者在意识到他有多种选择的前提下，所做出的选择及动因。例如，石核剥片技术可能受制于技术能力和文化传统，但是同一种技术体系下剥片程度的高低则是具有主观能动性的。石器技术组织就是要通过分析人类一系列动态行为抉择的静态残留——石制品，来反推人类的行为，并从一种适应性策略的视角去解释这些行为背后的驱动机制。

流动性是旧石器时代狩猎采集群体适应环境的核心策略。不同于定居的农业群体，以狩猎采集为生的人群依靠攫取自然界天然生长的动植物资源为生。受制于资源分布以及觅食技术手段的限制，很少有一处地区的天然资源能够支撑人类常年的定居生活。人类为了生存，往往需要在一个年份内的不同时节进行迁移以采办不同地点的生存资源。宾福德根据大量民族学材料的观察，将流动性区分为营地流动（residential mobility）和后勤流动（logistical mobility）两种类别。前者是全体人员从一处营地移动到另外一处营地，而后者则是以相对稳定的主营地为中心派出小分队外出采办食物和资源。在这两种策略情境下人群流动性就会呈现出高低之差。例如，营地移动策略下的营地流动性高于后勤移动的主营地流动性，而后勤移动中后勤小队的人群流动性可能会非常高。

流动速率的高低对于石制品的影响是显而易见的，高流动性对于器物的便携性、灵活性和可维护性就提出了更高的要求，而低流动性情况下没有上述压力，更容易呈现出一种"权宜性"的色彩。如果说宾福德的模型更注重食物资源获取方式的话，库恩的技术装备理论就将石制品的技术组织与流动性的高低进行了匹配，人群在高流动状态下石制品呈现出装备个人（individual provisioning）的特征，而在低流动状态下更多呈现出装备地点（place provisioning）的特征。高流动性的人群面对更为不确定的环境，对于器物的便携性、灵活性和可维护性就提出了更高的要求。在装备个人策略下，石制品组合也多是易于加工或维护的原料、毛坯或器物。例如，在一些后勤移动人群遗留的狩猎点形成的石制品大多是石器工具或者临时维护石器过程中形成的碎屑等。而在低频移动的营地遗址中，由于相对稳定，石制品组合就呈现出"装备地点"的特点，即存在更多的备料和初级加工产品，同时由于人类活动相对密集，无论是器物种类还是遗物的数量都要更加丰富。

在上述中层理论的指引之下，学者们以操作链的视角，从石制品中提取古人类采备石料、加工、使用、维护、废弃石制品的信息，产生了遗址内部和遗址间的变异性指标。通过这些指标的变化来推测古人类的流动策略和营地利用策略，继而结合当时的环境与资源背景重建，来进行适应性策略的阐释。总之，文化历史考古学与过程主义考古学范式下的旧石器考古所能解决的问题以及关注的重点有所不同。当前，中国旧石器的类型学研究还远没有过时，旧石器材料定型和定量化的整理描述、旧石器高分辨率的时空框架都还有较长的路要走。但中国旧石器考古在萌生之初就具有"四条腿走路"的特色，天然地具有自然科学与人类学的倾向性。这也使得我们可以两步并作一步，在完善类型学研究，研究文化传播交流的同时，把过程主义的研究引向深入。

## 思 考 题

1. 制作石器的石料主要有哪些？
2. 旧石器时代主要有哪些制作石器的方法？

## 延 伸 阅 读

乔治·奥德尔著，关莹、陈虹译：《破译史前人类的技术与行为：石制品分析》，生活·读书·新知三联书店，2015年。

# 第六章 国外旧石器文化

远古先民制作的石器并不仅在当代被考古学家发现，其实早在有文字记载的古代就有诸多关于旧石器的记载。然而在古代，对于这些打制和磨制精美的明显非自然力可形成的石制品，人们多用雷电等自然的造化或鬼神等超自然力量来解释。在17、18世纪的欧洲，与已经灭绝动物共出的石器陆续被发现，这些发现开始促使人们思考人类历史的深度以及这些石制品的人工属性。然而囿于宗教神学"创世论"等世界观的限制，人们很难相信这些遗物有着超万年的历史。进入19世纪，丹麦学者汤姆森（Christian Jurgensen Thomse）在1836年提出了"三期说"，认为人类的物质文明始于一个石器时代。1859年英国古生物学家达尔文（Charles Robert Darwin）的《物种起源》出版，无疑为史前考古学的发展进行了一场思想解放。1865年英国学者卢伯克（Johan Lubbock）进一步将石器时代分为新石器时代和旧石器时代。从此，人类的旧石器文化进入了正式的构建阶段。

## 第一节 非洲的旧石器文化

非洲不仅是人类化石发现的圣地，旧石器时代的文化遗存同样丰厚。非洲旧石器文化的开始不晚于距今330万年，这片大陆不仅保留有世界上最早的人工石制品，也保留了从旧石器时代肇始直至新石器时代的完整文化序列。各个阶段的器物组合类型多样，遗址数量丰富，对于研究人类形态与体质演化，技术与行为的适应发展，史前人群社会的复杂化等都具有不可替代的重要地位。非洲的旧石器时代可大致划分为早期、中期、晚期石器时代（Early, Middle, Later Stone Age）。本节将对这三大时间段内的旧石器考古发现、石器技术和人类行为等分别进行综合介绍。

### 一、早期石器时代（ESA）

非洲的早期石器时代从距今330万年（或更早）持续至距今30万～20万年，经历了从奥杜威文化到阿舍利文化面貌的转变。

（一）最早的旧石器与早期奥杜威文化

目前非洲也是世界上最早的石制品发现于肯尼亚图尔卡纳湖西侧的洛迈奎

（Lomekwi）遗址。该遗址出土了 18 件石制品和 11 件化石，这批遗物的埋藏年龄在距今约 330 万年。这几件石制品个体显著大于奥杜威文化的石制品，打制虽然十分简单但强于现代黑猩猩打制的石制品。因此虽然相较于奥杜威石制品更加原始，但是其人工属性基本得到认可。人类使用石器更早的间接证据来自埃塞俄比亚阿法尔州的迪基卡（Dikika）遗址，该遗址发现的两件动物长骨碎片上发现有类似于石器切割砍砸的痕迹。这两件化石虽采自地表，但是报告人认为其脱离的地层年代为距今约 340 万年。关于骨骼痕迹的人工属性也存在较大争议，一些学者认为动物的踩踏或者抓挠可能也会留下类似的痕迹。

非洲的早期奥杜威文化一般以戈纳（Gona）地区发现的石制品作为开端。该地区位于埃塞俄比亚北部的阿法尔州，属于东非大裂谷的西部延伸地带。戈纳古人类研究计划由多个旧石器和化石地点构成，20 世纪 80 年代考古学家在位于卡达戈纳（Kada Gona）河东岸的东戈纳第 10 地点（EG-10）和 12 地点发掘出土了数量丰富的属于奥杜威文化的石制品。钾氩法和古地磁测年结果表明这批石制品的埋藏年代在距今 260 万～252 万年。之后考古学家又在昂达戈纳（Onda Gona）河南岸发现了南昂达戈纳 6 号地点（OGS-6）和 7 号地点（OGS-7），年代同样是距今约 260 万年。这两处地点还包含与石器共出的动物化石，个别动物化石表面还有切割砍砸的痕迹，说明这些石器很有可能曾被用于肢解动物来获取肉食资源。

该区域的石制品原料主要为火山岩类，以粗面岩为主。石制品类型包括石核、石片、砍砸器、盘状器等。戈纳地区发现的早期石制品组合与稍晚的奥杜威文化遗址相比，虽然在石核和刮削器类型上数量较少，但是整体上仍属于奥杜威石器类型的范畴。除了掌握了石器的贝壳状破裂机制，这一时期的打制者还具备了一定的原料筛选能力。古人类整体上倾向于选择晶体不发育，较为均质的火山岩类来进行打制加工[①]。

戈纳遗址发现以后，一直被认为是年代最早、最无争议的奥杜威文化最早代表。但是近年来的发现逐渐将奥杜威文化的起源进一步向前推进。2019 年，学者报道了位于戈纳地区西侧约 35 千米处发现的波克尔朵拉 1 号地点（Bokol Dora 1）。该遗址年代在距今 261 万～258 万年之间，出土了以流纹岩为主的奥杜威石核和石片等。2023 年，学者报道了位于肯尼亚西部霍马半岛尼亚扬加（Nyayanga）遗址发现的石制品、动物化石以及人科牙齿化石。该遗址的埋藏年代在距今约 300 万～258 万年之间。发掘出土了 135 件石制品、1700 余件动物化石，以及两颗与地层内文化遗物共存的"傍人"的臼齿。石制品的原料包括流纹岩、石英和石英岩等，石制品类型以石核和石片为主，石核数量较为丰富。遗址石制品组合与奥杜威文化器物类型较为接近，将奥杜威石器类型的出现时间大大提前，并扩展了早期奥杜威文化的分布空间。该遗址还在个别河

---

① Stout D, Quade J, Semaw S, et al. Raw Material Selectivity of the Earliest Stone Toolmakers at Gona, Afar, Ethiopia. Journal of Human Evolution, 2005, 48(4): 365-380.

马的化石碎片上发现了石器切割的痕迹，结合石器微痕分析结果，研究人员认为该遗址的石器曾被用于切割屠宰，还有一些则可能用来敲砸或捣碎动植物资源。

总之，过去曾经认为石器的出现与人属成员的出现有着密切联系，能人曾被当作最早的石器制造者。然而近年来的考古发现，让人们逐渐意识到打制石器可能并不是人属成员独有的技能。更早的人科成员如傍人和南方古猿等可能已经开始制造和使用石器。而结合对现生灵长类动物的研究，有理由认为在人科成员掌握石器制作技术之前，就可能已经开始以有机物为材料加工制作一些简易工具了。

## （二）奥杜威文化

### 1. 发现与类型学研究

250万~170万年是奥杜威文化的繁荣期，从北非到南非都有该文化遗址的发现。北非的埃及和阿尔及利亚有零星的报道。东非是奥杜威文化的核心区，埃塞俄比亚西南部的奥摩（Omo）河谷，肯尼亚图尔卡纳湖东西两侧以及坦桑尼亚奥杜威峡谷发现了一定数量的奥杜威文化遗址。非洲南部的斯泰克方丹（Sterkfontein）和斯瓦特科兰斯（Swartkrans）两处石灰岩洞穴遗址也发现了奥杜威石制品。

奥杜威文化石制品的主要特点是以砾石、岩块等为原料进行简单打制，形成以石核、石片为主体的一套石制品组合。"奥杜威"一词来源于奥杜威峡谷的发现，在这一区域开展旧石器与古人类工作的先驱是利基夫妇。玛丽·利基根据本区的旧石器发现提出了一套完整的奥杜威石器分类体系。她首先将石制品分为使用材料（Utilized materials）、废片（Debitage）、搬入石料（Manuports）和工具（Tools）四大类。使用材料包括石砧、石锤、使用砾石和使用石片等，使用砾石或石片的判定标准是没有特定的人工修型，但是在器物的边缘有一些使用造成的擦碰痕迹。废片则包括未经加工或使用的石片以及碎屑。工具按照尺寸大小分为重型工具（最大尺寸在5厘米及以上）和轻型工具（最大尺寸在5厘米以下）。重型工具的类型包括砍砸器（Choppers）、盘状器（Discoids）、多面体石核（Polyhedrons）、重型刮削器（Heavy-duty scrapers）、准石球（Subspheroids）/石球（Spheroids）和原始两面器（Proto-bifaces）。轻型工具多以石片为毛坯，类型包括刮削器（Scrapers）、石锥（Awls）、边缘修理石片（Laterally trimmed flakes）、雕刻器（Burins）以及砸击法产生的产品（Outils écaillés）（图6-1）。

该体系是研究旧石器时代早期石制品组合常用的经典分类体系，但是学者对个别器物的分类会有所调整。例如重型工具中的一些器物可能属于不同类型的石核，有学者因此划分出了砍砸器石核、盘状石核、单台面石核以及多面体石核等。尽管有些器物难以区分其表面的疤痕究竟是为了石器修理还是作为石核剥片，但是一些学者认为还是需要以使用痕迹的存在与否作为区分的标准。格林·艾萨克在对图尔卡纳湖东岸的库比佛拉（Koobi Fora）遗址研究过程中，将石制品分成打制修理类、废片类和打击

石锤　　　单面砍砸器　　　双面砍砸器

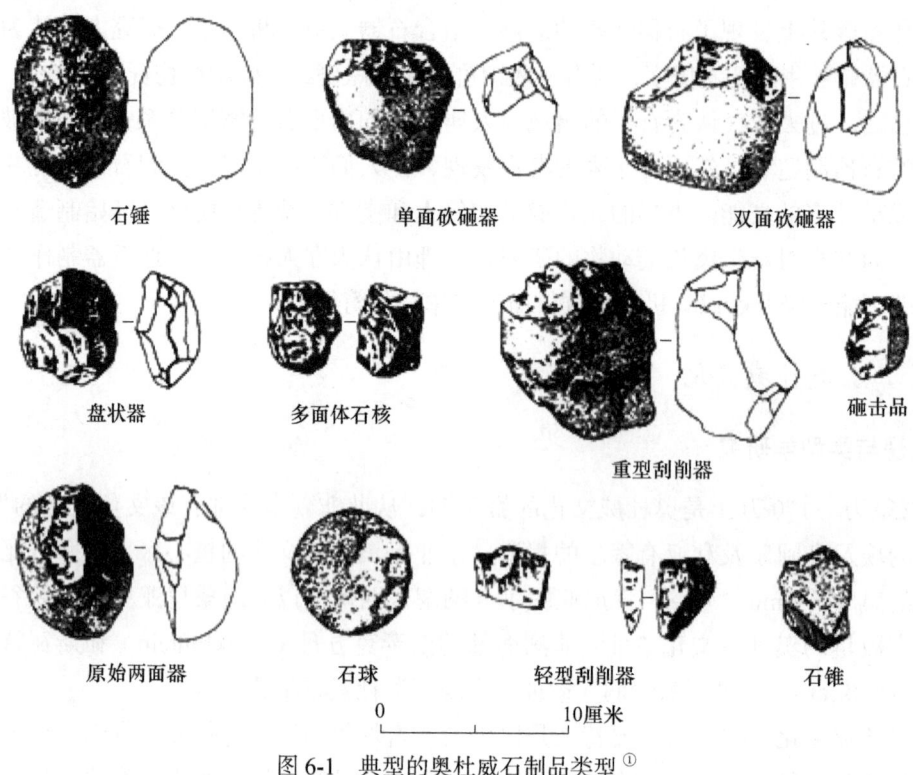

盘状器　　多面体石核　　　　　　　　　　砸击品
　　　　　　　　　重型刮削器

原始两面器　　石球　　轻型刮削器　　石锥
　　　　　　0　　　　10厘米

图 6-1　典型的奥杜威石制品类型[①]

类器物。尼库拉斯·图斯在艾萨克的影响下，对库比佛拉石制品的分类由注重最终形态的划分，转向了一种动态的类型学视角。他不仅认识到石制品原料毛坯的大小和几何形态影响到石核形态类型，还注意到石制品的一些技术特征同样能够用来作为分类的标准。例如，他所创设的完整石片六分法，就是完全依靠石片台面和背面的石皮覆盖率来进行划分的，而并非以石片的大小宽厚或轮廓形状而进行分类。这种动态分类方法对于复原石核剥片流程、评估石核剥片程度具有较好的指示作用[②]。

**2. 奥杜威石器技术特征**

使用工具并不是人类所独有的技能，在灵长类中也不乏使用石制品的案例。但从洛迈奎遗址开始，古人类生产的石制品就体现出通过有控制的硬锤锤击，有目的地使石料形成贝壳状破裂，从而形成可利用的锋利边沿的技术思路，这是其他制造或使用石制品的灵长类所不具备的。

奥杜威文化，作为人类石器技术史上第一个广泛出现的类型，也被称作旧石器时

---

[①] 修改自 Toth N, Schick K. 21 Overview of Paleolithic Archeology//Henke W, Tattersall I. Handbook of Paleoanthropology. Berlin: Springer, 2007.
[②] 有关奥杜威石制品分类的具体介绍可参考裴树文：《奥杜威工业石制品分类综述》，《人类学学报》2014 年第 33 卷第 3 期，第 329～342 页。

代的模式1（Mode 1）技术。其石制品原料多来自于遗址附近的各类火山岩、石英岩和石英岩块。尽管还没有出现长距离的原料运输等现象，但是古人类已经呈现出对于周边原料地点以及原料类型的选择性与倾向性。而且对于优质原料的辨识能力在戈纳地区 250 多万年的奥杜威早期遗址中便有所展现。南非距今约 200 万年的斯泰克方丹遗址的石制品原料以脉石英为主，但是遗址周边的砾石层数量最丰富的石料是石英岩。该遗址的古人类可能更倾向于利用脉石英原料的易破碎的特征来获取边缘锋利的小石片，并以此为毛坯制作一些轻型刮削器[①]。

随着打制活动的不断开展，奥杜威古人类对于石核台面以及台面角等对于剥片成功率的影响，可能都具备了一定的认识。例如，通过对肯尼亚西图尔卡纳湖的洛卡拉雷 2c（Lokalalei 2c）遗址距今 234 万年的奥杜威石制品进行操作链分析，研究人员认为古人类已经在有意识地挑选一些边缘角度（剥片时用作台面角）合适的断块或砾石作为石核，并且选择一些大而平整的面作为剥片面进行开发利用[②]。对于奥杜威石核的剥片分析也表明，整体上奥杜威文化对于石核的开发能力不断增强，具体表现在同一台面和同一剥片面上剥片数量增加，或是通过旋转石核块体开发利用新的台面或剥片面的频率增加。

### 3. 奥杜威石器与人类行为研究

奥杜威石器的用途虽然比较广泛，但是敲骨吸髓、肢解剔肉无疑是其中重要的使用方式。而食用肉类和脂肪很有可能是人类大脑演化发育的关键营养来源。有学者认为能人脑量的显著扩增就可能与石器的使用存在一定的相关性。奥杜威的石制品组合并没有出现典型的狩猎工具，学术界也不再把早期使用工具的人科或人属成员等同于民族志中专业的猎人。奥杜威文化的人群可能更多扮演着类似于食腐者（scavenger）的角色，从自然界收集已经被其他动物杀死的猎物残余。目前更主要的问题是人类接近这些动物尸体的时间早晚。如果在动物死后，人类很早就能介入并获取其肉食资源，说明人类采用的是较为积极主动的策略，并具备了一定的驱散恐吓其食肉竞争动物的能力。如果介入的时间较晚，说明古人类仍处于自然界较为边缘的生态位。

要回答上述问题，就需要对遗址出土的石制品与动物化石进行综合研究。首先要了解遗址的形成过程，明确石制品与动物化石的富集共出究竟是人类行为所致，还是后期自然营力改造形成。在明确了遗址的原生属性之后，可通过观察动物骨骼部位的富集程度，以及动物骨骼上的石器切割或砍砸痕迹来判断人类对于动物资源的开发与利用。如果遗址内的动物化石多属于一些肉量丰富的部位，且上面有人工切割的痕迹，

---

① Kuman K, Field A S. The Oldowan Industry from Sterkfontein Caves, South Africa//Schick K, Toth N. The Cutting Edge: New Approaches to the Archaeology of Human Origins. Gosport: Stone Age Institute Press, 2009: 151-170.
② Delagnes A, Roche H. Late Pliocene Hominid Knapping Skills: The Case of Lokalalei 2C, West Turkana, Kenya. Journal of Human Evolution, 2005, 48(5): 435-472.

则说明人类能够较早介入获得较为完整的动物尸体，能够选择一些营养价值更高的部位带回营地。

研究表明，一些奥杜威遗址石制品与动物化石的富集属于原生埋藏，表明该文化的古人类有时会采用"中心营地"的策略，这种空间利用策略在灵长类动物中尚未发现。但无论是奥杜威文化的旷野还是洞穴遗址，目前尚未发现有明确的人工遗迹现象。在库比佛拉遗址区的地层内发现有疑似燃烧物的沉积，在斯瓦特科兰斯还发现了与石器和动物化石共出的疑似烧骨，但是这些用火遗存的人为属性存在争议，不排除是自然野火所致。

### （三）阿舍利文化

**1. 发现与类型学研究**

从距今约 176 万年开始，阿舍利石制品组合开始在非洲出现。"阿舍利"一词来源于 19 世纪在法国北部亚眠地区圣欧谢尔发现的石制品。阿舍利文化的代表性器物组合是由手斧、手镐、薄刃斧组成的大型切割工具（图 6-2）。

目前最早的阿舍利遗址是位于肯尼亚图尔卡纳湖西侧的科基塞雷（Kokiselei）遗址。通过对地层沉积物年龄测定以及古地磁分析，遗址的年代在距今约 176 万年前。其他年代较早的发现还包括距今 170 万年的埃塞俄比亚的孔索（Konso）遗址、奥杜威峡谷发现的距今 160 万~140 万年的阿舍利遗存、图尔卡纳湖东侧发现的距今 150 万~140 万年的阿舍利遗存。南非的斯泰克方丹和斯瓦特科兰斯洞穴也出土了阿舍利石器，最早出现的时间在距今 160 万~150 万年。

我们有理由相信阿舍利文化脱胎自奥杜威文化，在很多早期的阿舍利遗存中也经常有奥杜威石核石片与阿舍利石器组合共出的现象。除了文化与技术的累积渐变之外，有学者认为阿舍利技术的出现与匠人的出现有着密切的关系。目前匠人化石最早的出现年代为距今 178 万年，略早于最早的阿舍利工具出现时间。古人类心智的发育，很可能极大地提升了其概念设计以及操作执行的思维与行为能力。尽管在阿舍利中后期手斧与手镐的区分较为容易，但早期阿舍利文化还有较多加工粗糙，形制不规整的手斧。一些手斧明显更侧重于加工汇聚型的尖部用于挖掘块茎类植物，

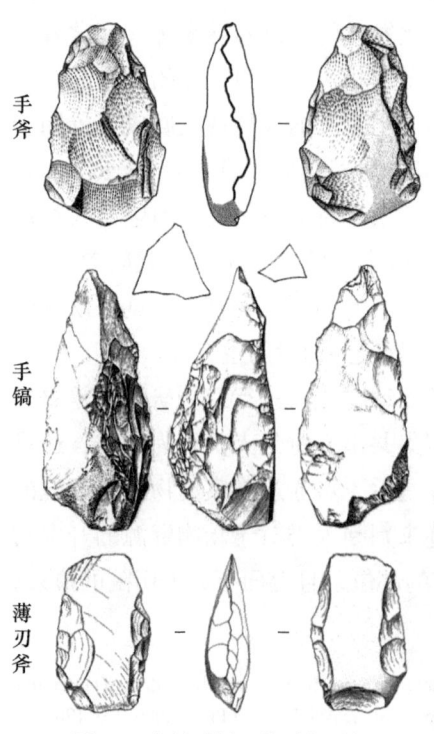

图 6-2 阿舍利大型切割工具

有的都不是典型的两面加工，这些手斧从形制与功能上可能更接近手镐，因此也被称为"似手镐状手斧"[①]。

大约距今100万～60万年，进入到阿舍利的中期发展阶段，手斧的加工制作越来越注重对两侧刃缘的修整，正面形状更加对称，侧面厚度变薄，整体上与手镐注重厚重尖端修整的理念有了明显区分。软锤加工的技术可能已经出现，但证据尚不充分[②]。距今60万到距今30万～20万年是阿舍利文化的繁盛期，除西非刚果热带雨林几乎未见报道以外，非洲多数地区都有阿舍利遗址的发现。这一时期的手斧已经十分精美，典型者两面遍布细密的修疤，没有石皮覆盖，两侧边平直且薄锐，并且普遍使用了软锤技术进行后期的精修。

在距今50万年左右开始在一些阿舍利遗址中出现了石叶生产技术。一些区域还出现了石制品小型化的趋势，非洲南部法乌史密斯（Fauresmith）文化出土的石制品包含小型的手斧和薄刃斧等，这些小型化的阿舍利工具与石叶、尖状器以及勒瓦娄哇石核等共出，被认为是旧石器早期向中期转变的过渡性遗存。而目前该文化最早出现在距今54万～46万年的卡图潘1号（Kathu Pan 1）遗址。

**2. 阿舍利石器技术特征**

阿舍利属于旧石器时代模式2技术，该技术以生产长度在10厘米以上的大石片，以及加工制作定型工具来满足特定的使用功能为两大技术特征。大石片是加工制作阿舍利大型切割工具以及重型刮削器等常用的毛坯。根据阿舍利石核剥片技术的复杂程度，大致可以分为三类。第一类石核开发较为简单权宜，选择形状合适的砾石直接剥片。这种砾石开片技术形成的石片角多为钝角，石片台面和背面都是砾石面。第二类会对石核进行有计划性和组织性的连续剥片，但是不会对石核进行预制。具体有两面剥片技术、板状石核剥片技术以及孔贝哇技术。第三类剥片技术则通过石核预制来对剥片的形状进行控制。非洲的典型代表是西维多利亚石核技术[③]。

上述三类技术呈现出石核开发复杂化与程序化的趋势，表明古人类的空间几何思维、统筹规划与执行能力不断增强。西维多利亚石核技术是目前世界上最早的石核预制技术，目前最早的发现来自南非的坎汀考皮（Canteen Kopje）遗址，年代在距今110万～80万年（图6-3；图版三，4）。该类石核的预制过程要求打制者以向心剥片的方式，打出上下两个不对称、功能上不可互换的面。预制面中间隆起较高，片疤较深；剥片面则隆起较低，片疤较为浅平。石核从正面看有汇聚的尖部，与手斧的形状平面形状相似。最终剥片时选择的打击方向相对固定，所剥取的优先型石片均为侧边

---

[①] Kuman K. Acheulean Industrial Complex//Smith C. Encyclopedia of Global Archaeology. New York: Springer, 2014.
[②] Sharon G, Goren-Inbar N. Soft Percussor Use at the Gesher Benot Ya'aqov Acheulian Site? Journal of the Israel Prehistoric Society, 1999, 28: 55-79.
[③] 有关阿舍利大石片生产方式介绍可参考雷蕾、李大伟、麻晓荣等：《阿舍利大石片的生产方式与策略》，《人类学学报》2020年第39卷第2期，第183～192页。

图 6-3　坎汀考皮遗址发现的西维多利亚石核典型标本[1]

打击石片，石片的长轴小于宽轴。这种石核预制技术与旧石器时代中期典型的勒瓦娄哇石核预制技术有一定的相似性，但也存在明显的差异性，二者应该并不具有直接的传承关系[2]。

　　阿舍利手斧的功能主要侧重于两侧边刃的使用，可以砍砸或切割动植物资源，相较于奥杜威的边刃工具，阿舍利切割工具的边刃长而规整，也够提供更长的有效刃缘，从而提升了资源处理的效率。由于阿舍利遗址的分布范围较大，阿舍利石器的原料也是十分多样的。包括火山岩、沉积岩和变质岩等。学者对东非奥杜威峡谷的阿舍利石制品的原料进行了分析，发现该地区的古人类更倾向于利用玄武岩这类质地虽然粗糙但是硬度较高的原料加工制作大型的切割工具如手斧、薄刃斧等[3]。这类原料虽然相较于遗址区域内一些质地更为细腻的原料更加难以开发和控制，但是打制产生的边刃具有较好的耐用性，能够在重型的切割砍砸活动中保证边刃的耐损耗度[4]。

---

[1] Li H, Kuman K, Lotter M G, et al. The Victoria West: Earliest Prepared Core Technology in the Acheulean at Canteen Kopje and Implications for the Cognitive Evolution of Early Hominids. Royal Society Open Science, 2017, 4(6), 170288.

[2] Li H, Kuman K, Lotter M G, et al. The Victoria West: Earliest Prepared Core Technology in the Acheulean at Canteen Kopje and Implications for the Cognitive Evolution of Early Hominids. Royal Society Open Science, 2017, 4(6), 170288.

[3] Sharon G. The Impact of Raw Material on Acheulian Large Flake Production. Journal of Archaeological Science, 2008, 35(5): 1329-1344.

[4] Key A, Proffitt T, de la Torre I. Raw Material Optimization and Stone Tool Engineering in the Early Stone Age of Olduvai Gorge (Tanzania). Journal of the Royal Society Interface, 2020, 17(162).

### 3. 阿舍利石器与人类行为研究

阿舍利文化流行时间所对应的人群主要包括匠人、直立人和海德堡人，到了晚期可能已经出现了古老型智人。阿舍利工具的规范化，石核剥片技术的复杂化，都与奥杜威文化虽务实但随机性较高的石制品特征具有显著差异。体现出古人类进步的空间几何的抽象思维，以及对于脑海中概念版型较好的操作执行能力。这些较为复杂的剥片和加工技术的延续与发展，也要求古人类具有一定的知识传播与学习技能。古人类对于手斧日趋对称的形制追求，反映了人类对于中轴对称美的偏爱在旧石器时代早期就已经显现。不仅如此，一些阿舍利手斧还以带有小型动植物化石的砾石为毛坯，将原料加工成一件化石居于中央的手斧，说明古人类已经开始将一些实用功能以外的象征意义赋予手工产品。

在一些阿舍利遗址中还发现了上百件手斧密集分布的现象，这些手斧有的个体很大，多数都没有明确的使用痕迹。一些学者从手斧的社会象征功能去解读，认为这些手斧可能是男性用于向女性炫耀其工具生产能力，从而获得求偶优势的行为产物[1]。但是更多的学者则从遗址形成过程的角度进行研究。例如在肯尼亚奥洛戈赛利叶（Olorgesailie）盆地手斧密度最高的DE/89遗址，过去曾认为石制品的密集可能是水流作用导致的二次搬运和分选所致，但是后来的研究表明遗址的埋藏环境水动力较弱，应该保留了较多原生信息。进而认为这些石制品的富集可能是古人类有意识地在河道旁边隆起的砂坝上储存石器所致。整体来看，阿舍利遗存分布范围的扩大，遗址类型的多样化，表明古人类的生存适应能力进一步提高，人口数量在奥杜威时期有了显著增加。古人类在其生活区域内的流动性策略开始呈现出计划性和预见性。

虽然在奥杜威石器就从南非的洞穴遗存中发现了石制品和人类化石，但是可能这些都是后期流水或动物带入的，并不能说明人类开始在洞穴栖居。目前最早的穴居证据来自于阿舍利文化，典型遗址包括南非的荷斯洞穴（Cave of Hearths）、蒙太古洞穴（Montagu Cave）以及汪德渥克洞穴（Wonderwerk Cave）遗址。汪德渥克洞穴遗址地层微形态的观察分析发现了一个年代在距今100万年延展长度超过1米的燃烧区，分布有大量灰烬化的植物遗存和动物碎骨，这是目前年代最早且争议最少的人类有控制用火的证据[2]。

# 二、中期石器时代（MSA）

非洲的旧石器时代中期从距今30万年左右开始到距今3万年左右结束。这一时期

---

[1] Kohn M, Mithen S. Handaxes: Products of Sexual Selection? Antiquity, 1999, 73(281): 518-526. https://doi.org/10.1017/s0003598x00065078.

[2] Berna F, Goldberg P, Horwitz L K, et al. Microstratigraphic Evidence of in Situ Fire in the Acheulean Strata of Wonderwerk Cave, Northern Cape Province, South Africa. Proceedings of the National Academy of Sciences, 2012, 109(20): E1215-E1220.

旧石器文化的区域性差异更加显著，在非洲以撒哈拉沙漠为界，沙漠以南的非洲旧石器属于 MSA。沙漠以北则与欧洲和近东地区同时期遗址共同归入旧石器中期（Middle Paleolithic）。

（一）发现与类型学研究

MSA 是由古德温（Goodwin）和范莱耶特（van Riet）在 1929 年提出的。在此之前先是根据手斧的有无，区分出了早期和晚期石器时代。之后，根据从预制石核剥取带有修理台面的三角形石片的技术特征，将中期石器时代从晚期石器时代独立出来[①]。经过一个多世纪的考古发现累积，MSA 无论是在石器技术、器物组合还是其他一系列新兴文化因素等方面，其时空多样性与概念内涵都已经大幅扩增。许多过去认为在旧石器晚期的爆发式出现的文化特征，其实早在 MSA 就已经开始出现。而人类化石的发现也表明，这一时期是现代人类在非洲出现、发展的关键阶段。可以说 MSA 已经成为我们了解现代人演化与现代人类行为特征最为关键的阶段。

目前，从阿舍利文化到 MSA 的转变还并没有一个十分清楚的时间线。我们知道早在距今约 50 万年就在南非发现有阿舍利与 MSA 器物混合的区域文化遗存。例如，法乌史密斯（Fauresmith）文化（距今 50 万～20 万年）就发现了与小型手斧共存的 MSA 器物，包括石叶、勒瓦娄哇石核以及以石叶和石片为毛坯加工而成的尖状器。肯尼亚奥洛戈赛利叶盆地最新研究将 MSA 的开始时间推进至距今 32 万年前后。该盆地早在 120 万年前就已经有古人类生活，留下了丰富的阿舍利文化遗存。但是该盆地内距今 32 万年的石制品组合中已经不见大型切割工具，而出土了勒瓦娄哇石核、石叶石核、勒瓦娄哇尖状器等 MSA 典型器物。阿舍利文化大石片也被平均长度小于 5 厘米的中小型石片所取代。该盆地遗址还存在有颜料利用、黑曜岩原料进口等新兴现象[②]。这些都标志着在至少 30 万年前非洲就已经出现了不与阿舍利文化混杂，较为完整而独立的 MSA 文化。而非洲南部年代最早的不含手斧的 MSA 遗址是弗洛里斯拜德（Florisbad）遗址，年代在距今约 28 万年前后[③]。

晚更新世之前，MSA 早段（距今 30 万～13 万年）的遗址数量比较有限，而且较多遗址的年代还并不十分明确。阿舍利工具的占比虽然显著下降，但是在多数遗址仍有发现。通过各种石核剥片技术来生产石片或石叶，并进一步加工成各类可用于装柄的小型石器逐渐成为主流。从距今约 13 万年开始，有明确测年数据的 MSA 遗址开始增多，一些区域文化特征开始涌现。遗址数量的增加可能是因为 MIS5 间冰期的暖湿气

---

① Goodwin A J H, van Riet Lowe C. The Stone Age Cultures of South Africa. Edinburgh: Neill and Co., 1929.
② Brooks A S, Yellen J E, Potts R, et al. Long-distance Stone Transport and Pigment Use in the Earliest Middle Stone Age. Science, 2018, 360(6384): 90-94.
③ Kuman K, Inbar M, Clarke R J. Palaeoenvironments and Cultural Sequence of the Florisbad Middle Stone Age Hominid Site, South Africa. Journal of Archaeological Science, 1999, 26(12): 1409-1425.

候为人口的增长创造了有利条件。

在 MSA 晚段，非洲东北部最具特色的文化是位于尼罗河下游的努比亚（Nubian）文化。该文化以其独特的石核预制技术而受到关注。这种努比亚类型的勒瓦娄哇石核主要目的是剥取三角形的石片作为尖状器的毛坯（图 6-4）。一般勒瓦娄哇尖状器的生产方式从向心预制完成的石核台面剥取两个石片，利用两个石片疤交汇形成的 Y 字形背脊为引导，直接剥取三角形石片。而努比亚石核类型 I 则反其道而行之，该石核预制时从石核尾端向石核两侧剥片，依靠两个从尾端向两侧分离的石片疤形成人字形脊，但从台面端来看仍然是汇聚型的引导脊，也可以从台面剥取三角形石片。努比亚石核类型 II，则是从两侧边向石核中轴进行连续的剥片，将石核本身的形状修理成一个三角形，然后从台面剥取三角形石片。因此，从正面形状来看，努比亚石核的形状都接近三角形，而典型的勒瓦娄哇尖状器石核并不需要将石核预制成三角形状。努比亚文化出土的加工精致的柳叶形大型两面器也是其一大特色。

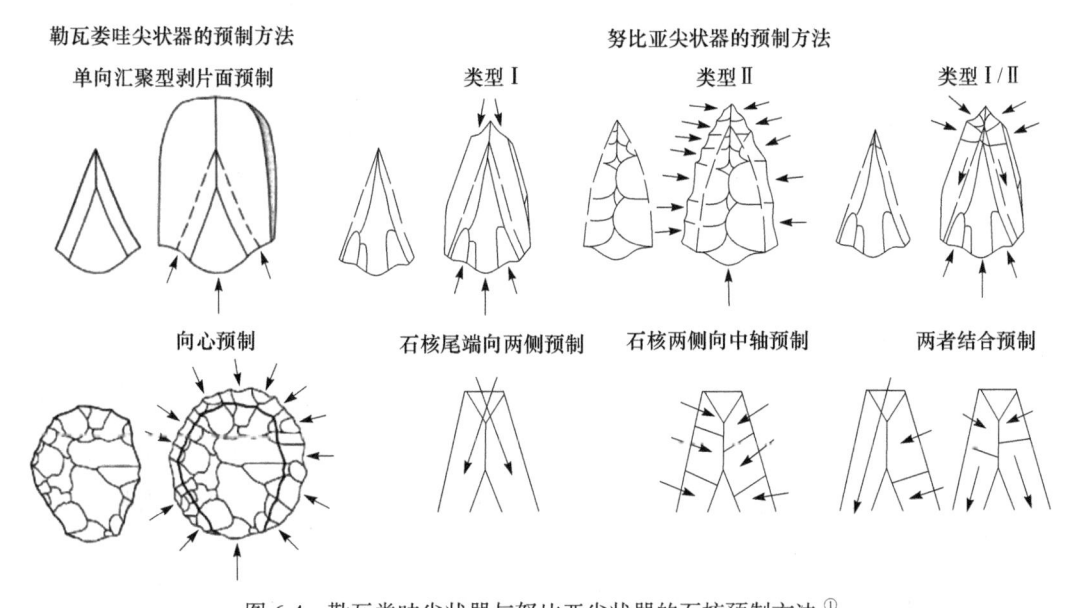

图 6-4　勒瓦娄哇尖状器与努比亚尖状器的石核预制方法[1]

阿特林（Aterian）文化是流行于北非的另外一种 MSA 区域文化。其分布主要集中在北非地中海沿岸的西部和中部。阿特林文化最主要的特色就是通过尾端两侧打制或压制凹缺来塑造石器尾部的铤（图 6-5；图版三，3）。常见的有带铤尖状器和带铤端刮器等。铤的修理主要是为了便于将石器捆绑在复合工具的柄部，这种加工技术可能由于本区当时缺少能够产生树脂的植物无法制作复合工具黏合剂而出现的一种适应性技术。

---

[1] Hallinan E, Shaw M. Nubian Levallois Reduction Strategies in the Tankwa Karoo, South Africa. PLOS ONE, 2020, 15(10), e0241068.

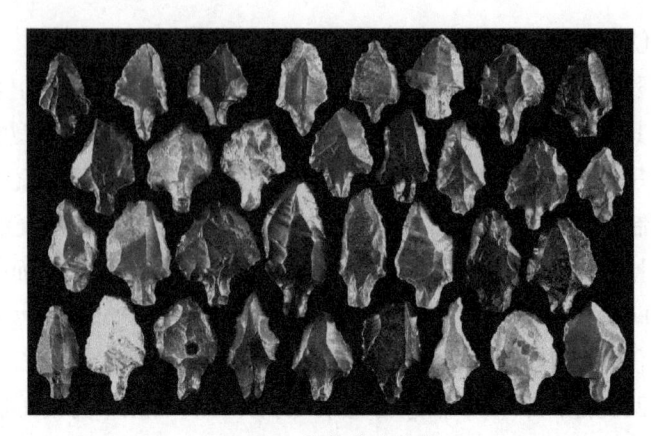

图 6-5　阿特林尖状器

东非埃塞俄比亚中阿瓦什河谷的阿杜马（Aduma）类型除了有勒瓦娄哇石核和石叶产品以外，还以各式尖状器和小型刮削器最具本地特色；坦桑尼亚的姆巴（Mumba）洞穴遗址则是以生产修背的石器为特色[①]。该特征与南非的豪韦森珀特（Howieson's Poort，简称 HP）文化有一定的相似性。HP 文化遗存广泛分布在南非沿海地区，在内陆的莱索托和纳米比亚也有发现。典型的石制品包括各式修背器物（图 6-6）。斯蒂尔贝（Still Bay，简称 SB）文化的遗址集中分布在南非的沿海地带，石制品以柳叶状或水滴状的双面加工的尖状器最具特色（图 6-6）。这类尖状器加工精致，采用了石料热处理和压制修理。

（二）MSA 石器技术特征

MSA 包括有旧石器时代技术模式 2～5 的一些典型技术特征。模式 3 以石核预制技术为代表，模式 4 则是以石叶的生产和加工为代表。石核预制是 MSA 最主要的技术特征。其中，勒瓦娄哇石核预制技术具有相当大的变异性[②]。可通过不同的石核预制生产出勒瓦娄哇石片、石叶和尖状器等。剥片方式有的是单向，有的是对向，有的则是不太典型的向心剥片。除勒瓦娄哇技术以外，多面体石核、盘状石核也较为常见，砸击石核的数量相对较少。

尖状器是 MSA 的一种代表器物。有的尖状器通过石核预制技术直接剥取三角形石片，基本不用加工直接就可以使用。有的则经过简单的单向修理，形成汇聚的尖端。还有一些则是经过了精致的两面修理，不仅使用了软锤技术后期还采用了更为精细的压制修理技术。还有的在尾端两侧修理凹缺，形成带铤尖状器。石器微痕以及残留物

---

[①] Wurz S. Southern and East African Middle Stone Age: Geography and Culture//Smith C. Encyclopedia of Global Archaeology. New York: Springer, 2014.

[②] Tryon C A, Faith J T. Variability in the Middle Stone Age of Eastern Africa. Current Anthropology, 2013, 54(S8), S234-S254.

豪韦森珀特修背石叶及其复合装柄方式

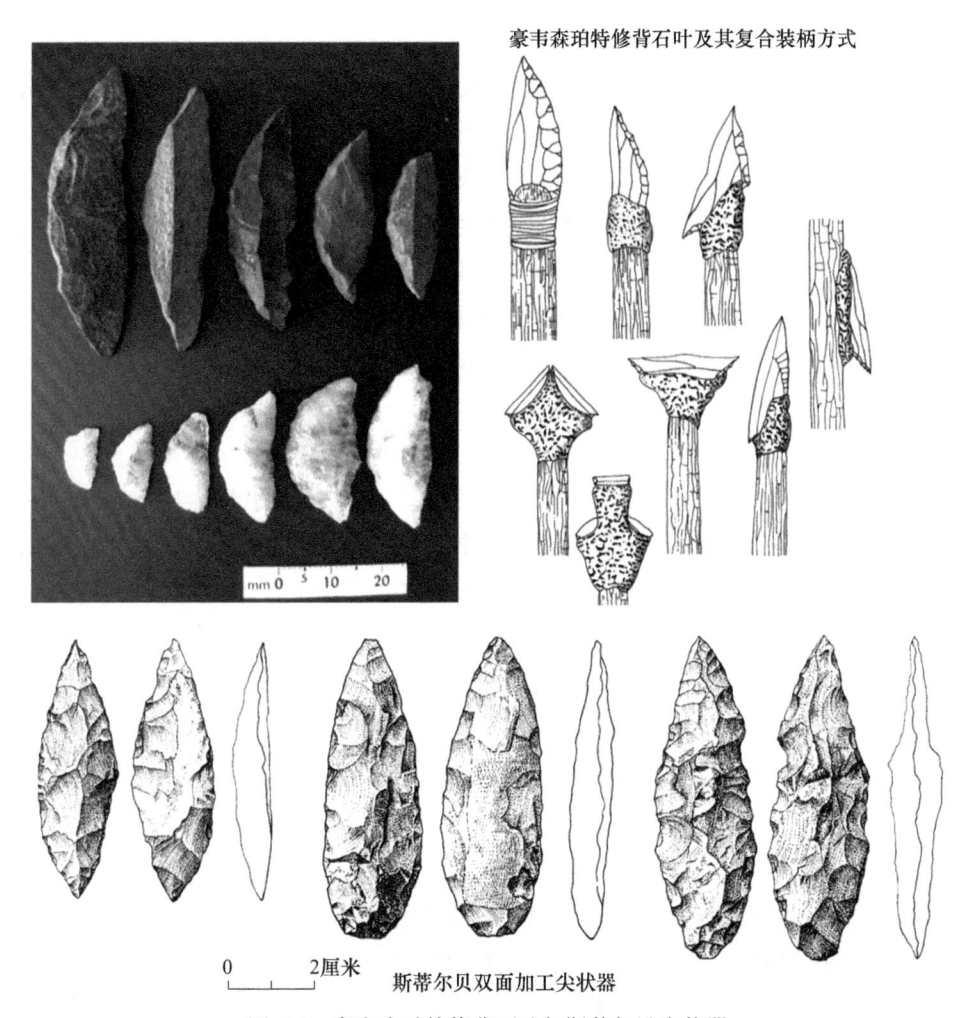

斯蒂尔贝双面加工尖状器

图 6-6 豪韦森珀特修背石叶与斯蒂尔贝尖状器

分析表明，MSA 尖状器主要捆绑或黏合于复合工具的尖端，可以作为矛头或标枪头，也有可能会被用作箭头。但是微痕分析也表明，一些尖状器的两侧刃缘曾被用来进行切割等操作。刮削器是从奥杜威文化开始就已经出现的一种工具类型。但相较于 ESA，MSA 刮削器相继开始出现精密的边刃修整与修型，在使用优质原料加工而成的刮削器上经常保留有细小且连续的修理疤痕。

与石器加工投入增加相伴随的是器物使用寿命的延长，古人类更加注重对石器的后续维护。阿特林文化的有铤尖状器是 MSA 石器加工维护的典型案例。研究人员研究认为部分阿特林尖状器的大小差异应该是处于不同的加工维护阶段所致。但是该器物在维护过程中则呈现出两侧不对称或是尖端逐渐消失成为圆弧状的趋势。这说明至少有一部分有铤尖状器的功能重点区域不在于器物尖端而是两侧的边刃。对于某侧边刃的重点利用，导致尖状器在后期修理过程中而出现左右不对称的情况，或是将两个侧边合并为一个端刃的情况[①]。

对于石片和石叶工具的修背处理也是 MSA 石器的技术特征之一，这是旧石器技术模式 5 的一个典型要素。由于修背石器的形状多样，一般被称为几何形修背石器。不同形状满足不同的装柄镶嵌方式，有的是从侧边平行嵌入，有的是从顶端横向或斜向嵌入，功能包括刮削和切割等。修背处的微痕和残留物分析表明，修钝的背部通常会被嵌入木柄或骨柄。一般认为这种修背处理能够让镶嵌的部位更加规整和厚实，从而让嵌入的部分在使用过程中不容易断裂。如果使用黏合剂的话，还能增大黏合剂的附着面积，保证符合工具的稳固性。但也有实验表明，修背石器在镶嵌方面的表现并不一定强于未修背的石器，因此不排除一些遗址的石器修背现象是受文化传统的影响，而非全部都是出于功能性的考虑[②]。

随着石制品组合的变化，MSA 时期古人类对于石料的偏好也发生了变化。由于石核的预制以及石器小型化对剥片和加工的可控制性以及可预测性的要求大大提高，古人类更加倾向于利用质地细腻且硬度适宜的硅质岩、玄武岩、黑曜岩和燧石等。而到了 MSA 晚段大量小型工具的出现，石英这一较为易碎但边缘锋利的石料也得到了古人的青睐。这一时期原料长距离运输的现象更加频繁，古人类还通过对硅质岩类或燧石进行有控制的加热来提升石料质量。目前最早的石料热处理证据来自南非南部海岸的顶峰点（Pinnacle Point）遗址距今 16.4 万年的文化层。

### （三）MSA 人类行为研究

MSA 不仅发现了多样的石制品组合，其他文化遗物类型也十分丰富，为考古学家窥探现代人类行为诸多方面提供了更加全面的信息。石器技术体现出古人类的空间几何抽象思维、规划执行能力、技术操作能力在这一时期进一步发展。对于石料的主动性选择增强，不仅更加频繁地远距离搬运优质原料，还会通过热处理优化本地原料质地而降低远距离获取原料的成本。

MSA 时期人类的狩猎能力进一步提升，尤其是投掷类武器的发展使得人类可以从一定安全距离以外杀伤猎物。除了继续开发陆地的动物资源，人类开始将视野转向了海洋。MSA 后段，非洲南部沿海遗址的涌现是 ESA 所未见的遗址分布特征。在顶峰点洞穴遗址发现了距今约 16 万年的海洋贝类遗存，可能是人类开始食用海洋资源的最早证据。到了距今 12 万～10 万年，南非沿海地区就已经形成了系统的季节性开发利用海洋生物资源的生计策略[③]。

---

① Iovita R. Shape Variation in Aterian Tanged Tools and the Origins of Projectile Technology: A Morphometric Perspective on Stone Tool Function. PLOS ONE, 2011, 6(12), e29029.
② Pargeter J, Chen C, Buchanan B, et al. Stone Tool Backing and Adhesion in Hunting Weaponry: First Results of An Experimental Program. Journal of Archaeological Science: Reports, 2022, 45.
③ Marean C W, Bar-Matthews M, Bernatchez J, et al. Early Human Use of Marine Resources and Pigment in South Africa During the Middle Pleistocene. Nature, 2007, 449(7164): 905-908.

对于植物资源的利用，也有一些新的用途开始出现。例如，在南非的博德（Border）洞穴遗址超过 20 万年的地层中发现有阔叶草铺展面，被认为可能是最早的"草席"遗存[1]。在该遗址更晚的地层中发现了保存更好的相似遗存，草席位于洞穴后部靠近火塘的区域。在 HP 文化和 SB 文化发现的尖状器尾端残留物中，提取出了植物胶的残留物。

MSA 还是人类象征行为涌现的时期[2]。红色或黑色的矿物质原料块或粉末是 MSA 遗址常见的一类遗存。目前人类使用颜料最早的证据来自于南非的卡图潘 1 号遗址，出土有人为刮削过的赤铁矿颜料块。在博罗姆博思洞穴发现了距今约 10 万年用于盛放颜料混合物的两个贝壳"颜料盘"。在思卜度（Sibudu）岩厦遗址的一件石器上发现了掺有赭石粉的黏合剂残余。MSA 遗址中还首次出现了人类有意识的刻画的遗存。在博罗姆博思洞穴发现的一块长条形的赭石上，刻画有连续交叉的线条。在一些遗址出土了带刻画痕迹的鸵鸟蛋壳碎片。可能用于制作装饰品的穿孔贝壳和鸵鸟蛋壳串珠也在 MSA 遗址中广泛出现。

## 三、晚期石器时代（LSA）

过去曾认为 LSA 代表了非洲现代人出现之后的石器文化，与现代人复杂行为相挂钩，能够与 MSA 截然区别开来。但是近年来 MSA 尤其是 MSA 晚段的现代人化石以及相关考古遗存发现，使得 MSA 与 LSA 的分界日益模糊。欧洲旧石器时代中期向晚期的转变伴随着人群与文化的较为鲜明的转变，但非洲 MSA 至 LSA 的转变则呈现出现代人行为与文化较为连续的积累渐变。

### （一）发现与类型学研究

LSA 的石制品组合以大量的修背小石器、雕刻器和刮削器为主，小型化趋势显著。这些小石器的毛坯主要来自小石片、小石叶和截断的石叶。除了锤击剥片以外，砸击法也较为常见。尽管 LSA 的石器技术因素以及其他的现代人类创新行为在东非和南非距今 6 万年前就已经初见端倪，但是大规模的流行从而形成稳定传统发展至全新世可能要在距今 3 万年以后。勒瓦娄哇技术的产品在距今 3 万年左右也基本消失，但在个别遗址该技术一直延续到更新世末期。LSA 一直延续到距今一两千年，直至铁器在非洲开始大范围出现才结束。

在非洲东部地区，距今 2.5 万年以后，小石器技术开始全面流行[3]。这些小石器形制多样，不仅和功能有关，有一些还具有区域风格特征。在非洲南部，从 2.5 万年开

---

[1] Wadley L, Esteban I, de la Peña P, et al. Fire and Grass-Bedding Construction 200 Thousand Years Ago at Border Cave, South Africa. Science, 2020, 369(6505): 863-866.
[2] Blackwood A F, Wilkins J. The African Middle Stone Age. Oxford Research Encyclopedia of Anthropology, 23 Mar. 2022(online).
[3] Sahle Y. Eastern African Stone Age. Oxford Research Encyclopedia of Anthropology, 28 Feb. 2020(online).

始直至更新世结束，以路伯格（Robberg）类型为代表。该类型以小石器为特色，长度一般小于25毫米，原料倾向于利用质地较为纯净的石英和水晶等。石核多为单台面石核或砸击石核。该文化遗址还出土有大量的磨制骨器、研磨类石制品、鸵鸟蛋壳串珠以及用鸵鸟蛋壳制作的盛水器等[1]。

### （二）非洲的骨器制造技术

非洲骨器的制造同样有着漫长的发展史。早在ESA的奥杜威峡谷就发现了上百件大型哺乳动物如大象、长颈鹿等化石残片上有类似于奥杜威技术的简单打制加工痕迹。这些工具的年代在距今170万～120万年之间，可能是用于加工木质工具或作为软锤来使用[2]。还有一些骨骼表面有敲砸所致的凹坑，在排除敲骨吸髓的可能性后，可能曾被用作砧板。在南非的斯瓦特科兰斯洞穴发现的一些骨片尖端已经使用磨圆，可能是用来在比较细颗粒的堆积中挖掘磨损所致[3]。阿舍利文化的遗址还出了形似阿舍利手斧的骨器。例如，在埃塞俄比亚孔索遗址发现有一件距今140万年的骨质手斧，其单侧边有横向的擦线痕迹，说明该修理边可能是用来切割或锯。另外一侧没有使用痕迹，可能是用于持握的部位[4]。

到了MSA时期骨器的数量和种类显著增加。最具代表性的器物就是各类加工精美的尖状器。这些尖状器有的雕刻出倒刺，有的则是光滑的流线型。这些工具主要用作复合工具的尖端，体型大而修长者一般认为是矛头，MSA晚段一些体型短小轻薄的尖状器则是在弓箭技术发展起来以后作为箭头而制造的。除了尖状器以外，在MSA晚段还出现了用于楔裂骨片、鞣制动物皮革、压制石器等任务的骨质工具[5]。

LSA时期最常见的骨质工具是打磨成圆锥形的尖状器，通过与当代非洲土著狩猎工具的民族学类比，这些尖状器应该属于弓箭的箭头。在LSA极个别的箭头上还发现了毒药的残余，进一步验证其作为武器的功能推测。LSA骨质尖状器的功能可能不是完全单一的，微痕以及残留物分析表明，这些锥形尖状器还有可能被用作骨锥、雕刻器或是编织草席和篮筐的骨针。单侧或两侧带倒钩的尖状器可能更多与狩猎海洋或淡水鱼类资源有关。除尖状器以外常见的骨质工具还包括骨针、骨锥、骨鱼钩、骨铲等，有些骨器表面还带有刻划装饰等。大量定型且带有地域风格的骨器的出现，表明了这

---

[1] Bicho N. Southern African Stone Age. Oxford Research Encyclopedia of Anthropology, 23 Feb. 2021(online).

[2] Backwell L, d'Errico F. The First Use of Bone Tools: A Reappraisal of the Evidence from Olduvai Gorge, Tanzania. Palaeontologia Africana, 2004, 40: 95-158.

[3] Backwell L, d'Errico F. Additional Evidence of Early Hominid Bone Tools from South Africa. First Attempt at Exploring Inter-site Variability. Palaeontologia Africana, 2009, 44: 91-94.

[4] Sano K, Beyene Y, Katoh S, et al. A 1.4-Million-Year-Old Bone Handaxe From Konso, Ethiopia, Shows Advanced Tool Technology in The Early Acheulean. Proceedings of the National Academy of Sciences, 2020, 117(31): 18393-18400.

[5] d'Errico F, Backwell L R. Identifying Regional Variability in Middle Stone Age Bone Technology: The Case of Sibudu Cave. Journal of Archaeological Science, 2012, 39(7): 2479-2495.

一时期人群的稳定发展，在群体内部可能出现了一定程度手工产品生产的专门化。

(三) LSA 人类行为研究

这一时期人类的狩猎能力进一步提升，除了弓箭等狩猎武器的开发以外，还使用陷阱、猎网或圈套等。食物的广谱化是更新世末期人类生存适应策略的一个重要转变，环境和人口的压力迫使人类将狩猎的目标从大中型动物扩展至过去不太关注的回报率较低的小型动物和水生动物，并辅以过去不曾食用的植物资源。MSA 时期出现的人类新兴行为在 LSA 得到了更加全面的发展和深化。随着人口数量进一步增加，族群的形成与发展初具规模。不同人群之间日益频繁的社会互动，促进了具有标识性或象征功能意义的岩画、装饰品以及颜料等大量出现[1]。例如，MSA 开始出现的简单的线条刻画，到了 LSA 发展出了画像内容。非洲最早的有确切测年的画像来自于纳米比亚的阿波罗 11 号（Apollo 11）洞穴。在该洞穴距今 2.55 万～2.53 万年的地层中出土了绘有动物图像的石英岩板。

## 第二节 欧洲的旧石器文化

1865 年，英国学者约翰·卢伯克在其著作《史前时代》一书中首次提出了旧石器（Paleolithic）这一专有名词，从而将"三期说"已经确立的石器时代细分为旧石器、新石器两大阶段。之后欧洲长期成为旧石器考古发现与研究的核心地区。尽管非洲已经成为当前探索古人类和现代人起源方面的前沿阵地，但欧洲旧石器较为完善的区域文化序列、深厚的旧石器研究方法和理论积淀，使得这一地区的旧石器文化在世界旧石器考古体系中长期占有重要地位。欧洲的旧石器考古可大致划分为旧石器时代早期、中期和晚期（Lower, Middle, Upper Paleolithic），其英文名称遵从了地层学"下老上新"的原则。本节将对这三大时间段内的旧石器考古发现、石器技术和人类行为等分别进行综合介绍。

## 一、旧石器时代早期（LP）

欧洲的旧石器时代早期从距今约 180 万年持续至距今 30 万年，跨越了早更新世大部和中更新世全部。

(一) 发现与类型学研究

目前在非洲大陆以外发现的年代最早的旧石器遗址是年代超 200 万年的中国蓝田

---

[1] Sahle Y. Eastern African Stone Age. Oxford Research Encyclopedia of Anthropology, 28 Feb. 2020(online).

上陈遗址。其次是位于黑海东部地跨欧亚大陆的格鲁吉亚的德马尼西遗址，年代在距今 185 万～177 万年之间。该遗址发现了多层含文化遗物的堆积，石制品已有 8000 余件。遗址发现了至少 5 个古人类化石个体，既有男性也有女性，分属不同年龄段。上述发现表明，这一时期走出非洲的古人类已经能够在某些区域内维持较为长期稳定的生存。该遗址的石制品以大量的石片和碎片为主，石核和石锤的数量也比较丰富。石制品中很少见加工的石器，有一些疑似砍砸器，但在没有进行痕迹学分析之前，尚难以确认是以石核剥片所致还是有意的石器加工。

德马尼西遗位于欧洲东部边缘，一般认为属于亚洲的一支。而欧洲最早的石制品和人类化石出现的年代可以上溯到距今约 140 万年，包括在乌克兰西部的科罗莱沃（Korolevo）遗址发现的打制石器[1] 和西班牙狮子谷（Barranco León）遗址出土的一颗人属成员牙齿化石[2]。以上述发现为开端直至距今 78 万年早更新世结束，目前已经在欧洲发现了 20 余处 LP 遗址[3]。这些遗址大多分布在北纬 45°以南的地中海和黑海沿岸地区。纬度最高的是位于英格兰东海岸的哈比斯堡（Happisburgh）遗址，年代距今约 90 万年，纬度接近北纬 53°。在该遗址的 3 号地点，发现了距今 95 万～84 万年的近 80 件燧石石制品。石制品组合属于模式 1 技术体系，未见模式 2 的阿舍利工具。该遗址区还曾发现年代早于 80 万年的古人类脚印遗迹，这也是非洲以外发现的最古老的人类足迹。这些脚印来自 3～5 个古人类个体，包括至少两名儿童和一名成年男性沿河向上游行走留下的足迹。

目前欧洲报道的年代最早的模式 2 阿舍利文化遗存是西班牙的博埃拉峡谷（Barranc de la Boella）遗址，年代在距今 99 万～78 万年之间。该遗址的主文化层目前已经出土了近千件石制品，近 90% 都是燧石原料，还有少量的板岩、石英和石英岩等。遗址的石制品以模式 1 的石器组合为主，包括大量的石核、石片类器物，以及少量的砍砸器。具有阿舍利特征的器物数量较少，但是呈现出较为定型化的加工制作。包括 6 件手镐和 1 件薄刃斧。除 1 件手稿以外，其余都选用了板岩进行加工制作。在西班牙另外一处年代早于 78 万年的黑岩洞（Cueva Negra）岩厦遗址发现有一件用扁的石灰岩砾石加工而成的手斧。除了这两处遗址以外，其他早更新世 LP 遗址的石制品均表现为单一的模式 1 技术。

中更新世早期的欧洲的旧石器遗址数量还比较有限，除了继续流行模式 1 技术以外，在法国出现了距今 70 万年的阿舍利遗存，意大利发现了距今 67 万～61 万年的阿舍利遗存。距今 67 万～65 万年前，阿舍利技术已经扩展至北纬 50°以北的地区。过去

---

[1] Garba R, Usyk V, Ylä-Mella L. et al. East-to-west Human Dispersal into Europe 1.4 Million Years Ago. Nature, 2024, 627: 805-810.

[2] Toro-Moyano I, Martínez-Navarro B, Agustí J, et al. The Oldest Human Fossil in Europe, from Orce (Spain). Journal of Human Evolution, 2013, 65(1): 1-9.

[3] French J C. Visitation: The First European Populations (～1.8 Million-300,000 Years Ago)//Frech J C. Palaeolithic Europe: A Demographic and Social Prehistory. Cambridge: Cambridge University Press, 2021: 85-132.

曾认为欧洲阿舍利技术的出现不早于距今 60 万年，与欧洲海德堡人的出现密切相关。上述新的早期阿舍利器遗存的发现，令一些学者提出了欧洲阿舍利文化独立起源的假说。但从早更新世晚期到中更新世早期，欧洲的阿舍利文化因素整体上还是十分零星的。

距今 60 万~30 万年欧洲阿舍利遗址数量显著增加。这些遗址大多数集中在西欧和南欧，还有少数分布在黑海东南部，中欧和东欧大部分地区则是阿舍利文化的空白区。这种分布特征可能暗示在 LP 晚期，成熟的阿舍利技术仍是从非洲传播而来的。传播路线可能有东、西两条：东线是经由西亚北部进入欧洲东部，西线则直接从非洲西北部穿越直布罗陀海峡进入欧洲西部地区。这一时期欧洲发展起来的阿舍利技术体系以手斧为典型器物，还有以大石片为毛坯的薄刃斧和用小石片加工而成的刮削器等。

### （二）欧洲模式 1 和模式 2 的技术特征

德马尼西遗址目前已经发现有 40 多种石料，原料选择没有明显的倾向性，主要是从遗址周边河流的砾石层获取。石核的剥片程度主要取决于原料本身的质地优劣以及石核的原始形态。如果原料质地较好，则石核的剥片次数会有所增加，有少量的盘状石核表现出对于剥片面的连续向心开发。如果原料质地较差，则很少出现对于石核剥片面长久持续的开发，石核表面的剥片痕迹较为零散，单向剥片居多[①]。

这种模式 1 技术在欧洲具有长久的生命力，在中更新世模式 2 技术开始流行以后，欧洲中、东部地区的 LP 遗址仍大多经常采用模式 1 技术而不见阿舍利手斧。即使在欧洲西部阿舍利技术的核心地区也存在着完全不含两面器的模式 1 遗存。例如，距今 40 万年左右流行于英国东部和法国北部的克拉克当文化，采用的就是以开发利用小石片锋利边缘为核心的模式 1 技术体系。该文化的遗址大多位于开阔的冲积扇或河流阶地，原料主要来自遗址周边河流砾石层的卵石或砾石。石制品组合以未经加工的石片为主，微痕研究表明一些石片直接被用来进行切割和刮削等。还有少量的石片被加工成刮削器、锯齿刃器或凹缺器等。尽管在个别的克拉克当遗址中还出了形似手斧的两面器，但是数量寥寥无几。

欧洲距今 60 万年以前的阿舍利技术主要出现在伊比利亚半岛，该区域呈现出一种"大石片阿舍利"技术体系。该体系主要技术特征包括：从大石核剥取大石片（大于 10 厘米）然后进行两面加工；倾向于利用质地较为粗糙的原料而不是质地细腻的原料生产大石片；手斧的加工较为简单粗糙，但是以大石片为毛坯的薄刃斧性质非常典型[②]。从距今 60 万~50 万年开始，西欧的阿舍利技术特征开始发生转变。使用大石核来剥取大石片不再是主要的毛坯生产手段；石制品原料以质地优良的燧石为主导；两面精致

---

[①] Baena J, Lordkipanidze D, Cuartero F, et al. Technical and Technological Complexity in the Beginning: The Study of Dmanisi Lithic Assemblage. Quaternary International, 2010, 223-224: 45-53.

[②] Sharon G, Barsky D. The Emergence of the Acheulian in Europe-A Look from the East. Quaternary International, 2016, 411: 25-33.

加工的手斧成为唯一的阿舍利大型切割工具类型，以大石片为毛坯的典型薄刃斧在遗址中几乎不见。

（三）人类行为研究

不同于非洲的本地起源视角，欧洲模式1和模式2技术的起源往往伴随着源自非洲不同批次的古人类对于欧洲的拓殖。德马尼西遗址的地理位置更符合非洲的人属成员携带模式1技术经由西亚进入东欧的路线推测。但是德马尼西人之后，欧洲最早的人类化石集中在伊比利亚半岛。在狮子谷遗址发现了一颗距今约140万年的人属成员牙齿化石。在西班牙阿塔普埃尔卡（Sierra de Atapuerca）出土的人属化石ATE9年代在距今130万~120万年。欧洲高纬度内陆地区季节性显著，冬季气候寒冷，对于人类的生存适应提出了更高的要求。早更新世至中更新世LP遗址的分布纬度偏低，从侧面反映了这一时期人类对于高纬度的适应能力还是十分有限的。关于模式2技术的起源也存在不同观点。有的学者认为欧洲的阿舍利技术是本土起源的，有的认为则是从非洲传播而来的。还有的则认为欧洲的阿舍利技术可分为早期和晚期，曾有过两次传播，其中晚期阿舍利在欧洲的传播应该与海德堡人在欧洲的繁荣相关。

距今90万~77万年，在阿塔普埃尔卡发现了170件典型的先驱人（*Homo antecessor*）化石碎片以及相伴生的模式1石制品。这批先驱人化石有40%都留有人工痕迹。有的是切割痕迹，有的是敲骨吸髓产生的痕迹。这是目前世界上发现的最早的原始人食人的证据。关于这一现象，学者有不同的解读。有的认为这是族内食人，虽然不能排除是同族人群故意屠杀食肉的可能性，但更多的可能性是人类食用因其他原因而死亡的同伴尸体。还有学者解读为族外食人，认为是先驱人人群之间冲突暴力的结果，但是由于化石残缺，缺乏致命死亡的创伤证据，暴力杀害进而食人的证据并不充分。

## 二、旧石器时代中期（MP）

MP年代在距今约30万到4万~3万年之间，大致以MIS5e（距今12.8万~11.5万年）为界分为早、晚两段。MP基本属于尼安德特人的时代，而他们创造的物质遗存一般纳入"莫斯特"文化体系中。

（一）发现与类型学研究

这一时期MP遗址的分布横跨西欧至阿尔泰山，纵跨地中海沿岸至北极圈附近。东欧平原以及一些海拔在1000米以上的高山区域也开始有了人类活动的迹象。遗址分布整体上从西向东递减，欧洲西部和南部遗址最为密集。一些洞穴和岩厦开始被古人类反复光顾，留下了较为连续而丰厚的文化堆积。人类化石最主要的发现地集中在法国、西班牙和意大利。而东欧和北欧MP的遗址数量稀疏，遗物数量有限。东欧和北欧地区的人类活动受冰期—间冰期气候变化影响更为显著。经常会在冰期出现局地的人类活动空白期,待气候好转后人群才再次进入。

与非洲的 MSA 类似,MP 的最主要技术特征是勒瓦娄哇技术,但包含勒瓦娄哇技术的莫斯特文化则有着丰富的时空变异。莫斯特文化的核心要素是从阿舍利的大型切割器向以小石片工具为主的石制品组合转变。以小石片为毛坯加工而成的各式刮削器常常占据 MP 遗址石器的 80% 以上。在 MP 早段的初期,莫斯特小石片刮削器出现的同时还伴随有阿舍利手斧。MIS9~8 阶段,勒瓦娄哇技术开始出现,生产的石片被用来加工典型的莫斯特边刮器。到了 MIS7~6 阶段,石叶生产开始出现,勒瓦娄哇尖状器和用勒瓦娄哇石片加工而成的尖状器进一步丰富了这一时期莫斯特石器组合。

MP 晚段的遗址数量继续增加,石制品组合的变异性日益显现。博尔德(Francois Bordes)将该时间段内法国西南部旧石器划分为四个莫斯特文化类型:① 阿舍利传统莫斯特的典型器物包括手斧、边刮器、锯齿刃器和修背石刀,该类型早期含手斧比例较高,晚期手斧和边刮器比例下降,修背类器物比例增加;② 锯齿型莫斯特文化有大量的锯齿刃或凹缺器,占石器比重一般超过 80%,基本不见手斧和修背器;③ 夏朗德型莫斯特文化几乎没有手斧和修背器,但是有比例非常高的边刮器,该文化可进一步分为奎纳和费拉西两个亚型,奎纳型很少使用勒瓦娄哇技术,而费拉西文化刮削器的毛坯常用勒瓦娄哇技术生产;④ 典型的莫斯特文化则基本上包含了上述莫斯特文化类型的器物,整体上两面器和修背器的比例也比较低。关于上述石制品组合间的差异究竟代表了旧石器时代不同人群和不同文化,还是同一群人在不同资源、环境背景下的技术适应产生的差异,曾一度引发学界探讨。可看作是历史文化考古与过程考古两大范式对石制品组合成因的不同阐释立场。目前来看,博尔德的莫斯特分类体系仍仅适用于法国西南部的考古学材料,并不存在普适性。

欧洲中部的 MP 晚段有着自己独特的一个石器组合发展序列。首先出现的是陶巴奇安(Taubachian)文化。该文化的典型器物包括从河卵石石核剥下的厚石片,以及一些加工进深很大的小型工具。之后开始流行密克奎(Micoquian)文化,典型的器物是左右不对称但两面加工精致的手斧以及双尖的柳叶形大型两面器。

(二)技术特征

勒瓦娄哇技术在 MP 阶段被广泛用于石片、石叶和尖状器毛坯的生产。经常与勒瓦娄哇石核共出的另一种石核是盘状石核。盘状石核主要是利用石核边缘上下交互剥片形成的双面盘状石核。盘状向心剥片在旧石器时代早期就已经出现,并不足以作为旧石器时代中期划分的标型器。棱柱状石叶石核技术在 MP 初期已经出现,早期零星分布在欧洲西北部,从 MIS5 阶段开始相关遗存数量有了显著增加[①]。两面器的加工在

---

① Carmignani L, Soressi M. Ahead of the Times: Blade and Bladelet Production Associated with Neandertal Remains at the Bau de l'Aubesier (Mediterranean France) Between MIS7 and MIS5d. Paleo Anthropology, 2022(1): 1-33.

MP 仍然存在，但是比例低于 LP 时期的阿舍利技术。一些两面器与典型的阿舍利手斧相去甚远。例如密克奎的不对称手斧，主要侧重于对一个侧边进行修理和利用，与阿舍利手斧的高度对称、周身修整有很大不同。

LP 时期石料的运输距离很少超过 30 千米的范围，MP 这一时期的石制品原料仍主要是从遗址周边获得。原料远距离运输的现象不多，运输距离超过 100 千米的案例不超过 10%，到了 MP 晚段最远的原料运输距离可达 300 千米[①]。这些非本地的原料通常是以完整器物或优良的石器毛坯形式出现在遗址中，而不是以石核或断块碎屑的形式出现。说明古人类远距离携带的器物往往是已经投入较多时间的剥片产品和加工成品，体积重量过大和利用价值低的石制品不会用于"装备个人"。

MP 最为常见的骨器是利用动物长骨进行软锤法剥片或加工的骨锤或压制修理使用的工具。但是在旧石器时代晚期常用的以鹿角或动物牙齿为原料的打制或压制工具则很少见到。骨角质的尖状器、骨锥等数量也十分有限，仅在十余处 MP 遗址中有所发现。这些都表明尼人的骨器技术并不十分发达。更有学者认为尼人可能存在某种利用动物骨骼作为工具的文化禁忌。加工最明显的 MP 骨器主要出现在 4 万年之后的遗址中，典型器物是圆锥状骨器。在法国基纳（Quina）遗址还发现了一件用人头骨碎片加工而成的骨器，是目前世界上发现最早的以人骨为原料的骨器。

（三）尼安德特人类行为研究

尼人的食物获取方式可能是多样的。他们主要的狩猎对象是中型的食草动物，如鹿、牛、马科的动物。而一些大型的哺乳动物也在其狩猎范围之内，如大象等。尼人也会食腐一些刚死去的大型动物甚至是自己的同伴，同时还采集加工植物类食物资源。过去曾认为尼人不像现代人那样开发利用水生资源，因此无法适应海岸带的生活。但是在大西洋沿岸葡萄牙的菲盖拉-布拉瓦（Figueira Brava）洞穴发现了与莫斯特石制品共存的贝类和海洋鱼类残骸，年代在距今 10.6 万～8.6 万年。这些残骸的数量十分可观，与鹿、马等动物骨骼以及一些松果共存。表明这一时期尼人能够对海洋与陆地资源综合加以利用，从而实现对海岸带环境的适应。

过去认为尼人在象征性表达方面远不如 MSA 的现代人那样具有复杂性，然而近年来新的考古发现逐渐颠覆旧有的认知。例如在西班牙的拉帕谢加（La Pasiega）等三处洞穴遗址发现了距今 6.5 万年左右尼人用赭石颜料绘制的一些几何线条和手掌印，这也是目前世界上有年代数据支持的最古老的岩画；在法国的拉罗什-科塔德（La Roche-Cotard）洞穴遗址，约 5.7 万年前尼人在当时湿润柔软的白垩岩壁上用手指绘制了一些线条图案，成为尼人刻划艺术的最早证据。天然颜料的利用在 MP 遗址中

---

① Féblot-Augustins J. European Paleolithic Raw Material Provenance Studies//Pearsall D M. Encyclopedia of Archaeology. Academic Press, 2008.

更为常见，主要是一些矿物质和赭石，这些原料块表面有清晰的摩擦痕迹，个别的卵石或贝壳可能还被用作颜料盘。到了旧石器时代中、晚期过渡时期，夏特尔贝隆文化（Châtelperronian）出现了穿孔和刻有凹槽的牙齿和骨片。

目前为止已经有20余处尼人墓葬被考古学家发现，年代大多在距今6万~4万年之间[①]。这些墓葬一般没有什么结构，大多是在人类活动的地方就近挖浅坑穴进行埋葬。除了会随葬石制品以外，有时还在墓葬内发现有赭石粉末。个别墓葬的尸体周边发现了浓度异常高的花粉，说明尼人可能还为去世同伴举行过某种祭祀仪式并随葬鲜花。在一些尼人骨头上还有剔除肌肉组织的痕迹，说明在尼人群体内同样发生过食人的行为。

在距今3万~2.5万年，尼安德特人的化石基本消失了。尽管DNA研究已经表明，部分尼人与现代人交配并产生了后代，但这并不是普遍现象。大部分尼人还是在现代人进入欧洲的初期消亡了。关于尼人消亡的原因众说纷纭，常见的假说包括：竞争说，即现代人直接或间接地挤压了尼人的生存空间，导致其在竞争中败下阵来；人口学说，主要认为尼人在欧洲的人群密度过低，各个群体的人口数量有限且缺乏交流、各自为营，这就使得尼人小群体在面对环境压力时容易因生育人口的减少而导致群体人口的崩溃，而群体内近亲繁殖导致的疾病也威胁着尼人族群的健康发展；瘟疫说，认为现代人携带的疾病突破了尼人的免疫防御机制，导致尼人在与最早进入欧洲的现代人僵持了一段时间之后，才开始迅速消亡。尽管目前尚未有明确的答案，但是简单的环境决定论，或是尼人智力行为原始落后的解释已经不再是主流的学术观点。

## 三、旧石器时代晚期（UP）

欧洲的UP过去被认为是现代人进入欧洲以后才开创的新纪元，尤其以法国西南部奥瑞纳—格拉维特—梭鲁特—马格德林文化序列最具代表性。但是随着研究的积累，所谓"旧石器时代晚期革命"的观点已逐渐被摒弃。学界普遍认为距今4.5万~3万年，欧洲经历了一个从MP向UP的过渡期。除了现代人以外，部分尼人的遗存也为欧洲UP文化的形成做出了贡献。目前一般将UP分为四个阶段进行研究。

（一）发现与类型学研究

**1. 旧石器时代晚期初段（Initial Upper Paleolithic，IUP）**

IUP的年代在距今4.5万~3.5万年。欧洲早于4万年的IUP遗存包括巴乔基里安（Bachokirian）和博胡尼锡安（Bohunician）两种类型。巴乔基里安遗存包括保加利亚的巴乔基罗（Bacho Kiro）和特姆那塔（Temnata）两处洞穴遗址。该类型虽然呈现

---

[①] Depaepe P. European Middle Paleolithic: Geography and Culture//Smith C. Encyclopedia of Global Archaeology. New York: Springer, 2014.

出勒瓦娄哇与棱柱状石叶技术杂糅的情况，但是石器类型则是以 UP 的典型器物——端刮器、雕刻器、加工石叶为主。博胡尼锡安类型的典型遗址包括捷克的博胡尼锡（Bohunice）和斯特兰斯卡拉（Stránská skála）遗址。该类型的石核既有勒瓦娄哇石核，也有棱柱状石叶石核；既有 MP 的边刮器和尖状器，也有 UP 的端刮器和雕刻器。该类型的影响范围进一步向北扩展到波兰南部，并可能扩展到伏尔加河流域。这些遗存被认为是现代人扩张至所产生的遗存，但是遗址都没有发现与石器直接相关的人类化石。

距今 4 万～3.5 万年的 IUP 遗址有些是尼人在本区先前的文化基础之上发展起来的。法国西南和西班牙北部的夏特尔贝隆文化和意大利的乌鲁兹（Uluzzian）文化是在莫斯特文化基础之上发展起来的 IUP 文化。两者都是以石叶为毛坯生产修背的尖状器或石刀最具特色。夏特尔贝隆尖状器或石刀的毛坯为宽短的石叶或细长的石叶，通常在毛坯一侧陡状修理形成弯曲且较厚的侧缘，并与另一自然侧缘形成尖锐、倾斜（与毛坯中轴或长轴）的尖部。密克奎文化则在欧洲北部发展出了继续以柳叶状尖状器为特色的 LRJ（Lincombian-Ranisian-Jerzmanowician）文化和塞莱蒂安（Szeletian）文化。而这一时期欧洲现代人创造的文化则被称为原始奥瑞纳文化。该文化分布从巴尔干半岛北部向西延伸至伊比利亚半岛东部沿海地区，反映了这一时期现代人在欧洲由东向西的扩散过程。除了拥有 UP 的典型石叶石核和石器组合以外，这些现代人遗址相较于同时期尼人的遗址往往还发现有丰富的骨器、贝壳装饰品等。

## 2. 旧石器时代晚期早段（Early Upper Paleolithic，EUP）

EUP 年代在距今 3.5 万～2.8 万年。从距今 3.5 万年开始，原始奥瑞纳发展为典型的奥瑞纳文化。奥瑞纳的石器组合包括端刮器、雕刻器以及周身修理的长石叶等。最具特色的石器包括船底形端刮器、奥瑞纳加工石叶等。船底形端刮器以厚石片为毛坯，纵截面为一面平、一面凸的组合，类似于船体位于水下的龙骨截面。修理边缘有小石叶疤是该器形的重要判定特征，小石叶疤有时宽短、有时窄长。该器形也被认为用作石核以生产纵截面弯曲的小石叶。奥瑞纳加工石叶一般选取较为宽长的石叶进行加工，在石叶额单侧或两侧留下宽且半陡状的鱼鳞状修疤。远端修理多样化，但通常形状为尖状或抛物线状。有时会在石叶两侧中部修整出大体对称的凹缺，形成束腰形奥瑞纳石叶。此外奥瑞纳文化还具有丰富的骨、角、象牙类的工具。这些有机质工具类型包括尖状器、锥等。此外还有大量穿孔的兽牙和贝壳等装饰品。这一时期奥瑞纳遗址的分布范围进一步向南北扩增，西北可至英格兰半岛南部，向东可至顿河流域，向南涵盖了巴尔干半岛、亚平宁半岛的大部和伊比利亚半岛的局部[①]。

在俄罗斯 EUP 有着较为独特的现代人文化发展序列。距今约 3.8 万年前后出现了斯特列兹卡扬（Streletskayan）和斯皮钦斯卡扬（Spitsynskayan）类型，距今 3.2 万年

---

① Chu W, Richter J. Aurignacian Cultural Unit//Smith C. Encyclopedia of Global Archaeology. Cham: Springer, 2020.

发展出戈罗佐夫斯卡扬（Gorodzovskayan）类型，距今 2.9 万年奥瑞那文化东扩至俄罗斯取代了之前本土的 EUP 文化。斯特列兹卡扬类型呈现出明显的旧石器时代中晚期过渡的特征。整体上仍然是以石片为主要毛坯来生产石器，最有特色的器物是器身两面修整，形态薄而对称，底部内凹的三角形尖状器。但是该类型也出现了石叶技术，以及少量的端刮器和雕刻器等 UP 工具类型。戈罗佐夫斯卡扬具有典型的 UP 石叶技术，还出土有丰富的骨制品和猛犸象牙工具以及装饰品等。俄罗斯的奥瑞纳文化以船底形刮削器和杜福尔小石叶为主。杜福尔小石叶通常具有弯曲的纵截面，一侧缘单面（腹面或背面）经过精细、连续的半陡状修理或两侧缘皆经过修理。

**3. 旧石器时代晚期中段（Middle Upper Paleolithic，MUP）**

在距今 2.8 万年的时候奥瑞纳文化基本在欧洲消失了，在奥瑞纳文化分布的广泛区域内兴起了格拉维特（Gravettian）文化。与奥瑞纳文化侧重于将骨质尖状器用于复合工具不同，格拉维特重新将石质尖状器安装到了箭杆上。因此该文化的典型器物是格拉维特尖状器。尖状器以细长石叶为毛坯，两侧边缘皆为陡状的修背，具有平直或者轻微弯曲的形态。通常具有非常锐利的尖部，一般会在根部或尖部或两端同时进行补充修理。以小的石叶或小石叶为毛坯修理而成的微型格拉维特尖状器也比较常见。在法国和比利时的格拉维特遗址中含有带铤尖状器，铤部一般由双侧陡状或半陡状修理而成。在中欧和东欧的格拉维特遗址中，早期仍存在柳叶形尖状器，到了晚期则常见有肩尖状器。整体上格拉维特石制品组合便携性和可维护性更强，可能与寒冷气候下适应高频迁徙流动的生活模式有关。

**4. 旧石器时代晚期晚段（Late Upper Paleolithic，LUP）**

LUP 的冰期气候对欧洲人群活动产生了显著的影响。在距今 2 万年左右，格拉维特文化基本消失了。欧洲中高纬度地区人类活动迹象迅速减少，如法国北部、德国和波兰等地几乎没有人类活动的遗存。

距今 2.1 万年，梭鲁特文化（Solutrean）开始在法国东南部兴起，逐渐扩散到北边的巴黎附近和南边的伊比利亚半岛大部分地区。梭鲁特文化最典型的器物就是单面或两面修理的尖状器。这些尖状器的修疤不仅浅平而且进深很大，两侧的修疤交汇以后能够覆盖石器全身。为达到理想的加工状态，古人还采用了石料热处理来提升原料韧性。月桂叶形尖状器器身两面通体或接近通体布满修疤，横截面对称；修疤与侧缘垂直，平且接近贯通器物的表面，修理方法为直接法或者间接法；这种修理常通过压制修理达到规范化。柳叶形尖状器相较于前者更加修长，横截面为半圆形，压制法修理，修疤通常分布在背面或首要修理面，极少分布在腹面。还有一种有肩的尖状器被称为典型的梭鲁特尖状器，这种尖状器一般会在柳叶形尖状器中下部的一侧边压制修理出直通底端的凹缺，从而形成单肩尖状器，这种修理的目的类似于铤的修理，主要是为便于装柄使用。该文化在距今1.8万~1.65万年逐渐淡出历史舞台。

在西欧接替梭鲁特文化的是马格德林文化（Magdalenian）（距今1.7万~1.2万年）。随着末次盛冰期的结束，马格德林文化重新向西北欧和中欧扩增。马格德林文化的石叶技术发展到顶峰，石器组合以断块和雕刻器占主导地位。与梭鲁特文化明显的不同就是更加侧重于骨角质尖状器的制作和使用。最具特色的骨器是带有倒刺的骨鱼标。在中欧和东南欧仍保有格拉维特文化的孑遗，包括修背的石叶或小石叶等。

### （二）欧洲旧石器时代晚期的艺术

#### 1. 可移动艺术

旧石器时代的可移动或可携带的艺术主要包括以刻划、雕塑、穿孔、绘画等方式在可移动物体上遗留的人类艺术表达。这些艺术表达不仅会作用于专门的载体形成艺术品，如岩板绘画、穿孔装饰品和雕塑等，还常见于一些日常实用工具表面的刻画装饰。欧洲UP时期的可移动艺术品的材料丰富多样，有机材料包括骨头、象牙、鹿角、牙齿、贝壳、琥珀等，无机质材料包括石灰岩、砂岩、片岩、泥灰岩、硬石膏、方解石、黏土等。食草类动物居多。其中，野马和野牛的数量最多，其次是野山羊和驯鹿等。猛犸象和食肉类动物的数量也较为常见。偶见一些海洋哺乳动物（海豹、鲸类）、鱼类、鸟类等，两栖动物和昆虫也有表现。在一些遗址中，人的形象相对较多，而在其他遗址中则很少见或没有。女性或女性身体部位的形象出现的频率高于男性[1]。

奥瑞纳时期欧洲有两个艺术表达较为活跃的地区。一个是德国西南部，主要是用象牙雕刻动物（马、猛犸象、猫科动物）和人的形象。最具特色的是在霍伦施泰因-斯塔德尔（Hohlenstein-Stadel）发现的独一无二的"狮头人身"雕像。第二个核心是法国西南部的佩里戈尔地区，人们在动物骨头上刻画一些几何图形。

相较于EUP，MUP可谓是可移动艺术大爆发的时期。以软石料、骨骼、象牙制作的雕塑常见于格拉维特文化，骨质工具上也常有一些刻画纹饰。这一时期最具特色的艺术品是用象牙或软石料雕刻的维纳斯女神。典型的形象是以丰乳肥臀的梨形身材来表现对于生育的崇拜，而对于女性头部和四肢的塑造非常粗糙。还有一种整体身材比较纤细，但对头部五官和四肢的塑造更加精细。值得注意的是，这类雕像并不是个例，而是广泛地出现在从法国到俄罗斯的欧洲广大区域。从侧面反映了这一时期各个地区人群间密切的交流，可能已经在艺术层面形成了某种文化的共识。

在经历了梭鲁特相对暗淡的艺术创作之后，马格德林时期的艺术作品在技术上显示出了高度的技巧和创新。这一时期的人类善于对骨骼和象牙精雕细琢，因而能够依据骨骼的形状雕刻出非常写实的动物形象。最具特色的便是那些雕刻在投矛器一端的

---

[1] Bourdier C, d'Errico F. Mobiliary Art, Paleolithic//Smith C. Encyclopedia of Global Archaeology. New York: Springer, 2014.

马头，或穿孔鹿角棒上面的马、牛等动物形象浮雕。马格德林时期也有女性雕像，但是有一些极为简约抽象、侧重于勾勒女性的背部和臀部曲线。

**2. 岩画艺术**

史前岩画涵盖了史前人类在各种岩石表面上创造的所有图案。岩石表面可以是露天的岩石，也可以是岩厦保护的岩壁，还可以是完全黑暗的深洞岩壁。欧洲 UP 时期的岩画一般被认为是现代人的作品，其分布范围从挪威北部一直延伸到安达卢西亚[①]。从距今 3.5 万年延续至 1.2 万年旧石器时代结束。在形式方面，它使用了多种技术（雕刻、雕塑、泥塑指画、线描、单色或多色绘画）和多种风格（从具象的自然主义艺术到图式艺术和几何抽象艺术）。

最早的 IUP 岩画位于西班牙的城堡洞（Cave of the Castle）岩厦遗址。通过铀系法测年，岩壁上用红色赭石绘制的圆点和手掌印的年代可能在距今 4 万年左右。更为系统的岩画创作始于 EUP 的奥瑞纳文化。典型代表是距今 3.2 万~3 万年的法国的肖维洞穴壁画。该洞穴发现了超过 1000 幅绘画，包含 13 个不同种类的动物主题，不仅有在旧石器时代洞穴岩画中常见的食草动物，如马、野牛、犀牛、驯鹿、猛犸象等；还发现了同时期岩画很少见的一些食肉动物，如狮、豹、熊、鬣狗。这些图像经由红赭石和黑色颜料进行刻画，采用了较为复杂的阴影、透视和构图技巧。大大超出了学者对于旧石器时代早期古人类绘画能力的预期。肖维壁画中包含了大量充满活力和震撼力的组图，这些单个的图像经过巧妙地处理和排列来适应洞室的轮廓。肖维洞穴的岩画是奥瑞纳岩画一个特例，其余遗址岩画的形式都是简单的轮廓描绘。除使用颜料绘画以外，奥瑞纳时期的创作者还会在洞壁、洞顶以及洞穴内散落的岩块上直接刻画一些几何或动物图像。

MUP 时期史多绘制在幽深洞穴内的岩画被发现。岩画的主题仍然是以动物题材为主，还比较流行手印图像。这些手印有的是用手涂抹颜料之后印在岩壁上的，有些则是先把手放在岩壁上然后用原料渲染周边形成手的阴影轮廓。这些手印通常聚集在一起形成一幅组图，手印有大有小，说明了当时人类较为紧密的群体关系。手印的数量一般不多，但个别遗址能超过 200 个手印。比较独特的一些内容包括身上插有长杆受伤的人形图像，以及刻在石灰岩上手持牛角的格拉维特维纳斯形象。

LUP 的梭鲁特文化几乎没有太多岩画的发现，进入马格德林文化欧洲的史前岩画艺术迎来了爆发式的发展，最典型的当属法国西南的拉斯科洞穴岩画。该洞穴保留了近 6000 幅岩画，大部分图像都是用红、黑、黄等多种矿物颜料绘制在墙壁上。题材仍是以动物占绝对主导，马和鹿最为常见，还有少量的牛，洞熊、狼、犀牛等有个别的发现。学者根据洞穴的结构和岩画的分布划分了几个洞厅。在"公牛厅"发现的动物

---

① Sauvet G, Sainz C G, Sanchidrián J L, et al. Europe: Prehistoric Rock Art//Smith C. Encyclopedia of Global Archaeology. New York: Springer, 2014.

群岩画长宽分别为17米和6米,其中有一头长达5.2米的黑色野牛是目前旧石器岩画中最大的单体动物绘画。在洞穴的"中殿"有一幅由多个野牛组成的画作,通过描绘野牛交错的后腿造成了一种动物与观众近大远小的视错觉,展示了高超的绘画透视技艺。更为特殊的一幅画作在野牛和犀牛之间描绘了一个鸟头人身的形象,引发了学者对于绘画者的精神状态和宗教的深入解读。

## 思 考 题

1. 什么是奥杜威文化?
2. 简述欧洲旧石器时代晚期文化的主要类型。

## 延 伸 阅 读

裴树文:《奥杜威工业石制品分类综述》,《人类学学报》2014年第33卷第3期。

雷蕾、李大伟、麻晓荣等:《阿舍利大石片生产方式与策略研究》,《人类学学报》2020年第39卷第2期。

# 第七章　中国的旧石器文化

  我国发现有数量丰富的旧石器遗存和古人类化石地点，无法一一列举。本章主要选取一些出土石制品数量较为丰富，具有较为清晰的地层序列、并有绝对测年数据和近年研究较多的遗址进行介绍。这些遗址的发掘简报或报告书多已出版，并开展了一定的石器分析、动物考古和古环境研究，为了解更新世中国境内古人类技术发展与生存适应提供了研究材料。本章介绍的区域包括中国北方地区、南方地区和青藏高原。鉴于中国旧石器时代的阶段划分，尤其是"中国旧石器时代中期"的概念内涵还存在相当的模糊性[①]，本章主要依据地质时代即更新世早、中、晚三期来分别介绍。

## 第一节　中国北方地区

  北方地区是指中国东部季风区的北部，主要是秦岭—淮河一线以北，大兴安岭、乌鞘岭以东的地区，东临渤海和黄海。包括东北三省、黄河中下游五省二市的全部或大部，以及甘肃东南部、内蒙古、江苏、安徽北部。

### 一、早更新世

  早更新世是指地质学上第四纪更新世的早期阶段，时间距今258万～78万年，属旧石器时代人类文化的早期。

  （一）上陈遗址

  上陈遗址位于陕西省西安市蓝田县玉山镇上陈村的黄土塬内。这一地区的黄土古土壤地层剖面出露良好，完整留存了共33层黄土古土壤序列，为研究地质古环境和寻找古人类活动的遗存提供了理想的场所（图7-1；图版四，1）。

  从2004年到2017年，研究人员在此展开了系统的地层学研究和考古试掘[②]。对遗址区的剖面开展了土壤地层标志层与黄土古土壤地层剖面的测量及层序对比、沉积物

---

[①] 有关中国旧石器时代中期的相关讨论可参考高星：《关于"中国旧石器时代中期"的探讨》，《人类学学报》1999年第18卷第1期，第1～15页。

[②] Zhu Z Y, Dennell R, Huang W W, et al. Hominin Occupation of the Chinese Loess Plateau Since About 2.1 Million Years Ago. Nature, 2018, 559: 608-612.

粒度组成分析、矿物学组合与地球化学组分测试、各类岩石磁学方法测试、系统的退磁和古地磁极性测量等，建立了多旋回黄土古土壤的土壤地层序列和古地磁年代序列。通过小规模的发掘，在上陈遗址剖面顶部的古土壤层 S5（距今 46 万年）至底部黄土层 L28（距今约 214 万年）的 20 多个原生地层层位中陆续发现了石制品和动物化石碎片。在距今 212 万～126 万年的地层堆积内发现了 82 件有人工打击痕迹的石制品，石制品原料为脉石英和石英岩。石制品组合包含石锤、锤击石核、砸击石核、石片、不完整石片、碎屑和石器等。石器以刮削器为主，还有少量的凹缺器、尖状器以及手镐和两面器等。古土壤层 S27（距今 212 万～209 万年）出土的最古老石制品有 6 件，包括石核、石片和石片工具。

上陈遗址的发现不仅将蓝田地区古人类活动的时间向前推进了 50 万年，比格鲁吉亚德玛尼西遗址年代（距今 185 万年）还早。上陈遗址因此成为目前所知非洲以外最早的人类遗址，也是奥杜威模式 1 技术在非洲以外的最早年代的证据。过去认为模式 1 石器技术在非洲以外的传播，是由于直立人走出非洲而引发的技术扩散，但是目前最早的直立人化石年代不早于 190 万年，上陈遗址年代超过 200 万年的石制品可能暗示着几种不同的可能性：有可能非洲的能人先于直立人携带石器制造技术到达了东亚地区；直立人出现的时间可能要更早，走出非洲的时间也更早；也有可能是一种类似于德玛尼西人的古人类或者德玛尼西人的祖先率先抵达了东亚地区。由于上陈遗址并没有发现古人类化石，上述假说无法证实，目前仅靠石制品组合尚无法与特定的古人类相对应。

图 7-1　上陈遗址剖面[①]

---

① Zhu Z Y, Dennell R, Huang W W, et al. Hominin Occupation of the Chinese Loess Plateau Since About 2.1 Million Years Ago. Nature, 2018, 559: 608-612.

## （二）泥河湾盆地

泥河湾盆地分布在河北省西北部和山西省北部桑干河流域，面积约9000平方千米，平均海拔1000米左右。桑干河由西南向东北蜿蜒贯穿整个盆地，盆地内晚新生代地层发育，特别是河相沉积厚达1000多米，由厚度不等的黏土、粉砂质黏土、粉砂、砂、砾石相互重叠组成，各层颜色差异明显，呈灰色、黄绿色、黄褐色、赭褐色等。含有旧石器文化遗物的泥河湾层从早更新世初到晚更新世早期，历经二三百万年之久。早更新世的遗址集中分布在泥河湾盆地东部的大田洼台地北部边缘地区，包括东谷坨、小长梁、马圈沟、岑家湾、飞梁、半山等遗址。以下主要介绍几个比较突出的重要发现。

### 1. 马圈沟遗址

马圈沟遗址位于河北省阳原县大田洼乡岑家湾村西南的马圈沟南端东坡。目前已经揭露出古人类活动的文化层17个，时代从距今175万年延续至距今约126万年，是目前泥河湾盆地内旧石器时代遗址群中最为古老的文化遗存。由于遗址的主文化层保留了较多原生信息，对于研究早更新世泥河湾盆地的古人类行为具有重要意义。

马圈沟遗址发现于1992年。1993年对遗址第一文化层进行了发掘，发掘面积20平方米。从黏土质粉砂中出土一批动物遗骨和111件石制品，时代为距今155万年。2000年，研究人员在该遗址区域调查发现了第二和第三文化层，并于次年进行了发掘。第二层为黄褐色黏土质粉砂，年代为距今约164万年。第三文化层为灰黑色粉砂质黏土，发掘面积60平方米，距今约166万年。该层不仅出土了443件石制品，还发现有数量丰富的哺乳动物化石以及数十个保存较完整的大象足迹坑。

2002年，又对遗址进行一次发掘，揭露面积155平方米。第一文化层发掘30平方米，出土文化遗物262件，其中石制品98件、动物遗骨80件、与人类有关的天然石块和砾石84件；第二文化层发掘40平方米，出土文化遗物344件，其中石制品226件、动物遗骨47件、与人类活动有关的天然石块和砾石71件；第三文化层发掘85平方米，出土文化遗物最丰富，达986件，主要为石制品，器类仍以刮削器、凹缺刮器为主，砍砸器为新发现的器类。石制品的拼合率在27%以上，最典型的一个拼合组由33件标本构成，几乎复原了被选作原料的石块的全貌。

2002年之后，在马圈沟遗址区又陆续发现了第四至第六文化层，年代分别为距今169万年、172万年和175万年，2004年发现的第七文化层年代早于175万年。

石制品的拼合研究表明，马圈沟遗址的第三文化层基本属于原地埋藏。与这些石制品共出的还有数量丰富的动物化石。主要是一头草原猛犸象的遗骸，有门齿一枚、较多完整和残断的肋骨、脊椎骨、肢骨和头骨等。其他物种包括三门马、桑氏鬣狗、披毛犀、鹿、羚羊、鸵鸟和食肉类等。骨骼周围散布着天然石块和石制品。石制品多为边缘锋利的石块、石核、石片及经过第二次加工的刮削器、凹缺刮器等。多数骨骼表面保留着清晰的砍砸、刮削或刻划痕迹。这些现象生动地勾勒出原始人类在泥河湾古湖畔肢解动物、敲骨吸髓、刮肉取食的场面。

马圈沟遗址的石料以遗址附近出露的以红、褐、黄、白、灰、黑色为基调的杂色燧石为大宗，还有一些硅质岩、硅质灰岩和凝灰岩等。燧石原料包含物较为丰富，质地参差不齐。采用锤击法进行剥片，未见砸击产品。石制品类型比较单调，有石核、石片、石锤和少量以石片为毛坯加工的刮削器。刮削器的毛坯不甚规整，较多的标本边缘修理成深凹的凹刃刮削器。

## 2. 小长梁遗址

小长梁遗址位于大田洼乡官厅村北的小长梁北端，年代在距今约136万年。该遗址发现于1978年，是泥河湾盆地发现的首个年代超百万年的旧石器时代遗址。当年及之后数年对该遗址进行了多次发掘，面积超过200平方米。石制品和动物化石埋藏在湖滨沉积层中，文化层厚50~80厘米。

小长梁目前见诸报道的石制品发现近4000件，石料主要采自附近的河流砾石和基岩，燧石比例达95%以上，还有石英岩、火山岩等。石制品的磨蚀程度很低，基本属于原地埋藏。剥片技术以锤击法为主，砸击法为辅。由于燧石块较薄，节理发育，因此遗址中的石片和修理后的石器普遍细小，长度很少超过40毫米的。加工石器十分有限，但是微痕研究表明有不少的石片未经加工直接使用，可能被用来加工肉类或一些植物材料。在小长梁遗址发现了大量动物骨骼化石，可以鉴定的种类有披毛犀、古菱齿象、中国长鼻三趾马、三门马、桑氏鬣狗等十多种，其中三趾马这种古老的动物在泥河湾盆地早更新世地层中只有小长梁和马圈沟遗址发现过。

关于小长梁石制品的技术水平，学者持截然不同的两种观点[①]。一部分研究者认为小长梁石核剥片过程随意性很大，剥片者只关心剥离石片获得可以使用的刃缘，并不注重器物的修型。整体技术水平较为原始，工具加工简单且器形不复杂。除了技术因素以外，原料的限制也是不可忽视的重要原因。打片实验显示，小长梁的石料虽然局部石质较好，但是由于节理发育，在打片时显示了极不规则和极难控制的特点。大部分的石片和碎屑块不是循打片方向剥离，而是沿其内在的节理崩裂，呈现为一种粉碎性破碎的特点。这也符合遗址90%以上的石制品都属于废片类的客观情况。而另一部分研究者则认为小长梁的石器生产水平较为先进，甚至强于一些中更新世的遗址。小长梁遗址石制品的先进性主要体现在小石核的剥片数量较多，呈现出较高的原料利用率；小的长石片剥片和台面修理技术可能已经出现；工具类型复杂，一些被认为是端刮器和雕刻器，和旧石器时代晚期的典型器物相似（图7-2；图版四，4）。但是这些精致的石核或石器的发现数量不多，而且对于所谓的"台面修理"的定义，以及石器分

---

① 李炎贤：《关于小长梁石制品的进步性》，《人类学学报》1999年第18卷第4期，第241~254页。

类的方式也仍存在争议。

图 7-2　小长梁遗址的石器典型标本 [1]

### 3. 东谷坨遗址

东谷坨遗址位于大田洼乡东谷坨村西北侧的许家坡。先后于 1981~2017 经过 13 次发掘，揭露总面积超 200 平方米。遗物埋藏在湖滨相的粉砂、细砂以及砂砾石层中，文化层最厚处达 3 米多，可分为 5 层。遗址的年代在距今约 110 万年，是泥河湾盆地出土遗物最多的旧石器时代早期遗址。

已发现石锤、石核、石片、石器、断块、碎屑等石制品上万件，石制品原料主要为燧石，其次为构造角砾岩、白云岩、硅质灰岩、石英岩、玛瑙等，均来自遗址附近的基岩及砾石层等沉积物中。从构造破碎带附近直接拣取或从构造带上开采并打下石料是东谷坨遗址石器制造者获得原料的主要方式。

石核剥片技术主要为锤击法，存在少量的砸击技术制品，多数石核形态不规则，也有很少量比较规整的盘状石核，可能存在修理台面技术，有学者认为一些石核形态特殊且具有稳定的预制、剥片程序，以生产细小的长石片为目的，形制为楔形，将其

---

[1] Yang S X, Hou Y M, Yue J P, et al. The Lithic Assemblages of Xiaochangliang, Nihewan Basin: Implications for Early Pleistocene Hominin Behaviour in North China. PLOS ONE, 2016, 11(5), e0155793.

命名为"东谷坨石核"[①]。盘状石核和东谷坨石核的发现,说明这一时期古人类对于石核块体的几何形态认知有了新的突破,在此基础之上能够有一定规划地持续开发利用石核。有学者将东谷坨与小长梁的石核加以比较,发现东谷坨石核有着更低的石皮覆盖率、更多的剥片面和剥片阴疤,整体显示出更高的石核利用率。东谷坨的石器占比也要高于小长梁。石器类型包括刮削器、尖状器、锯齿刃器、凹缺器、钻具、雕刻器及砍砸器等,其中刮削器的数量最多,石器均采用锤击法进行修理,毛坯多为石片和断块,部分石器加工精美。

哺乳动物化石很多,比较破碎,但多数化石的表面保存良好,没有严重风化现象。可鉴定的物种主要有中华鼢鼠、三门马、披毛犀、狼、熊、古菱齿象、野牛和羚羊等。少数化石表面可见疑似石制品切割痕和食肉类的咬痕等。遗址的孢粉及粒度、磁化率、氧化铁、易溶盐等环境代用指标的综合分析显示,古人类生存时期整体为温带森林草原环境,但其间存在由温暖湿润、温凉湿润向温凉较干气候的变化[②]。

### 4. 岑家湾遗址

岑家湾遗址位于大田洼乡岑家湾村西南,在东谷坨北约 700 米处,年代在距今 97 万~90 万年。该地点发现于 1984 年,1986 年发掘面积 45 平方米,在下层棕红色黏土中出土石制品 897 件、哺乳动物化石 51 件。1992 年进行了第二次发掘,发掘面积 20 平方米,出土石制品 486 件、动物遗骸 206 件。

石制品以断块和残片为主,完整石制品包括锤击和砸击法产生的石核、石片以及刮削器。原料以各色火山角砾岩为主,其次还有少量的石英和玛瑙。锤击法剥片为主,偶用砸击法。石核个体小而不规则,仅有单台面和双台面两类,石核工作面保留的石片疤较少,剥片缘曲折不齐整。石片形态各异,个体普遍较小,台面以素台面为主,天然台面次之。石器的加工简单粗糙,修理疤较稀疏,大小不一,加工方式以正向居多,反向和复向加工的较少。石器仅有刮削器,长度多在 4 厘米以下。

岑家湾遗址文化层以黏土和极细砂为主,层内发育弱的水平层理显示浅水湖滨沉积特点。石制品刃缘磨圆度低,文化遗物空间分布存在多个聚集,石制品的拼合率高,且拼合组内石制品的水平与垂直距离多在 1 米之内等特点,显示该遗址在形成过程中受到了微弱的湖滨片流的影响,石制品空间位置未受明显改造,石制品的完整程度高,古人类活动是遗址形成与埋藏的主要因素,是古人类技术与行为研究的理想遗址[③]。

---

① 侯亚梅:《"东谷坨石核"类型的命名与初步研究》,《人类学学报》2003 年第 22 卷第 4 期,第 279~292 页。
② 高星、张月书、李锋等:《泥河湾盆地东谷坨遗址 2016-2019 年发掘简报》,《人类学学报》2024 年第 43 卷第 1 期,第 106~121 页。
③ Ma D D, Pei S W, Xie F, et al. Earliest Prepared Core Technology in Eurasia from Nihewan (China): Implications for Early Human Abilities and Dispersals in East Asia. Proceedings of the National Academy of Sciences, 2024,121(11), e2313123121.

### (三)西侯度遗址

西侯度遗址位于山西省芮城县西侯度村"人疙瘩"北坡。1961、1962 年进行了两次发掘，石制品和动物化石集中分布在约 1 米厚的交错砂层中。古地磁初步测定为距今 180 万年，后采用铝铍法测年结果可早至 243 万年。

石制品包括石核、石片和石器共 32 件。其原料绝大部分为石英岩，其次是脉石英和火山岩。采用了锤击、砸击、碰砧 3 种剥片方法。石器有刮削器、砍砸器以及大三棱尖状器，属砾石和石片石器。

发现的动物化石计有 25 种，重要的如双叉麋鹿、晋南麋鹿、布氏真梳鹿、粗面轴鹿、山西轴鹿、步氏羚羊、粗壮丽牛、古中国野牛、剑齿象、平额象、古板齿犀、中国长鼻三趾马和三门马等，属早更新世动物群。由动物群的习性推断，当时西侯度附近应为疏林草原环境。一件残破鹿角化石上有两处创痕，可能是人工切割刮削产生的。另外还有一些骨骼化石颜色呈黑、灰绿或灰色，可能是烧骨类遗存。

## 二、中更新世

中更新世是指地质学上第四纪更新世的中期，时间为距今 78 万~12.8 万年，属旧石器时代人类文化的早期和中期。

### (一)金牛山遗址

金牛山遗址位于辽宁省营口市大石桥市永安镇西田村西金牛山。遗址共发现 A～F 共 6 个化石地点[①]。从 1973 年到 1994 年先后多次对该遗址进行了发掘。其中大量动物化石和人类化石出自 A 点洞穴。A 点洞穴位于金牛山东侧，原洞穴风貌已被破坏，洞顶塌落，残存南壁。洞口东向，残宽 5 米，高 15 米。洞内发掘的文化层厚 13.5 米，堆积可分为 8 层，第 4 层以上是棕黄色砂质黏土含钙质胶结角砾层，出土晚更新世哺乳动物化石。第 5 层以下是棕红色粉砂土含大块角砾胶结层，出土一批古代的动物化石，即分上下两组，上组动物化石为赤鹿、转角羚羊、洞熊等，年代为距今 20 万~16 万年；下组动物化石主要种属有拟布氏田鼠、大河狸、变种狼、中国貘、三门马、梅氏犀、李氏野猪、肿骨鹿、最后剑齿虎、硕猕猴等，年代为距今 31 万~20 万年。

金牛山人化石全部材料均出自第七层底部，距今约 26 万年。化石属于同一个青年个体，是迄今为止东亚地区中更新世唯一同时保存有头骨和躯干四肢的化石标本，也是东亚直立人向智人阶段最为完整的古人类骨架化石。除人化石外，金牛山遗址还发现了大量的文化遗物和遗迹现象。包括近 190 件石制品，9 处用火遗迹，大量的烧骨、敲击骨片以及万余件动物骨骼及碎片。石制品以脉石英为主要原料，剥片方式包括锤

---

① 傅仁义：《金牛山古人类遗址的发掘和研究简史》，《考古学研究（七）》，科学出版社，2008 年，第 15~29 页。

击法和砸击法，石制品多是形体较小的石片石器如刮削器和尖状器等。在 A 点与古人类化石同出的灰堆内多有烧骨，在 C 点发掘的灰烬层中也含有大量的烧骨和烧土，说明当时金牛山人已经熟练地掌握了用火。

## （二）周口店遗址

周口店遗址位于北京市房山区周口店镇西的龙骨山上，面积 0.7 平方千米，已发现属不同时期的旧石器时代文化遗址 5 处；附近还发现分属旧石器时代早、中、晚期的地点 4 处和动物化石地点 12 处。目前累计出土人类化石 200 余件，石器 10 多万件以及大量的用火遗迹，此外还有上百种动物化石等。

**1. 周口店第 1 地点**

第 1 地点俗称"北京人遗址"或"猿人洞"，该石灰岩溶洞东西长约 140 米，南北最宽约 20 米，含文化遗物的堆积厚达 30 米。已发掘的部分分为 17 层，从第 11 层以上均发现有石制品和用火遗迹，人化石发现最多的是第 8~9 层。出土的猿人化石、石制品数量、哺乳动物化石种类之多以及用火遗迹之丰富，都是同时代遗址无法与之相比的。

1921 年发现，1927 年开始正式发掘，1929 年发现了第一颗保存完好的人类头盖骨化石，1937 年发掘被迫中段。1949 年后先后进行了多次小规模的发掘，最近一次针对西剖面的抢救清理发掘从 2009 年持续至 2016 年。

第 1 地点已发现的北京人化石包括头盖骨 6 具、下颌骨 15 件、牙齿 157 枚、股骨 7 段、胫骨 1 段、肱骨 3 段、锁骨和月骨各 1 件，还有一些面骨和头骨碎片。这些化石分属约 40 个个体，其中有半数死于 30 岁以下。男性平均身高 156 厘米，女性为 150 厘米，脑量为 915~1250 毫升，平均为 1088 毫升。在人科分类上属直立人。

数以万计的石制品，原料均来自遗址附近，以脉石英占绝对主导。由于脉石英岩块较小且节理发育易破碎，石制品多为小型器（图 7-3）。剥片以大量使用砸击法最具特色，此外也有锤击法和碰砧法。石器类型除石砧、砸击石锤和锤击石锤外，还有刮削器、尖刃器、砍砸器、雕刻器、石锥和球形器等。早期（距今约 70 万~40 万年）石制品粗大，砍砸器居重要地位；中期（距今约 40 万~30 万年）石制品变小，尖刃器发展迅速；晚期（距今约 30 万~20 万年）更趋小型化，石锥是此时期特有的类型。

遗址里已找到 5 个灰烬层、3 处灰堆遗存、大量的烧骨、少量的烧石，灰烬最厚的可达 6 米。关于北京猿人用火的证据自 20 世纪 80 年代起长期存在争议。2009 年以来的考古发掘通过更加精细的发掘，以及多学科合作取样分析，确认了集中用火部位和火塘结构、高温燃烧过的动物化石和石灰岩块等，科学地证明了以第 4 层为代表的周口店第 1 地点上文化层存在明确无误的古人类有控制用火的证据[①]。

---

[①] 张岩、郭正堂、邓成龙等：《周口店第 1 地点用火的磁化率和色度证据》，《科学通报》2014 年第 59 卷第 8 期，第 679~686 页。

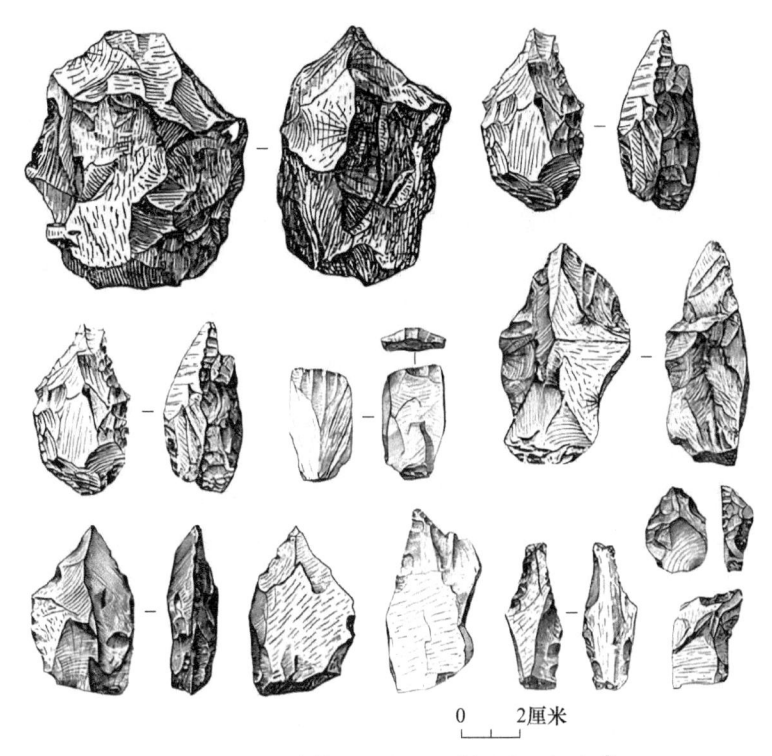

图 7-3 周口店第 1 地点的石制品典型标本 [1]

### 2. 周口店第 15 地点

第 15 地点位于龙骨山东麓，北京人遗址南 70 米处。该地点发现于 1932 年，于 1935~1937 年进行了发掘。发现万余件石制品与大量哺乳动物化石，石制品数量仅次于第 1 地点，年代在距今 28 万~15 万年。石制品整体与第 1 地点一致，都是以脉石英原料为主的模式 1 技术产品。断块和废片类器物超过 70%，石器以刮削器为主，凹缺器、砍砸器、尖状器、石锥、雕刻器、薄刃斧数量很少。相较于第 1 地点，处于中更新世晚期的第 15 地点普遍采用了更具剥片控制性的锤击技术来替代第 1 地点流行的砸击技术。能够有效地用石锤从脉石英岩块上打下相对规范和更加适用的石片，而且能够根据原料形态的不同采用不同的方式开发石核的台面和剥片面[2]。一些石器的加工较前者也更加精细、规整。

（三）许家窑－侯家窑遗址

该遗址地跨山西省大同市阳高县许家窑村和河北省阳原县侯家窑村。1976~1979

---

[1] Liu Y. Zhoukoudian: Geography and Culture//Smith C. Encyclopedia of Global Archaeology. New York: Springer, 2014.
[2] 高星:《关于周口店第 15 地点石器类型和加工技术的研究》,《人类学学报》2001 年第 20 卷第 1 期, 第 1~18 页。

年先后对其进行了 3 次大规模的发掘。出土许家窑人化石 20 余件，分属十多个个体。它是中国发现人类化石最为丰富的旧石器时代遗址之一。

遗址发现了 3 万多件石制品和大量哺乳动物化石。石制品原料主要是脉石英、燧石，锤击法是主要的剥片方法，砸击法少量使用。石器类型包括刮削器、尖状器、雕刻器、砍砸器、石球等，刮削器占比半数以上，石球数量仅次于刮削器，是该遗址最具特色的工具类型，推测可能用于狩猎。许家窑遗址出土的动物化石种类包括鸟类 1 种、哺乳动物 19 种，普氏野马和野驴为优势属种。动物考古学研究表明，许家窑遗址的古人类可能已经具有了捕猎整个马科动物居群的能力，同时还能做出最优化判断，有选择地去捕猎脂肪和肉量较高的壮年动物群体。许家窑人也因此被称为"猎马人"[①]。

近年来对许家窑-侯家窑遗址的小规模发掘与年代学研究，进一步厘清了遗址的地层与年代。遗址包含上下两个文化层：20 世纪 70 年代出土的人类化石和多数文化遗物基本属于上文化层，年代在距今 20 万~16 万年；下层光释光年代在距今 20 万年前后，铝铍法测年结果为距今 24 万年。

### （四）丁村遗址群

丁村遗址群位于山西省襄汾县丁村汾河东岸的阶地和黄土台塬之上，遗址以丁村为中心，北起襄汾县城，南至柴庄火车站，全长 11 千米。

丁村遗址在 1953 年的挖沙工程中被发现。1954 年首次调查发掘，发现石器及动物化石地点 14 个（编号为 54:90~54:103）。获得 2005 件石制品、27 种哺乳动物化石和 3 枚"丁村人"牙齿化石，填补了中国旧石器时代中期文化和早期智人的空白，确立了丁村文化。1976 年第二次调查发掘，持续 4 年发现 12 个地点，获得数千件石制品和 1 块幼儿顶骨化石。新发现的 12 个旧石器地点分布在汾河两岸三套不同地质时期的地层中。不仅使丁村遗址的分布范围扩及汾河两岸，也使得丁村一带远古人类的时间范围进一步扩大。经多个地质年代学工作者的考察，认为丁村遗址文化层上覆第一古土壤层（S1），因此遗址的年代应早于距今 12.8 万年，处于中更新世。最新年代学研究表明，丁村遗址 54:100 地点出土人类化石的层位年代在距今 29.8 万~22.5 万年之间[②]。

2011 年丁村遗址群南部区域调查中，在汾河Ⅲ级阶地发现石器地点 5 处。2013 年在石沟村采砂场发现人类枕骨化石一枚，并对石沟遗址进行了两个年度的发掘。2015 年以来，在汾河东岸黄土台塬的沟谷梁峁中发现石器地点 60 余处，并对其中的九龙洞遗址、过水洞遗址和老虎坡遗址进行了系统的考古发掘。过水洞遗址的发现将本区人类活动的时间上限推进至距今 30 万~20 万年的中更新世，九龙洞遗址则

---

① 栗静舒、张双权、高星等：《许家窑遗址马科动物的死亡年龄》，《人类学学报》2017 年第 36 卷第 1 期，第 62~73 页。
② Hu Y, Fan A C, Shao Q F, et al. New Age of the Dingcun 54:100 Hominin Site in Northern China. Journal of Archaeological Science: Reports, 2024, 55, 104502.

发现了拼合率相当高的原地埋藏石制品，可能代表了遗址群内首次发现的石器加工场所[①]。

丁村遗址内涵丰富，石器技术特征鲜明（图 7-4）。早期和中期以锤击法为主要剥片方法，石核类型多样，包含以角页岩原料为主的大石片砍斫器、大三棱尖状器、斧状器、刮削器、锯齿刃器等，同时还存在有刃类石片工具和以石灰岩、砂岩为主的石球狩猎工具两个技术体系；距今 3 万～2 万年的旧石器时代晚期，出现了以燧石等精细原料制作的细石器工艺技术，更加丰富了丁村遗址的文化内涵。

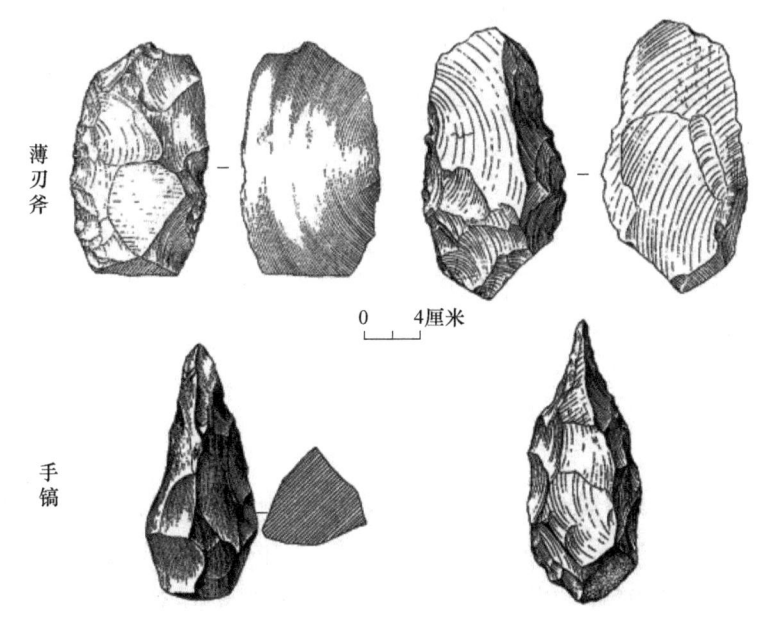

图 7-4 丁村遗址的薄刃斧和手镐（也称"大三棱尖状器"）[②]

## （五）杨上遗址

杨上遗址位于甘肃省天水市张家川回族自治县张川镇杨上村，地处黄土高原西部的陇西黄土高原。遗址位于六盘山西侧一条余脉的山脊之上，发现于 2007 年，2012 年进行了系统发掘，揭露地层厚度约 9 米，划分出 11 个堆积地层。第 6～9 层文化遗物与地层呈水平分布，应属于原生堆积。遗址绝大多数文化遗物发现于第 6～8 层，发现石制品 1710 件、动物化石 337 件，遗址发掘区内未发现用火等遗迹现象。

杨上遗址石制品原料以采自河滩的脉石英、石英岩砾石为主，花岗岩和硅质灰岩

---

[①] 王益人、袁文明、兰会才等：《2011 年以来丁村遗址群考古新进展》，《人类学学报》2018 年第 37 卷第 3 期，第 428～441 页。

[②] Yang S X, Huang W W, Hou Y M, et al. Is the Dingcun Lithic Assembly A "Chopper-Chopping Tool Industry", or "Late Acheulian"?. Quaternary International, 2014, 321: 3-11.

也占一定比例。剥片采用硬锤直接打击法，未见砸击制品。石核包括普通石核与盘状石核两种，均以生产普通的石片为目的。石器以片状毛坯为主要素材，主要利用石片薄锐且规整的侧缘。刮削器所占比例最大，其中尤以单刃者居多。石器全部由硬锤锤击法修理而成，由于缺乏连续密集的刃缘加工，使多数石器刃缘呈现出较为曲折的形态。化石的风化程度较高，保存状况不佳，绝大多数为破碎且不可鉴定的长骨断片。动物群中能够鉴定到种属与骨骼部位的材料仅49件，几乎全为食草类动物的标本。马属的材料最为丰富。

测年结果表明，杨上旧石器时代遗址的形成始于距今22万年前，终于距今10万年前，属于中更新世晚期。杨上遗址多个文化层所代表的古人类对遗址长时间较为持续性的利用，对揭示黄土高原西部人类与环境的互动过程具有重要价值[1]。

（六）洛南盆地

洛南盆地位于陕西省商洛市洛南县，地处黄河支流南洛河上游、秦岭主脊华山与蟒岭山脉之间。目前已发现旧石器遗址或地点300余处，发掘出土或采集各类石制品约15万件，地质时代主要涵盖中更新世至晚更新世，是中国旧石器遗址分布最密集、出土石制品数量最多的地区之一。

**1. 龙牙洞遗址**

龙牙洞遗址位于洛南盆地中部南洛河北岸，是发育在花石浪山体Ⅱ级阶地后部的裂隙型溶洞。洞穴进深7米，最宽约2米，高3米，洞内最大面积约20平方米，洞口朝向西南。1995年至1997年的发掘共清理洞内堆积约20平方米及洞口外部分120余平方米。洞内残存堆积厚3.4米，洞外堆积最厚超过11米，从下到上分为10层，第2~4层含石制品和动物化石，其中洞内遗物密度比洞外大得多。在洞内第3~4层还发现有踩踏面、灰烬层、经火烧烤过的灰岩洞壁、经火烧的灰岩角砾堆等遗迹。第3~4层经过释光年代在距今40万~25万年[2]。

遗址中的石制品超过77000余件，类型包括烧石、未加工的砾石石料、石锤、石砧、石核、石片，以及经过修理的工具、片屑和断块等，其中石片的比例最高。石制品原料为遗址附近河漫滩或阶地沉积物中的砾石，岩性以石英岩、脉石英和石英砂岩为主。石核以自然砾石面作为台面剥片者较多，采用锤击法、碰砧法和砸击法等简单的硬锤直接打击技术剥片。石片大多数为中小型石片。石制工具大多以石片为毛坯加工而成的小型工具，以刮削器为主，也有尖状器、雕刻器及个别体型较大的砍砸器。发现有哺乳动物、鸟类和水生动物化石20余种。遗址中还发现有烧骨及人工打击的骨片等。

---

[1] 赵宇超、周静、李锋等：《甘肃张家川县杨上旧石器时代遗址的发掘》，《考古》2019年第5期，第66~77页。
[2] 王社江、黄培华：《洛南盆地旧石器遗址地层划分及年代研究》，《人类学学报》2001年第20卷第3期，第229~237页。

**2. 旷野遗址**

洛南盆地发现的露天旧石器地点主要分布于南洛河及其支流各Ⅱ至Ⅵ级阶地上不同层位的黄土堆积中，遗址分布密度高，并跨越了300～400米的高差[①]。调查累积发现300余处旧石器地点，采集石制品数万件。石制品原料以各色石英岩为主，特别是优质的浅色石英岩占据了突出的地位。石英和石英砂岩也被广泛采用，其他岩性的材料较少。

该区目前年代最早、延续时间最长的人类遗存是洛南盆地西部的夜塬遗址。遗址处在一处孤立的岗地之上，地层堆积厚达24米，可划分为36层，第5～36层为旧石器时代堆积，出土石制品1.2万余件。最底部含石制品的河流相洪积－砂砾石层形成年代不晚于距今110万年。底部出土的石制品属于简单石核石片技术体系，工具主要为简单修理的砍砸器、刮削器等。距今约78万年至25万年前后的中更新世早期至中期，虽仍为简单石核石片技术体系，但古人类的石器技术持续进步，工具中新出现了单面修理、形态较规整的手镐；从距今25万～10万年，古人类在此期间留下了十分丰富的文化遗物，在简单石核石片技术继续发展的同时，新出现了形态规整、修理精细的手斧、三棱手镐、薄刃斧、大型石刀等具有阿舍利技术特点的工具（图7-5）。夜塬遗址构建的文化序列与洛南盆地内其他旷野遗址的发现具有一致性。目前来看，阿舍利技术在该区域的流行时间为中更新世晚期到晚更新世早期。

图 7-5  夜塬遗址出土的手斧典型标本

## 三、晚更新世

晚更新世是指地质学上第四纪更新世的晚期，时间为距今12.8万～1.17万年，属旧石器时代人类文化的中期和晚期。

（一）后山遗址

后山遗址位于辽宁沈阳农业大学后山果园处的黄土岗地上，遗址地处浑河右岸Ⅲ级基座阶地顶部，地势平坦，平面呈扇形，海拔82.6米，面积约80000平方米。该遗址于2012年进行首次发掘，2012～2016先后进行了5次发掘[②]。发掘揭露了5个连续分布的旧石器文化层，并通过光释光测年，确定遗址古人类活动时间为距今12万～1.5

---
[①] 王社江、沈辰：《洛南盆地旧石器早期遗址聚落形态解析》，《考古》2006年第4期，第49～60页。
[②] 陈全家、付永平、石晶等：《沈阳市农大后山旧石器时代遗址发掘简报》，《考古》2016年第11期，第3～10页。

万年。揭示出一组古人类建造和使用的建筑遗迹，推测其可能与古人类在野外搭建的窝棚式建筑有关，并测定该遗迹的年代为距今7.3万~7万年。

出土石制品近千件，剥片方法以锤击为主，仅有个别砸击产品。石制品类型包括石核、石片、石器、断块等。石器类型包括手镐、尖状器、雕刻器、砍砸器、刮削器。石制品原料包括石英、石英岩、石英砂岩、硅质泥岩、砂岩、角岩、板岩、辉长岩等。

### （二）吉林东部旧石器时代晚期含黑曜岩遗址

目前我国东北地区见诸报道的含黑曜岩石制品的旧石器遗址已有30余处。这些遗址或地点主要集中在吉林省东部的图们江中下游及其支流沿岸，松花江南源的上游流域。另有4处集中在黑龙江省牡丹江支流海浪河流域。多数地点是以地表采集为主，同时在表土层之下的第二或第三层，通过剖面观察或小面积的试掘获得了少量原生层位的石制品。原生层位的自然堆积均属于东北地区的晚更新统地层，发现的文化遗物也大多仅包含打制石器，基本没有陶片等晚期遗物共出的情况。发掘的十余处遗址中，仅有大洞遗址、西山遗址、林场遗址、石人沟遗址和枫林遗址进行了较大面积的发掘。由于多数遗址系统的发掘工作开展有限，且鲜见伴出的动物骨骼和炭屑等可供绝对测年的样品，仅仙人洞、枫林遗址和大洞遗址报道有绝对年代。大洞遗址出土黑曜岩最早的年代在距今5万年左右，目前可以作为东北地区黑曜岩出现的最早时间（图7-6）。其余未测年遗址判定为旧石器时代晚期，主要根据第四纪地质地貌、石制品组合、加工技术以及周边区域内遗址和地点的对比得出。

图7-6 大洞遗址出土的黑曜岩石器典型标本[①]

---

① 徐廷、赵海龙、顾聆博：《吉林省和龙大洞旧石器遗址2010年发掘报告》，《人类学学报》2023年第42卷第5期，第651~666页。

### (三)金斯太遗址

金斯太洞穴遗址位于内蒙古自治区锡林郭勒盟东乌珠穆沁旗,靠近中蒙边境。洞穴宽16米,进深24米,其堆积层厚达5米。该遗址首次于2001年进行了发掘,随后分别在2002、2013年在此进行了发掘,最新的考古发掘始于2021年。金斯太旧石器时代遗址地层分为9层,其中第8~1层含有考古遗存。从距今5万~4万年的旧石器时代中期莫斯特石制品组合,到距今约2.5万年的具有石叶技术特点的石制品组合,再到距今约1.3万年的含有细石叶技术、两面器加工技术、装饰品的旧石器时代晚期晚段遗存,最后到含有青铜小件、陶片等的青铜时代遗存。尤其是,遗址第8~7层发现的莫斯特技术石制品组合,将此类遗存在欧亚大陆的分布范围向东扩展了近2000千米(图7-7)[①]。

图7-7 金斯太遗址出土的勒瓦娄哇尖状器

### (四)通天洞遗址

通天洞遗址是位于新疆维吾尔自治区阿勒泰地区吉木乃县托斯特乡阔依塔斯村东北的一处花岗岩洞穴遗址。遗址有三处大小不一的洞穴,正面看略呈品字形,左下洞穴最大,进深17米,高6米,洞穴约2米进深部位的洞穴与山顶上下相通,通天洞由此得名。2014年调查发现,2016~2017年进行了系统发掘。

两年的发掘表明,通天洞遗址洞穴堆积较厚,发掘区最深处距地表约3米,已发掘部分划分出14个地层单位,分为4组[②]。1、2A层分别为早期铁器时代和青铜时代地层,2B层出土了很少量的具有细石器技术特点的石制品,他们属于上部文化层。3~5层为自然堆积的粗砂和花岗岩角砾,不见文化遗物。6A、6B、7、8A、8B、9层为旧石器时代文化层,出土有大量石制品和动物骨骼化石,并有原位埋藏的火塘等明确的遗迹现象。10层及以下为自然沉积的黄砂和花岗岩角砾层,尚未见底。经对动物化石的 $^{14}C$ 测定,旧石器时代文化层堆积的年代约为距今4.5万年。

旧石器文化层中出土的遗物包括编号标本2000余件,其中石制品约占2/3,动物骨骼化石约占1/3。此外还筛选出细小的动物化石及石制品标本万余件,筛选标本中以动物化石尤其是小型动物化石为主。石制品种类十分丰富,包括勒瓦娄哇石核、盘状石核、勒瓦娄哇尖状器、各类刮削器与莫斯特尖状器等典型的勒瓦娄哇-莫斯特文化

---

[①] Li F, Kuhn S L, Chen F Y, et al. The Easternmost Middle Paleolithic (Mousterian) from Jinsitai Cave, North China. Journal of Human Evolution, 2018, 114: 76-84.

[②] 于建军、王幼平、何嘉宁等:《新疆吉木乃县通天洞遗址》,《考古》2018年第7期,第3~14页。

的石制品（图7-8）①。动物骨骼破碎程度较高，有明显的切割、灼烧、敲击等痕迹，可鉴定种属包括食肉类、兔类、羊、驴、犀牛、棕熊以及鸟类等大量小动物骨骼。旧石器文化层中还发现有3个灰堆，呈较规整边界清晰的圆形，直径50~70厘米。

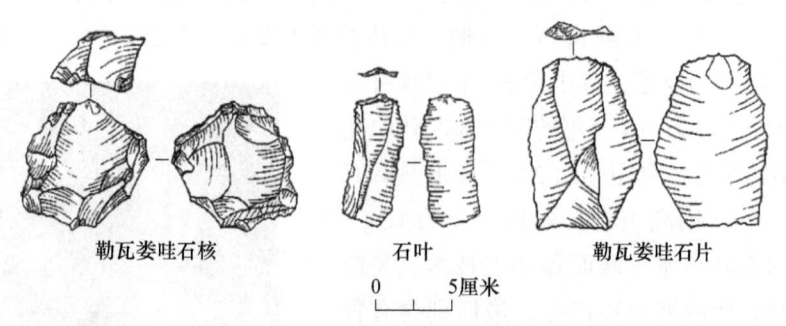

图7-8　通天洞遗址出土的典型石制品

（五）泥河湾盆地

泥河湾晚更新世遗址分布于桑干河及其支流的Ⅱ、Ⅲ级阶地和泥河湾层顶部，包括板井子、峙峪、虎头梁、油房、西白马营、籍箕滩、二道梁等遗址。

**1. 板井子遗址**

板井子遗址位于泥河湾盆地东缘、桑干河北岸，河北省阳原县化稍营镇板井子村北的高台地上，距今9万~8万年。遗址发现于1984年，之后至2015年先后进行了6次发掘。揭露面积累计超过100平方米，出土石制品、动物化石等各类遗物万余件。出土的石制品以燧石为主要原料，以锤击法为主要的剥片方法。除了普通的单、双和多台面石核，遗址中存在一定数量的盘状、似棱柱状、似锥形、似楔形的石核，部分石核台面经过修理，剥片比较连续，在剥片技术方面具备一定的计划性和组织性。工具类型较为丰富，有刮削器、锯齿刃器、凹缺器和石锥。刮削器最多，锯齿刃器、凹缺器数量较多。石器基本以石片为毛坯采取正向加工。遗址出土的动物化石有哺乳动物和鸟两大类，哺乳动物以马科动物为优势物种。动物考古研究表明，遗址中的动物化石与人类有着密切的关系。人类不仅已经具备了成熟的狩猎能力，并且可以重点开发营养富集的部位，高效地从猎物身体上获取能量。

**2. 峙峪遗址**

峙峪遗址位于广义泥河湾盆地（大同盆地）西南的山西省朔州市朔县峙峪村。1963发现并发掘，共发现智人枕骨化石一块，石制品1.5万余件，烧石、烧骨若干，

---

① 于建军、王幼平、何嘉宁等：《新疆吉木乃县通天洞遗址》，《考古》2018年第7期，第3~14页。

装饰品 1 件，各类动物牙齿化石 5000 余枚。最新的光释光和 $^{14}$C 测年结果综合表明，遗址的年代在距今约 4.5 万年[①]。石制品原料包括脉石英、各种颜色的石英岩、硅质灰岩、各种颜色的石髓、黑曜岩和水晶等。石核既有普通石核也有砸击石核，石片中有一部分小而薄的石片，台面非常小，打击泡小而圆凸，可能采用了间接法进行剥片。石器主要以细小石片为毛坯加工而成。类型包括小型砍砸器、刮削器、勒瓦娄哇尖状器、修铤工具、雕刻器、扇形石核石器、斧形小石刀和石镰等类型（图 7-9）[②]。刮削器数量很多，其中的圆头刮削器和圆盘状小刮削器加工精细，具有细石器文化的技术风格。动物骨骼化石以蒙古野马、野驴为优势动物。该遗址新近研究还发现了以石墨为原料打磨的饰品残件和从东北亚地区远距离输入的黑曜岩原料等。

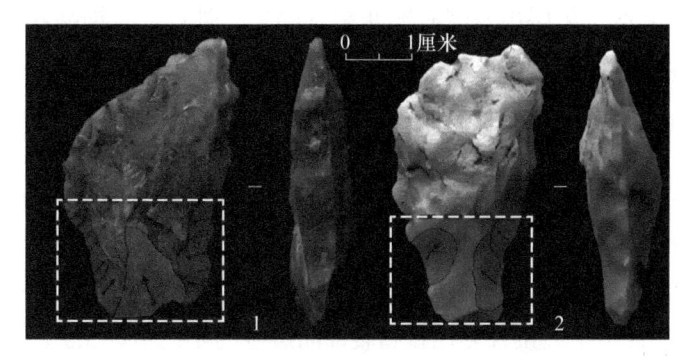

图 7-9　峙峪遗址出土的修铤工具典型标本

### 3. 虎头梁遗址群

虎头梁遗址群分布于以河北省阳原县虎头梁村为中心的桑干河及其支流的 II 级阶地。自 20 世纪 60 年代中期开始，在不到 10 千米的范围内，先后发现十多处典型的细石器文化遗址。典型遗址包括虎头梁、于家沟和马鞍山等遗址。虎头梁遗址的年代在距今 1.3 万～1.2 万年之间，于家沟遗址年代在距今 1.5 万～0.8 万年之间，马鞍山年代为距今 1.3 万年左右。

虎头梁遗址群的石制品原料以火山角砾岩和硅质岩为主。石制品类型有石核、石片、细石核、细石叶等打制石器、磨制石器等。以楔形石核技术为主的细石器是虎头梁遗址群的最大特色，即先修理一件两面器作为毛坯，再打击剥落削片形成台面，最后从一端或两端剥取细石叶。石器类型有尖状器、端刃刮削器、雕刻器、石矛头、磨光石斧、石砧、磨盘和磨棒等。工具形制稳定、刃缘平直、加工精致，有比较明确的软锤加工、压制修理和成熟的两面器技术。已发现的动物化石包括蛙、鸵鸟、似布氏

---

[①] Yang S X, Zhang J F, Yue J P, et al. Initial Upper Palaeolithic Material Culture by 45,000 Years Ago at Shiyu in Northern China. Nature Ecology & Evolution, 2024, 8: 552-563.

[②] Yang S X, Zhang J F, Yue J P, et al. Initial Upper Palaeolithic Material Culture by 45,000 Years Ago at Shiyu in Northern China. Nature Ecology & Evolution, 2024, 8: 552-563.

田鼠、蒙古黄鼠、中华鼢鼠、变种仓鼠、狼、野马、野驴、鹿、牛、普氏羚羊、鹅喉羚、转角羚羊、野猪等，整体为草原动物群。遗址中装饰品屡有发现，类型包括穿孔贝壳、鸵鸟蛋皮制成的扁珠、鸟管状骨制成的管珠及钻孔石珠等。于家沟遗址还出土了年代超过万年的夹砂黄褐陶片。

（六）山顶洞遗址

山顶洞遗址位于北京市周口店龙骨山北京人遗址顶部，山顶洞分为洞口、上室、下室和下窨4部分。洞口向北，高约4米，下宽约5米。上室在洞穴的东半部，南北宽约8米，东西长约14米。在地面的中间发现一堆灰烬，底部的石钟乳层面和洞壁的一部分被烧炙。在上室文化层中发现有婴儿头骨碎片、骨针、装饰品和少量石器。下室在洞穴的西半部稍低处，深约8米。发现有3具完整的人头骨和一些躯干骨，人骨周围散布有赤铁矿的粉末及一些随葬品。下窨在下室深处，是一条南北长3米、东西宽约1米的裂隙。发现了许多完整的动物骨架，推测它们是在人类入居以前，偶然坠入的。

在山顶洞堆积中发现的脊椎动物化石共54种，其中哺乳动物有48种，大多数属华东、内蒙古和东北地区的现生种，绝灭动物只有洞熊、最后斑鬣狗，仅占动物总数的12.1%。由此表明山顶洞是晚更新世末的洞穴遗址。山顶洞主要文化层位的年代不晚于距今3.3万年，出土大量人类化石和装饰品层位的年代距今3.8万~3.5万年。

山顶洞的文化遗物比较丰富多样，有石器、骨器、装饰品和埋葬遗址。石器发现很少，制作粗糙。其中一根骨针比较精致，针身光滑，微弯，一端是针尖，另一端有针孔。骨针表明山顶洞人已经会将兽皮缝制成衣服，而且山顶洞人知道制造和使用比较细的纤维。山顶洞人的装饰品有穿孔的兽牙、海蚶壳、钻孔的石珠、小砾石、鱼的眶上骨、短的骨管和去除横突和棘突的鱼类脊椎骨。穿孔的周围多带红色，可能是用红色的条带串联这些装饰品所致。山顶洞人骨周围散布着红色的赤铁矿粉末，这是古人类有意识行为的结果，是埋葬死者的标志。

（七）灵井许昌人遗址

灵井遗址位于河南省许昌市灵井镇。遗址分布面积约3万平方米，2005~2017年经过13年连续发掘，发掘面积共500余平方米。遗址地层厚达9米，自上而下共分11层，第5~11层为旧石器时代文化层。第5层为橘黄色细粉砂层，属于上文化层。第10~11层为灰绿色粉砂土，含古人类头骨化石、石制品、动物化石、铁锰结核等，属于遗址的下文化层。

上文化层距今1.5万~1.2万年，石制品属于典型的细石器类型。细石器的原料以燧石为主，细石核以锥形占主导，主要的工具类型包括端刮器、边刮器、琢背小刀、尖状器、石锥、凹刮器、锯齿刃器、楔形器、石镞等多种石制品。该层还发现了以炭化动物骨骼为毛坯雕刻的鸟雕成品以及毛坯、钻孔的鸵鸟蛋壳饰品、赭石颜料块等具有艺术和象征色彩的文化遗物。同时还出了早期陶片，对于研究中原地区旧、新石器时代文化过渡具有重要价值。

下文化层发现的古人类头骨化石分属于5个个体，对于了解东亚早期古老智人形态特征具有重要意义。下文化层出土石制品和动物化石3万余件。石制品原料以质地优良的脉石英占绝对的主导，其次为石英岩、石英砂岩等。剥片技术以锤击法为主，砸击法次之。锤击石核中存在较高比例的盘状石核和多台面石核，显示出较高的石核剥片利用率（图7-10）。石器类型包括有刮削器、锯齿刃器、凹缺器、石钻、汇聚型工具、尖状器等。一些石制品的加工非常精细，从修疤特点和刃缘形态的观察分析来看，许昌人很可能使用了压制法来加工石英类工具[①]。

出土动物化石包括两栖类、爬行类和哺乳类动物，以原始牛和普通马为优势属种。并且牛和马以壮年个体占优势，表明遗址古人类已经具有较高的狩猎技能。灵井动物群的时代应与许家窑动物群的时代相似，为晚更新世早期，距今10万年左右。光释光测定人类化石的地层年代为距今12.5万～10.5万年。

从下文化层出土的动物化石标本中还辨识出了一批骨质工具，除了软锤是比较典型的工具外，还有一些器物的局部表面或边刃有使用磨光的痕迹，经研究发现大量权宜骨器，这些骨器可能主要用于加工竹子和木材。发现2件象征早期人类行为的刻划骨片，局部用赤铁矿涂染，为最早的人类行为艺术品。

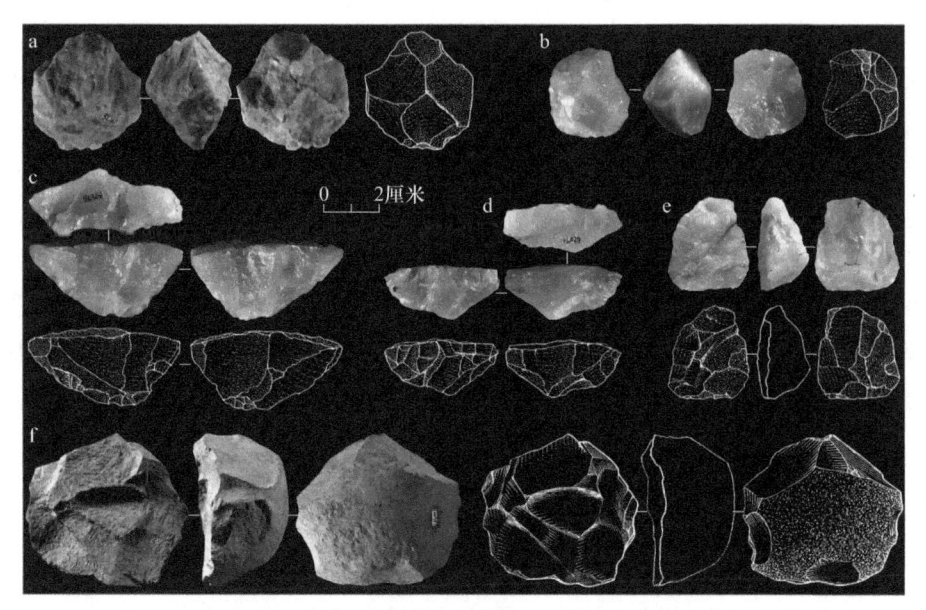

图7-10 灵井遗址出土的盘状石核典型标本[②]

---

① 李占扬、李浩、吴秀杰：《许昌人遗址研究的新收获及展望》，《人类学学报》2018年第37卷第2期，第219~227页。
② Li H, Li Z Y, Gao X, et al. Technological Behavior of the Early Late Pleistocene Archaic Humans at Lingjing (Xuchang, China). Archaeological and Anthropological Sciences, 2019, 11(7): 3477-3490.

## （八）水洞沟遗址群

水洞沟位于宁夏回族自治区银川市灵武市临河镇，地处毛乌素沙漠西南缘、黄河支流边沟河两侧的Ⅱ级阶地之上（第6地点除外）。1923年德日进和桑志华发现并发掘了该遗址群，1960、1963、1980、2003~2022年进行了多次发掘。该遗址群的地层堆积主要以河湖相为主，地质时代属晚更新世晚期。

水洞沟遗址群包含12个旷野型旧石器地点，发掘了多个文化层位和多种石器技术体系，大致可以分为三个发展阶段[①]。第一阶段以水洞沟第1地点下部文化层，第2地点CL7、CL5a层位为代表，年代为距今4万~3.3万年前后，石器技术主要为具有勒瓦娄哇技术特点的石叶技术，此种技术与欧亚大陆北部旧石器时代晚期的石器技术具有相似性。第二阶段以第2地点其他文化层和第7、8地点文化层为代表，年代为距今3.5万~2.8万年，石制品技术是北方常见的小石片技术体系，没有显示出勒瓦娄哇技术和石叶技术的影响。第三阶段以第12地点文化层为代表，年代为距今1.05万~1.02万年，石制品组合以典型的细石器为主导，出现琢锤、磨石、磨棒、磨制石器残片等。

### 1. 第1地点

该地点位于边沟河右岸，在1923年首次发掘之后，于1960、1963、1980年重新进行了发掘。第1地点的地层序列通常分为晚更新世的下文化层和全新世的上文化层。下文化层A为距今3万~2万年，下文化层B的年代为3.8万~3.4万年，还有一些数据指示下文化层最早可至距今4万年前。2018~2022年对第1地点进行了大面积系统考古发掘。

下文化层出土的大量石制品以白云岩为主要原料，石器技术类型既包括勒瓦娄哇技术遗风的勒瓦娄哇石叶技术，也包括旧石器时代晚期的棱柱状石叶石核技术。石制品类型包括石叶石核、石叶，以及以石叶和小石片为毛坯加工而成的工具。工具类型属于旧石器时代晚期典型的工具组合，包括端刮器、边刮器、凹缺器、锯齿刃器和尖状器等。尖状器和端刮器一般以石叶为毛坯加工而成。在第1地点发现一件石制品上有清晰的人工有意刻划的线条、染有赭石颜料的鸵鸟蛋壳串珠以及丰富的用火遗迹。

### 2. 第2地点

该地点位于边沟左岸，与第1地点隔边沟河相望，同样发现于1923年，该地点于2003年至2016年先后进行了多次发掘，累计发掘面积约130平方米。地层序列总厚度为12.5米，包含18层，共有7层出土了旧石器时代遗迹。第7文化层形成于距今4.14万~3.44万年之间，第5~6文化层形成于距今3.44万~3.28万年之间，第3~4文化

---

① 宁夏回族自治区文物考古研究所、中国科学院古脊椎动物与古人类研究所、中央民族大学：《水洞沟研究论文集》，科学出版社，2023年。

层形成于距今 3.23 万～3.14 万年之间，第 2 文化层形成于距今 3.13 万～2.99 万年之间，第 1 文化层形成于距今 2 万年左右。

L7 和 L5a 出土了与第 1 地点石叶技术一致的产品，其余层位出土的石制品不见石叶剥片技术，石器工具也主要是以各类边刃刮削器为主（图 7-11）[①]。虽然遗址后期回归到了传统的小石片技术体系，但是一些石器加工更加精细规整，不同于早期以河滩砾石作为石料，第 2 地点的 L2 层古人类开始远距离采集优质的燧石石料。第 2 地点的古人类还开始对石料进行热处理，制作带有非功利性刻划痕迹的石制品，频繁使用装饰品如鸵鸟蛋皮串珠、穿孔贝壳等，使用磨制骨器，采集和消费禾本科植物种子，并形成以火塘为中心的对居址的复杂利用方式。

图 7-11　水洞沟遗址第 2 地点出土的端刮器（上）和石叶石核（下）典型标本

### 3. 第 7 地点

该地点位于第 1 地点东南约 300 米处的边沟河左岸。2003～2005 年发掘揭露遗址面积约 25 平方米，遗物的地层年代距今 3 万～2 万年。出土石制品近万件，石料就地取材，以硅质白云岩、燧石和硅质灰岩为主，此外还有石英岩、石英砂岩等。该地点存在两种石核剥片技术体系。一种属于类勒瓦娄哇技术，以勒瓦娄哇扁平石核为代表，通过预制修理台面和剥片面来生产较大尺寸的石叶或长石片。但遗址的主流技术体系仍是小石片传统，从未经过预制的石核剥取形状不规则的石片，并以此为毛坯来加工石器。石器的类型以刮削器占据主导地位，此外还有砍砸器、凹缺器、锯齿刃器和尖状器。出土动物化石 2000 余件，以羚羊和野牛的数量最多，少量标本表面发现有切割和敲砸的痕迹。还发现有两件鸵鸟蛋壳串珠。

---

[①] 李锋、陈福友、高星：《水洞沟遗址第 2 地点古人类"行为现代性"及演化意义》，《人类学学报》2014 年第 33 卷第 4 期，第 510～521 页。

### 4. 第 12 地点

该地点位于第 1 地点以北约 4 千米处。2005 年调查发现，2007 年发掘了约 12 平方米，2010 年发掘约 100 平方米。遗址属于单一文化堆积，厚度大，表现为一条 50 米长的透镜体状灰烬层，最厚处达到 1.6 米，年代在距今 1.05 万~1.02 万年之间。出土数万件石制品，石制品包括细石核、细石叶、刮削器、局部磨光的石器、石磨盘、石磨棒、石杵等。细石核以楔形石核为主，还有少量的锥形和棱柱状细石核。骨制品包括制作精美的骨锥、骨针和有刻槽的骨片等（图 7-12）[①]。该遗址出土的动物骨骼显示，兔子等小型动物骨骼的比重激增，表明先民强化了对小型动物的利用；同时磨盘、磨棒和石杵等工具的存在说明古人群能够系统、深度地开发利用植物资源，是更新世末全新世初古人类广谱革命的生动体现。该地点还出土了数量丰富的用火遗迹和遗物，模拟实验表明，当时的人类懂得有针对性地挑选岩性，将石块高温烧烤后浸入液体中烹煮食物。

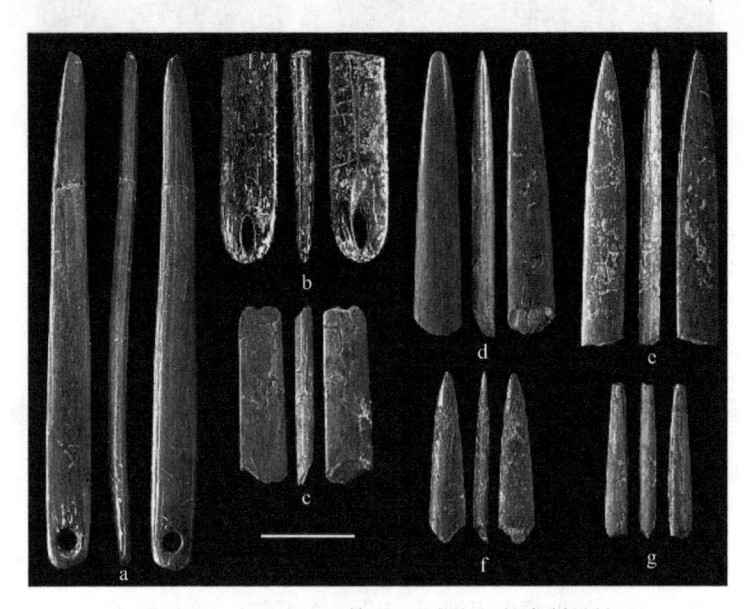

图 7-12  水洞沟遗址第 12 地点发现的磨制骨针

### （九）柿子滩地点群

柿子滩细石器地点群山西省吉县西南 30 千米的黄河支流清水河畔。1980 年发现并进行了发掘，2000 年调查获得旧石器地点 25 处。从 2000~2010 年连续对 S9、S14、S24、S5、S29 和 S12 地点进行了发掘。这是我国北方一处地层清楚、文化遗存埋藏丰富且扰动较小、分布范围广的细石器遗址群。其中 S29 保留了从石核 - 石片类型发展

---

① d'Errico F, Doyon L, Zhang S Q, et al. The Origin and Evolution of Sewing Technologies in Eurasia and North America. Journal of Human Evolution, 2018, 125: 71-86.

为细石核-细石叶类型的文化序列，对于研究华北细石器技术的兴起具有重要价值。

S29地点位于山西省吉县柏山寺乡狮子河村东约500米清水河右岸。发掘区域总面积约1200平方米，清理剖面深度15米。发掘共清理出旷野类型用火遗迹285处，出土文化遗物8万多件[①]。用火遗迹集中分布于第1～7文化层中，每层分布3～94处，分布状况因层而异，在有些文化层内，分布无规律；在有些文化层中则表现出相似的埋藏和保存状况。用火遗迹多为一次性使用形成，遗迹的面积一般不超过1平方米，但也有4平方米左右的用火遗迹。出土遗物80527件，其中石制品74735件、动物骨骼化石5749件、蚌制品23件、鸵鸟蛋壳质穿孔装饰品20件。

石制品原料以燧石为主，石英岩、脉石英和砂岩次之；打片技术主要为锤击法，砸击法也占一定比例。工具加工以压剥法为主，工具刃缘的加工以单向或单面加工为主，工具类型以刮削器和端刮器为大宗，两面加工的尖状器从第3文化层开始出现，数量不多，但较为典型。除此之外，还有雕刻器、石钻、琢背刀、磨石、磨盘等类型，但都比较少。S29地点的石制品组合经历了两大发展阶段：第一阶段为石核-石片类型，属于该类型的仅有第8文化层。第二阶段为细石核-细石叶类型，第1～7文化层均属于该类型，时代为距今2.6万～1.3万年，细石核由早到晚有由半锥状细石核向船形细石核发展的迹象。在第7文化层的下部出土了一定数量的石叶，在上部出土大量的细石叶，绝对年代为距今2.6万～2.4万年。细石叶采用压制法生成，细石核在预制之前很有可能经过热处理。

S29地点出土了大量的哺乳动物骨骼。可鉴定的动物骨骼761件，分属于7种食草类动物：普通马、蒙古野驴、原始牛、普氏原羚、麝牛、河套大角鹿和一种中型鹿类。动物组合显示柿子滩遗址当时处于山地和平原交错、草原与森林共存的生态环境中，属北温带半湿润—半干旱的大陆性季风气候。蚌制品共23件，包括饰材和饰品两类。饰材为不同种属的没有任何人工加工痕迹的蚌壳残片，共22件；剩下的则是1件穿孔的蚌饰品。鸵鸟蛋壳制品共20件，均为中心穿孔的成品饰品。

（十）下川遗址群

下川遗址群位于山西省晋城市沁水县的下川盆地内，以中村镇下川村为中心。地貌环境为中条山东端的山间小盆地，海拔约1600米。20世纪70年代，先后由山西省文管会和中国社会科学院考古研究所进行过两次大规模的考古调查与发掘。2014～2017年，北京师范大学历史学院与山西省文物考古研究所进行联合发掘，发掘地点包括富益河圪梁地点、小白桦圪梁地点、水井背地点和牛路地点，以及距离盆地约5千米的流水腰地点，出土大量石制品。

以2014～2017年的发掘和研究为例。下川遗址群共揭露出4个旧石器中期至晚期

---

[①] 宋艳花、石金鸣：《山西吉县柿子滩遗址S29地点发掘简报》，《考古》2017年第2期，第35～51页。

文化层位，经历了3次重要的文化转变，每次转变都伴随有时间断裂和文化内涵的转变[1]。旧石器中期为简单石核-石片文化层，仅在富益河圪梁地点发现30件石制品，类型有普通石核、石片、断块、断片和石料；原料主要来自富益河河滩的石英砂岩，少量脉石英和燧石。旧石器晚期早段（距今4.3万～3万年）延续简单石核-石片技术，工具类型是以刮削器为主的小型石片石器组合，但出现了楔形析器、琢背小刀和台形器等特殊类型，发现多处火塘、多件研磨盘和大量赤铁矿颜料，以富益河圪梁地点为代表。远距离输送的黑色燧石比例大幅增加，甚至成为部分地点的主要原料。旧石器晚期中段（距今2.7万～2.5万年）出现石叶-细石叶技术，细石核类型包括锥形、半锥形、船形和楔形等，燧石比例继续升高，如小白桦圪梁地点；旧石器晚期晚段（距今1.7万年）仍然维持晚期中段的石叶-细石叶技术，但新出现了小型两面器技术，如流水腰地点。下川遗址的发掘，已经建立起下川盆地旧石器时代中期以来完整的文化发展序列，对于探讨旧石器中晚期过渡、现代人在东亚地区的出现以及细石器技术的起源等学术问题具有重要的意义。

（十一）嵩山东麓旧石器地点群

自2004年以来在西起登封，东至新密、新郑等地的嵩山东麓地区发现了多处旧石器和动物化石地点，主要集中在距今5万～2万年，揭示了这一时期该区旧石器从石片石器、石叶到细石器技术的发展历程[2]。

### 1. 老奶奶庙遗址

老奶奶庙遗址位于郑州市西南郊樱桃沟景区内，西邻贾鲁河上游九娘庙河，坐落在河旁Ⅱ级阶地之上。遗址的旧石器遗存可分上下两大部分：上部为黄褐至灰褐色黏质粉砂，含丰富的石制品、动物骨骼碎片及灰烬等；下部是灰黄、灰白色黏质粉砂或粉砂，均可见石制品、动物化石及灰烬等文化遗存。堆积显示，当时人类曾较长时间反复在水边居住活动，因而留下多层富含各类旧石器遗存的文化堆积。遗址年代距今约4.5万年。老奶奶庙遗址经三个年度发掘，发现石制品的数量已超过5000件。种类包括石核、石片、断块及各类工具等。石制品的原料以灰白色脉石英砂岩和白色脉石英为主，亦有少量的石灰岩、火成岩及燧石等原料使用。在石英砂岩制品中，石片与石核的数量较多。石核多为多台面石核，均为简单剥片技术的产品，尚不见预制石核的迹象。石英原料则体积较小，亦采用锤击技术或砸击技术直接剥取石片。经过细致加工的工具多系脉石英原料，数量不多，可见到的类型有边刮器、尖状器等。形体多

---

[1] 杜水生：《连续与断裂：重新认识下川遗址在中国旧石器文化研究上的意义》，《第四纪研究》2021年第1期，第153～163页。
[2] 王幼平、汪松枝：《MIS3阶段嵩山东麓旧石器发现与问题》，《人类学学报》2014年第33卷第3期，第304～314页。

较细小。

已发现的动物骨骼数以万计，包括数量较多的较完整的下颌骨、肢骨、牙齿等，以及大量骨骼碎片。其中下颌骨与牙齿等食草类动物头骨的骨骼比例要远远高于其他部位。多数动物骨骼石化程度较深。可鉴定种类主要是马、牛、鹿、羊、猪等。还有数量较多的鸵鸟蛋皮碎片。一些动物碎骨可能被用作骨器。

遗址的3B层共发现用火遗迹10处，这些灰烬主要分布于发掘区的中部和中南部，面积有大有小。较大者如H9，分布范围南北长20厘米，东西宽30厘米，最厚3厘米，剖面观察则呈浅锅底状，周围发现大量动物骨骼碎片与石制品。另外在发掘区北部至中部的不同区域，也有大量动物骨骼残片、石制品、炭屑等遗物密集分布，应是当时人类规模性居住活动留下的活动面遗迹。另一处比较清楚的活动面遗迹保留在3F层。其原始地面呈北高南低的缓坡状，遗迹、遗物非常丰富，发现灰烬堆积6处，面积分布较大。如分布在发掘区西南部的灰烬堆积平面呈椭圆形，南北长126厘米，东西宽100厘米，最厚处8厘米，含有大量炭屑和灰白色块状物质，灰烬周围散布着较多的动物骨骼碎片与石制品。发掘区中部发现的灰烬堆积，平面近圆形，直径160厘米，灰烬内包含大量炭屑，其周围也散布着大量的文化遗物。

### 2. 西施遗址

西施遗址地处低山丘陵地带，区域地势整体上呈北高南低。海拔约270米，遗址附近黄土堆积发育。遗址北边出露的基岩为石英砂岩，南边则系石灰岩，部分石灰岩基岩中夹杂有燧石团块，是西施遗址生产石叶的原料产地。遗址位于两座低山之间的平缓谷地上。古人类主要在距今2.5万年前后在该遗址活动。该遗址最重要的发现是石叶加工场遗迹，由各类石制品及人类搬运石料构成。主要分布在发掘区的东北部，集中在南北长约6米、东西宽近4米的范围内。大部分标本在剖面分布集中在上下20厘米左右的范围内。石制品种类包括石锤、石核、石片、石叶、细石叶、工具，以及人工搬运的燧石原料等。数量更多的则是断片与碎屑等。这些石制品及其分布状况，也较清楚地展示出该遗址石器加工的技术特点，完整地保留着石叶生产操作链。发现的石叶为研究石叶技术的本土起源还是外来传播增添了新的材料。与此同时，西施还有与石叶技术共存的细石器的发现，这些细石器的年代早，技术特征典型，为探讨邻近地区与西施年代相近的一些细石器遗存的技术特点及文化关系等课题提供了新线索。

### 3. 李家沟遗址

李家沟遗址位于河南省新密市岳村镇岗坡村的李家沟村西，2009年和2010年两个年度的发掘揭露遗址面积近百平方米。南区地层自上而下共分7层。南北两区的最下层（第7层）是只含打制石器的旧石器文化层。石制品的原料主要是石英与石英砂岩。石制品组合属于"简单石核－石片类型"，可见到的工具类型只有边刮器。

南区所见的第 6 层为细石器文化层，同层也有粗大石制品、局部磨光的石锛石器和素面夹砂陶片。细石器包括船形与锥形细石核技术。细石核与细石叶的尺寸普遍偏小，但剥片痕迹十分规整。与此共存的有端刮器、边刮器与石镞等典型细石器工具组合。该层的绝对年代为距今 10500～10300 年。

北区第 4～6 层为新石器早期堆积，发现数量较多的陶片、石制品和动物化石。第 2 层为新石器时代的裴李岗文化层。李家沟遗址比较重要的发现是出土的 200 多件早期陶片，时代多为新石器早期，相当于新、旧石器时代过渡期的陶片于第 6 层发现两片。

（十二）跋山遗址群

自 2010 年以来，以跋山遗址发现为突破点，考古人员在山东沂河上游的沂源和沂水两县境内发现了晚更新世旧石器遗存 80 余处，基本建立起本区距今 10 万～1 万年的考古序列[①]。

### 1. 跋山遗址

跋山遗址位于山东省临沂市沂水县河奎村，北距跋山水库约 300 米。该遗址是山东省近年来发现的文化内涵最丰富、也是为数不多的具有原地埋藏的旧石器时代遗存。自 2020 年发现后已连续开展 3 个年度工作，累计发掘面积 225 平方米。出土、采集文化遗物 26000 余件，揭露 14 个文化层，文化层堆积厚度近 8 米。遗址的年代在距今约 10.4 万～6.1 万年之间。出土的石制品以脉石英为主要原料，石制品属于"简单石核－石片类型"。石制品类型包括石核、石片和工具等，工具类型包括石球、刮削器、砍砸器、尖状器、石钻及锯齿形器等。动物群包括古菱齿象、犀牛、原始牛、普氏野马、野驴及鹿科、野猪等。下文化层反映出的古人类对巨型、大型哺乳动物的利用引人关注。目前已清理出 8 个以幼年个体为主的古菱齿象下颌，以及两个犀牛头骨化石，同层散布大量石制品。

### 2. 水泉峪遗址

水泉峪遗址位于沂水县崔家峪镇水泉子峪村北的沂河支流清源河南岸台地之上。遗址发现于 2022 年，2023 发掘了 20 平方米。据石器面貌并结合测年数据，文化堆积明显可分为两期。第一期石制品组合以小石片石器传统为特点，脉石英石料所占比例在 90% 以上，其余为燧石及石英岩类。石制品包括锤击产生的石核、石片及各类工具，具体包括刮削器、砍砸器、尖状器、石钻及锯齿形器、石锤等，砸击技术使用比例较低。第二期燧石比例明显增加，包括水晶及少量硅质灰岩类石料。出土数量丰富的细石核和细石叶，以及疑似采用石叶修理而成的长刃刮削器，除此之外还包括雕刻

---

[①] 李罡：《鲁中山地黄土区旧石器时代遗存的考古学观察》，《南方文物》2024 年第 2 期，第 115～136 页。

器、圆头刮削器、凹缺刮器等细石器组合常见器类。细石核类型以船形为主，核体普遍低矮，平均在1厘米左右，剥片阶段涵盖预制品、剥片初期及废弃阶段。个别船形石核极为精小，剥片面遍布细石叶疤痕，整齐清晰。根据光释光和 $^{14}C$ 初步测年结果，水泉峪遗址第二期的年代为距今3万~2万年。

## 第二节 中国南方地区

南方地区是指中国东部季风区的南部，主要是秦岭—淮河一线以南的地区，西面为青藏高原，东面与南面临东海和南海。本区的范围包括长江中下游六省一市，南部沿海和西南四省市大部分地区。

### 一、早更新世

早更新世是指地质学上更新世的早期阶段，时间距今258万~78万年，属旧石器时代人类文化的早期。

（一）人字洞遗址

人字洞遗址位于安徽省芜湖市繁昌区癞痢山南坡，属于新生代晚期裂隙堆积，因堆积自然剖面呈人字形，故称"人字洞"。1998年至今经历了11次发掘，出土了大量疑似人工制品以及动物化石。由于遗址的石制品原料主要是赤铁矿、泥灰岩、粉砂岩等不常用于制作石制品的原料，因此即便出土了上万件石制品，仅有170余件被认为具有较为明显的人工属性。这些石制品的类型包括石核、石片、刮削器、砍砸器、尖状器、雕刻器等。遗址还出土了疑似的骨制品12件、象牙制品5件。出土脊椎动物化石计有龟鳖类、鸟类、翼手类、啮齿类、食肉类、长鼻类等近50种，哺乳动物群的成员几乎全是灭绝种。根据生物地层学信息初步判断遗址年代属于更新世早期，不晚于距今200万年。

（二）元谋人遗址

元谋人化石发现地位于云南省元谋县城东南约7千米的上那蚌村附近一座高约4米的小山丘上。1965年在第四纪间冰期河湖相沉积的棕褐色黏土中发现了两颗人的牙齿化石，经鉴定为直立人的牙齿，并命名为元谋直立人。1972~1974年，对遗址进行了3次发掘，在地层中发现了3件刮削器以及用火的遗迹——较多的炭屑，另外在附近地表采到一些石制品。石制品原料以石英岩为主，类型包括尖状器、石核、石片。与元谋猿人化石同层还发现了较丰富的哺乳动物化石，有云南马、中国犀、爪蹄兽、泥河湾剑齿虎、桑氏鬣狗、原始鹿、斯氏鹿、云南水鹿等14种。其中的云南马、爪蹄兽、原始鹿、枝角鹿等为第三纪的残存种。在遗址还发现了一些炭屑颗粒和疑似动物的烧骨，但无法构成这一时期古人类有控制用火的有力证据。根据地层沉积、哺乳动物化石和间冰期上下限研究可以确定元谋人的地质时代为早更新世。古地磁法测定其时代为距今 170 万年前后，但也有人认为不超过 73 万年。

### （三）龙骨坡遗址

龙骨坡遗址位于重庆市巫山县庙宇镇龙坪村，该遗址于 1984 年首先作为化石点被发现。1985~1988 年的考古发掘出土了 1 件灵长类左下颌骨和 1 枚灵长类上门齿、2 件石制品、10 余颗巨猿牙齿以及大量动物化石。1997~1998 年的考古发掘新发现 20 余件石制品和部分动物化石，没有新发现人类化石。2003~2006 年开展了第三次考古发掘，此次发掘收获石制品 854 件、动物化石 1832 件，以及一处代表动物宰杀活动的化石堆积体遗迹。2011~2012 年第四次考古发掘，新发现石制品 206 件、哺乳动物化石 178 件。

龙骨坡遗址核心问题之一就是发掘出土的 1 件灵长类左下颌骨和 1 枚灵长类上门齿的属性问题，即左下颌骨和上门齿是否属于直立人。经过学界的反复讨论，目前基本认为上门齿属于晚期智人，应该是晚期牙齿经扰动混入早期地层堆积所致；而下颌骨属于猿类，与禄丰古猿最为接近。前两次考古发掘所获的石制品大多是石灰岩原料，而且磨损严重，导致其人工属性存在很大不确定性。后来两次考古发掘，基本证实了石制品的人工属性，并在一些动物化石的表面发现了石器切割痕迹。

对龙骨坡遗址生物地层及动物群生存环境的研究显示，遗址年代大致介于晚上新世至中更新世。为探究遗址的绝对年代，研究者采用多种手段对该遗址进行了多次测年工作。从获得的数据来看大多早于 200 万年，最晚可能在距今约 180 万年。

### （四）学堂梁子遗址

学堂梁子遗址位于湖北省十堰市郧县（今郧阳区）青曲镇弥陀寺村，坐落于秦岭和大巴山之间的汉江上游左岸，曲远河口西侧的Ⅳ级阶地之上，距今约 100 万~80 万年。1989 年和 1990 年的发掘分别出土直立人头骨化石一件。2022 年的发掘在原"郧县人"出土的层位又发现了第三具直立人头骨化石。出土的石器石制品原料以硅质灰岩和石英为主，石制品属于"简单石核 - 石片类型"。石制品类型有石核、石片、石锤、砍砸器、类手斧、手镐、尖状器、刮削器等。出土哺乳动物化石共 20 余种，包括无颈鬃豪猪、蓝田金丝猴、虎、豹、东方剑齿象、中国犀、云南马等。

## 二、中更新世

中更新世是指地质学上第四纪更新世的中期，时间距今 78 万~13 万年，属旧石器时代人类文化的早期和中期。

(一)盘县大洞遗址

大洞遗址位于贵州省盘县(今盘州市)十里坪村,地处北盘江水系乌都河与南盘江水系马别河上游的高原分水岭地区。洞穴发育于十里坪坡立谷西缘,洞穴进深250米,宽23~56米,高22~25米,总面积9900平方米。1990年发现,1992~2000年先后经过六次发掘。发掘面积86平方米,清理面积68平方米,出土有石制品、古人类牙齿化石、哺乳动物化石和大量的烧骨、炭屑等遗存。据铀系法断代、电子自旋共振测年,年代为距今33万~13万年[①]。

发现古人类牙齿化石4枚,分别为上颌右侧中门齿、下颌右侧犬齿、上颌右侧第三前臼齿和下颌左侧第三前臼齿,牙齿形态特征较直立人进步,部分特征与早期智人接近,但大多数特征已经进入现代人的变异范围。

出土石制品3000余件,还有骨制品、犀牛牙制品、用火遗迹,经过人工敲骨吸髓的兽骨等。原料有燧石、玄武岩、石灰岩三种。剥片技术以锤击法为主。石器类型包括边刮器、端刮器、凹缺器、钻具、锯齿刃器、雕刻器、琢背石片、手斧、手镐和砍砸器等。动物群化石种属丰富,共43种,主要分布于云贵高原与东南亚丘陵地区,主体是华南地区大熊猫-剑齿象动物群,又兼有云贵高原土著种类,包括安氏獼猴、大熊猫、东方剑齿象、华南巨貘、岩松鼠和青羊等,反映出交接地带动物群落的特色。说明当时这里为亚热带生态环境,有茂密的森林、丰富的灌木丛,并出现过干冷草原性高原气候。

(二)观音洞遗址

观音洞遗址位于贵州省黔西县沙井乡观音洞村,遗址面积1000平方米。1957年发现,1964年进行调查和试掘。1965年进行了首次科学发掘,1972~1973年又进行过两次发掘。遗址的地层堆积以西洞口为代表,可分为9层,除表土外,分为两组:A组(第2层)属于遗址上文化层,B组(第3~8层)属于遗址下文化层。最新测年结果认为遗址A、B两组堆积形成的年代在距今17万~8万年。

遗址发现石制品3000多件,并出土哺乳动物化石20多种。石料以硅质灰岩为主,多使用锤击法。石器类型包括刮削器、尖状器、端刮器等,以刮削器为主。近年来一些学者再次提出观音洞部分石核和石片具有勒瓦娄哇石核预制技术的特征,而反对的观点则认为遗址的石制品仍属于无石核预制的"简单石核-石片类型"[②]。

---

① 中国科学院古脊椎动物与古人类研究所、贵州省六盘水市文体广电局、六盘水市文物局等:《盘县大洞——贵州旧石器初期遗址综合研究》,科学出版社,2012年。
② 李锋、李英华、高星:《贵州观音洞遗址石制品剥片技术辨析》,《人类学学报》2020年第39卷第1期,第1~11页。

遗址动物群以下文化层发现为代表，共发现哺乳动物化石23种，除去柯氏熊和大熊猫，绝灭种类占总数约43%。总体上，下文化层发现的大多都是中晚更新世常见的动物化石，但也发现有残留的第三纪种类，如乳齿象类。而上文化层发现的动物化石种类较少，可鉴定的有豪猪、剑齿象和中国犀，还有牛亚科的单个牙齿，均为中晚更新世常见的动物种类。

（三）甘棠箐遗址

甘棠箐遗址位于云南省江川县路居镇上龙潭村西南约1.5千米处。1984年调查发现，1989年进行了考古发掘，发掘面积约300平方米，出土了大量石制品和丰富的哺乳动物化石。之后于2014～2015、2018～2019年又进行了两次发掘，发掘面积均为50平方米。

2014～2015年的发掘揭露深度约6米的20个自然层，14～19层含有旧石器文化遗物，平均厚度约3米。光释光测年初步推测遗址形成于距今约30万年前后。遗址地处古抚仙湖湖滨地带，湖滨沼泽相沉积为有机质遗物的保存提供了绝佳的埋藏条件。发现用火遗迹一处，出土石制品25000余件、骨制品28件、木制品10余件。还出土了丰富的动植物化石。

用火遗迹为一篝火遗存，木柴向心堆积，木柴近中心部位炭化严重，中心积碳。在遗存内及其周边未发现其他文化遗物，也未发现堆积明显的灰烬层、红烧土，初步判断为一临时用火遗迹。

石制品以小型为主，石制品的类型包括石器、石核、石片、断块、残片等。石制品岩性以硅质岩和石英岩为主。砸击法是生产石器毛坯的主要方法，而绝大多数石器则用锤击法加工制作。石器的类型包括刮削器、凹缺器、尖状器、雕刻器等，其中以刮削器占绝对主体。遗址出土的骨、角制品和木制品，加工形态多为尖、铲状。骨制品保存有锤击和敲砸痕迹，木制品则保留有刮削痕迹。遗址动植物化石保存较好，种类丰富。初步鉴定大哺乳动物有猫、猕猴、剑齿象、犀、猪、鹿、麂、牛等，还有大量小哺乳动物、鸟类、爬行类和无脊椎动物化石。很多动物化石上保存有人类切割、砍砸痕迹和动物啃咬痕迹。遗址出土的植物种子，初步鉴定有25科31属，其中包含有葡萄、松子等可供人类食用的植物种类。

（四）百色旧石器地点群

百色盆地位于广西壮族自治区西部百色市田阳区和田东县境内，盆地主体呈北西—南东向展布，长约109千米，宽7～14千米。该盆地形成于第三纪初期时印度板块与欧亚板块碰撞后造山运动所形成的右江断裂带上。1973年以来，在盆地两侧的多级阶地上百处旧石器遗址或地点被发现。其中，第Ⅳ级阶地上的发现尤为重要。该阶地的百谷遗址、大梅南半山、枫树岛等遗址发现有手斧和玻璃陨石共出。玻璃陨石的测年结果表明，古人类至少在距今约 80 万年前就已经在百色盆地活动，并且掌握了阿舍利文化的大石片生产和手斧、手镐等大型工具的制造技术。高岭坡遗址由于其大面积的系统发掘，出土了百色盆地旧石器迄今为止数量最为丰富的石制品，以及较为连续完整的地层序列。

**1. 高岭坡遗址**

高岭坡遗址位于田东县林逢镇坛河村的高岭坡，地处右江南岸的第Ⅳ级阶地。20 世纪 80 年代发现，1988~1995 年之间还进行过多次试掘，仅限于遗址堆积的上部的挖掘，没有下挖至底砾层。2013~2014 年系统发掘近 200 平方米，地表往下一直发掘到砾石层，深度达 7.6 米，共揭露 17 个地层。1~7 层厚度约 1 米左右，属于遗址的上部堆积。9~17 层属于下部堆积，主体是南方典型的网纹红土，结构致密。下部堆积出土的石制品数量十分有限，但在 17 层仍发现了一件石核。玻璃陨石出土于遗址的第 9 层，因此推测高岭坡遗址的年代上限要早于 80 万年。地层出土石制品 800 多件。原料包括石英砂岩、硅质灰岩、石英岩、角砾岩、火山岩、水晶和燧石。其中石英砂岩、硅质灰岩和石英岩三种是其中最主要的原料。工具既有手斧、手镐和砍砸器等重型工具，也有刮削器、凹缺器、石锥和鸟喙状器等轻型工具。

**2. 枫树岛遗址**

枫树岛遗址位于百色盆地西北澄碧河水库区的枫树岛。遗址发现于 2004 年，同年对遗址行了发掘，面积约 65 平方米。发掘揭露 5 个地层，石制品均出土于中部的网纹红土堆积之中[①]。出土的石制品整体片疤新鲜、刃缘锋利，大小混杂分布，与暴露于地表磨蚀严重的石制品形成鲜明对比。出土石制品 155 件，原料以砂岩和石英岩为主，还有少量的石英、硅质岩和火成岩。石制品类型包括石锤、石核、石片以及工具，石片的数量最为丰富。工具包括手斧、手镐、刮削器和砍砸器（图 7-13；图版四，2）。手斧的出土比例高于其他百色盆地内含手斧的遗址。与石制品同一层位出土的 9 件玻璃陨石非常新鲜，表面的气孔和条纹结构清晰，破碎得非常锋利，大小陨石保存在同

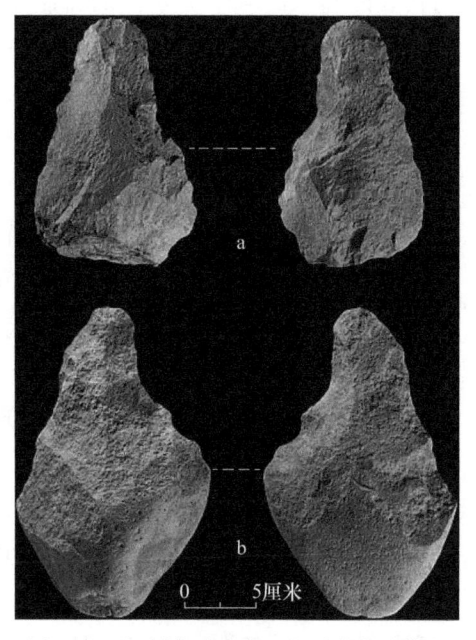

图 7-13 枫树岛遗址发现的手斧典型标本

---

[①] 广西壮族自治区自然博物馆：《广西百色盆地枫树岛旧石器遗址》，科学出版社，2014 年。

一层位，没有明显的磨圆、搬运、分选，说明和石制品一道属于较为原地的埋藏。因此根据陨石的年代，可以判断枫树岛出土的这批石制品的年代应该在距今80万年左右。

（五）石龙头遗址

石龙头遗址位于湖北省大冶市章山乡的一个石灰岩洞穴。1971年发现，1971～1972年两次发掘。残存堆积物的最大厚度约2.5米，自上而下可分为3层，石制品及动物化石主要出土于第2层，第3层也包含少量动物化石和零星石制品。出土石制品100余件，原料以石英岩为主，部分为燧石，少数为石英、砂岩，极少数为角砾岩。剥片方式包括锤击法和砸击法，石器主要是加工粗糙的刮削器和砍砸器。动物化石相当破碎，可鉴定的属种有豪猪、大熊猫、中国鬣狗、虎、东方剑齿象、中国犀、野猪、斑鹿、鹿、牛亚科等，属于典型的大熊猫-剑齿象动物群。遗址先后测得三组年代数据，分别为距今25.6万年、距今31.2万年和大于距今19万年。

（六）虎爪山遗址

虎爪山遗址位于湖南省津市市，地处长江中游支流澧水下游右岸的第Ⅳ级阶地之上，阶地形成的时间可能在中更新世早中期。1988年调查发现，同年发掘面积60平方米，出土少量石制品。后又在虎爪山北坡采集石制品100余件。以虎爪山石制品为代表的澧水流域中更新世的石制品呈现出典型的阿舍利技术面貌。石制品原料以石英砂岩和石英岩等粗颗粒原料为主，大石片和手斧类工具是石制品组合中的主要类型。

（七）华龙洞遗址

华龙洞遗址位于安徽省池州市东至县尧渡镇境内，是一处坍塌的洞穴。2006、2015～2017、2018年先后进行了5次发掘。发现古人类化石30余件，其中有8件头骨化石不同程度保留面部、7枚单个牙齿化石、3件股骨骨干部分化石，以及1件属于年轻个体的较完整的头骨化石。华龙洞人类下颌骨形态呈现镶嵌性特点，分别具有更新世中期古老型人类、更新世晚期早期现代人，甚至现代人类下颌骨特征。华龙洞人类化石的这些形态表现特点为东亚地区中更新世晚期人类演化多样性提供了新证据，并证实与现代智人相关的现代形态在距今33.1万～27.5万年的东亚地区便已出现。

出土石制品100余件，原料取自周边岩石内的脉石英以及磨圆度较高的石英岩、燧石砾石。剥片的主要方法为硬锤锤击技术，砸击法次之。石制品类型包括石核、石片和石器，以及各类剥片和修理石器产生的碎片和断块等，尺寸以小型居多。石器以刮削器为主，还有尖状器。遗址还发现哺乳动物化石43种，以碎骨为主，代表性种属有巴氏大熊猫、谷氏大额牛、东方剑齿象和大角鹿等，部分哺乳动物化石骨骼表面具有切割和砍砸痕迹。

## 三、晚更新世

晚更新世是指地质学上更新世的晚期，时间距今13万～1.2万年，属旧石器时代人类文化的中期和晚期。

（一）马鞍山遗址

马鞍山洞穴遗址位于贵州省桐梓县境内，该遗址分别于1986年和1990年经历过两次系统发掘，揭露面积约为48平方米，深度约2米左右。发掘者将堆积分为9个自然层，其中，第6层与第7层之间有清楚的侵蚀面，代表一个沉积间断。侵蚀面之上归为上文化层，侵蚀面之下属于下文化层。下文化层的石器粗大，长度一般超过40毫米，不见磨制骨器，动物化石多属大型有蹄类，如水牛和中国犀等。上文化层的石器长度则多小于40毫米，发现了磨制的骨锥、骨镞和刻纹的骨棒等。上文化层的年代在距今3.1万～1.5万年左右，下文化层的年代在距今5.3万年左右。

对1986年发掘出土的1300件石制品的研究表明，上下文化层的石制品组合存在较为显著的差异[1]。在原料选择方面，下文化层以磨圆度更高的硅质灰岩砾石为主要原料，上文化层则以采集自岩层的燧石结核、岩块为主（图7-14）[2]。下文化石制品总体以小型和中型为主，上文化层石制品则以微型和小型为主，少量中型，极少量大型，完整石片、石器和断块的平均大小质量均小于下文化层同类石制品。就石核剥片技术而言，下文化层不见砸击技术，上文化层同样以锤击法为主但存在少量垂直砸击法和锐棱砸击法制品。下文化层石器毛坯选择以石片为主，上文化层则主要以断块为毛坯。

根据动物种属丰度、骨骼单元分布和骨骼表面痕迹分布情况，研究人员发现马鞍山遗址下文化层时期的古人类主要狩猎水牛、中国犀和东方剑齿象等大型动物，倾向于将上、中部肢骨部分带回驻地，用石制品对上、中部肢骨的肉食开发得比肋骨部分更彻底。上文化层的居民则主要狩猎水鹿和猕猴等中小型动物，他们可能倾向于将猎物的大部分甚至全部都带回居住地，并用火对一些动物进行带骨烧烤，用石制品对上、中部肢骨和肋骨等部位进行没有明显偏好的剔肉处理。根据上述研究结果推测，马鞍山遗址的早期远古居民对猎物资源开发得不够充分，具有一定的选择性，而晚期远古人类则对猎物资源利用得比较充分。

---

[1] 胡晓纯、高星：《贵州马鞍山遗址1986年出土石制品初步研究》，《人类学学报》2022年第41卷第5期，第788～803页。

[2] 胡晓纯、高星：《贵州马鞍山遗址1986年出土石制品初步研究》，《人类学学报》2022年第41卷第5期，第788～803页。

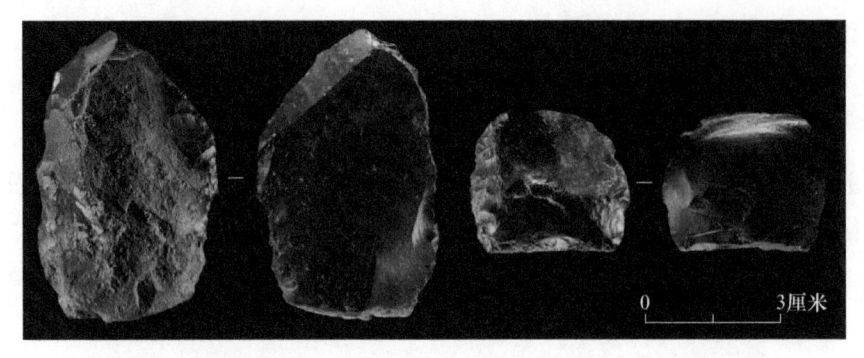

图 7-14　马鞍山遗址上文化层以黑色燧石为原料的刮削器典型标本

## （二）娅怀洞遗址

娅怀洞遗址位于广西壮族自治区隆安县博浪村的一座孤山上[①]。面积约 110 平方米，由前洞厅和内洞两部分组成。2014 年发现，2015～2018 年发掘，发掘面积约 50 平方米。遗存可以分为四期：第一期距今 4.4 万～3 万年，石制品均为打制，未发现穿孔石器和蚌器；第二期距今 2.5 万～2 万年，石制品均为打制，出现打制的穿孔石器、琢打而成的方形器和蚌器；第三期距今 1.63 万～1.62 万年，石制品与第二期基本一致，没有发生明显变化，但蚌器数量增多；第四期出现磨制石器、方形研磨器和陶片，进入新石器时代，距今 5000～4000 年。

发掘的一个墓葬中出土有完整头骨和部分体骨，年代约距今 1.6 万年。在洞厅中后部扰土层下发现一处大范围的用火遗迹，范围约为 3 米×4 米，厚达 10 多厘米。灰土中发现有包括玻璃陨石原料在内的各种石制品、烧骨等遗物。另一处用火遗迹，范围为 0.4 米×0.9 米，最厚近 10 厘米，里面发现有炭碎、烧骨和石制品。

出土石制品上万件，包括打制石器和磨制石器，其中打制石器占绝大多数。原料除常见的砂岩、石英岩、石英外，还有广西地区史前遗址中少见的燧石、玻璃陨石、水晶等。石制品种类包括石锤、石核、石片、断块、碎片、工具等。石片数量最多，部分石片有清晰的使用痕迹。打制石器以石片石器为主，器形细小，多数标本在 2～5 厘米之间。工具类型有砍砸器、刮削器、尖状器、切割器等，其中刮削器的数量最多。部分工具有使用痕迹。磨制石器很少，种类包括石锛、石斧、石铲、方形磨石和穿孔石器。动物考古表明，该遗址先民一直以狩猎鹿科和猪科为代表的野生哺乳动物来获取主要的肉食资源，同时也采集野生植物、捕捞水生的螺类、鱼类和爬行类作为食物资源的补充。遗址还发现了距今 1.6 万年的稻属植硅体，为旧石器时代末期人类利用野生稻提供了重要证据。

---

[①] 谢光茂：《广西隆安娅怀洞遗址》，《大众考古》2018 年第 1 期，第 12、13 页。

### (三)井水湾遗址

井水湾遗址位于重庆市丰都县三合镇新湾村,该遗址于 1994 发现,1998~2002 年期间共进行了 5 次系统发掘,揭露面积 2121 平方米[①]。共出土石制品 910 件、动物化石 58 件、疑似烧石 6 件。原料为磨圆度高的河卵石,岩性以石英砂岩为主,火山(碎屑)熔岩、火山岩和浅成侵入岩也占一定比例,其他原料使用很少。石制品中石核与石片的数量均在 300 件以上,石器和断块数量均为 100 余件,还有少量的石锤。锤击法为剥片的基本方法,打片时不对石核的台面进行修整。砍砸器和刮削器是该遗址石器的主要类型,此外还有尖状器和凹缺器。石器毛坯以完整石片为主,其次为石核,用砾石、残片和断块为毛坯的石器较少。光释光测年结果表明古人类在该遗址的活动年代约为距今 7 万年前。

### (四)黄龙洞遗址

黄龙洞遗址位于湖北省郧西县李师关村六组,地处汉江上游支流大水河岸边,秦岭东段南麓丘陵山地。2004、2005、2006 年三次发掘,发现古人类牙齿化石 7 枚,属晚期智人,被命名为黄龙洞人。发现石制品 34 件,原料以石英岩为主,脉石英次之。古人类采取锤击法和砸击法进行剥片,石器则包括刮削器、砍砸器、尖刃器、雕刻器和石锤。此外,遗址中还发现疑似人类用火遗迹,出土骨角制品 26 件、植物果壳 11 枚以及大量动物化石等。根据人类化石和动物化石种群判断,遗址属于晚更新世。不同测年方法获得的两个年代数据差异较大,分别为距今 4.4 万~3.4 万年和距今 10.3 万~7.9 万年[②]。

### (五)伞顶盖遗址

伞顶盖遗址位于湖南省常德市临澧县,是一处河流阶地型旷野遗址。2017~2019 年进行了发掘,发掘面积约 120 平方米[③]。揭露文化层厚度近 2 米,可细分为 4 个层位:第 1 层为耕土层;第 2 和第 3 层为均质红土层,分别相当于上文化层和中文化层;第 4 层为网纹红土层,相当于下文化层。

出土石制品 3600 余件。发现的石制品类型多样,包括石核、石片、断块、碎屑、工具、石锤及石片、碎屑等。其中,废片类产品居多。石制品技术分析显示,伞顶盖遗址中、下文化层(距今约 9.6 万~3 万年)同时存在两套不同的技术操作序列:采用

---

[①] 裴树文、高星、冯兴无等:《井水湾旧石器遗址初步研究》,《人类学学报》2003 年第 22 卷第 4 期,第 261~278 页。

[②] 涂华、沈冠军、武仙竹:《古人类遗址湖北郧西黄龙洞的铀系年代》,《人类学学报》2014 年第 30 卷第 3 期,第 327~333 页。

[③] Li H, Li Y, Yu L P, et al. Continuous Technological and Behavioral Development of Late Pleistocene Hominins in Central South China: Multidisciplinary Analysis at Sandinggai. Quaternary Science Reviews, 2022, 298, 107850.

粗颗粒石英砂岩原料,生产大石片毛坯和手斧类大型工具的技术序列;采用隐晶质燧石原料,生产小型石片和小型石片石器的技术序列。前者表现出典型的阿舍利技术特征,但这些产品在石制品组合中的比例明显偏低。伞顶盖遗址上文化层(距今3万~1.3万年)的石英砂岩比例有所减少,燧石比例更高;同时,手斧类大型工具完全被小型石片石器取代。伞顶盖遗址是醴水流域晚更新世石器技术体系变化的典型代表。

### (六)青塘遗址

青塘遗址位于广东省清远市英德市青塘镇。1959年发现了包括黄门岩、朱屋岩、吊珠岩及仙佛岩在内的多处洞穴地点。2016~2018年,对黄门岩1~4号洞进行了发掘,发掘面积54平方米[①]。遗址年代范围为距今2.5万~1万年。

发现有墓葬和火塘,其中墓葬1座,位于1号洞地点,墓葬内出土1具人骨,葬式为蹲踞葬,年代约为距今1.35万年。出土遗物主要有石器、陶器、蚌器、角骨器及动物骨骼等1万余件。其中石制品3000余件,包括打制石器、石锤、使用砾石、石片、断块、碎屑、石料及少量穿孔石器、局部磨光石器,其中最具代表性的是以单面硬锤加工而成的陡刃砾石石器。穿孔蚌器和早期陶器皆出土于2号洞地点。穿孔蚌器分为双孔蚌器和单孔蚌器,洞缘经过修整,壳体外壳面及边缘均残破,年代为距今2万余年。早期陶器主要为夹砂陶,饰粗绳纹,年代为距今1.7万年,为广东地区迄今发现年代最早的陶器。骨角器多由鹿骨和鹿角制成,主要有铲、锥、针等,多加以磨制。遗址中出土的动物骨骼主要属于鹿、螺蚌、鱼等陆生、水生动物。

### (七)万寿岩遗址

万寿岩遗址位于福建省三明市三元区岩前镇岩前村西北的石灰岩孤峰上,由多处洞穴组成,面积33.7万平方米。已知埋藏有动物化石的洞穴共7个,保存较好的是船帆洞、龙井洞、灵峰洞、碧云洞,发现于1985年,1999~2000年对船帆洞和灵峰洞两个洞穴进行了发掘。2004年对船帆洞进行了第二次发掘。船帆洞位于万寿岩西坡脚下,洞宽30米,进深约49米,发掘共揭露10个自然层,第5层是遗址的上文化层,第6、7层是遗址的下文化层。在第7层下部发现了约120平方米的古人类石铺地面,铺石材料以灰岩角砾为主,周围局部还有疑似排水沟槽(图7-15)。船帆洞出土石制品400余件,

图7-15 船帆洞内的石铺地面

---

① 刘锁强、邓婉文、何嘉宁等:《广东英德市青塘遗址》,《考古》2019年第7期,第3~15页。

原料以取自河滩砾石的砂岩和石英砂岩为主，种类有刮削器、砍砸器、尖状器及石锤、石砧、石核、石片等，另外还有少量角铲、骨锥与角饰等。动物化石以鹿与麂的化石数量最多，此外还有中国犀与巨貘。

## 第三节　青藏高原地区

青藏高原北起西昆仑山－祁连山山脉北麓，南抵喜马拉雅山等山脉南麓，西自兴都库什山脉和帕米尔高原西缘，东抵横断山等山脉东缘。中国境内的青藏高原面积约258万平方千米，占高原总面积近84%，平均海拔约4400米，分布在我国的西藏、青海、甘肃、四川、云南和新疆6省区。西藏和青海两省区主体分布在高原范围内，约占高原总面积的61%。青藏高原地区尚未发现早更新世的人类文化遗存。

### 一、中更新世

中更新世是指地质学上更新世的中期，时间距今78万～13万年，属旧石器时代人类文化的早期和中期。

（一）白石崖遗址

白石崖遗址位于甘肃省夏河县甘加镇白石崖村附近的江拉河谷，地处青藏高原东北边缘，海拔3280米。2019年一件古老型智人的下颌骨右侧残片通过古蛋白分析显示与丹尼索瓦人具有最近的亲缘关系，该化石也被称为"夏河人"。这件化石据称是20世纪80年代从当地的白石崖溶洞发现的。科研人员遂对白石崖溶洞开展了考古发掘。

白石崖洞穴由多个洞室组成，其中入口洞室进深60、宽8、高5米，洞口朝向东南。发掘位置在入口洞室，T2探方已发掘堆积厚1.65米，分为10层，各层均包含遗物，共出土1000余件石制品和500余件动物骨骼。测年结果显示古人类的活动从距今约19万年持续至距今约3万年。石制品原料为洞前河床砾石，主要为变质石英砂岩和角岩，石制品组合以石片、石核、碎片为主，石片生产采用简单的石核－石片技术，经过精致加工的工具较少。动物骨骼以破碎的四肢骨和中轴骨为主，也有牙齿，第1~6层可鉴定物种主要是羚羊、旱獭、狐狸、鸟类等中小型动物，第7~10层主要是犀牛、鬣狗、野牛等大型动物。骨骼上常见切割痕迹和打击痕迹。在晚更新世的地层沉积物中，提取出了丹尼索瓦人的线粒体DNA[①]。

青藏高原年均温低，冬季寒冷且漫长，动植物资源匮乏。海拔2500米以上由于缺

---

① Zhang D J, Xia H, Chen F H, et al. Denisovan DNA in Late Pleistocene Sediments from Baishiya Karst Cave on the Tibetan Plateau. Science, 2020, 370(6516): 584-587.

氧症导致的生理不适，进一步增加了人类在这一极端环境下生存适应的难度。人类究竟是在何时、以怎样的适应性策略成功实现了青藏高原的终年栖居，并最终形成独特的人群与文化，是当前高原考古关注的重要议题。白石崖溶洞的考古发现将人类拓殖青藏高原的时间从过去认为的晚更新世晚期大大提前了。但这是否证明中更新世末期古人类已经能够全年生活在高海拔地带，还仅仅是季节性地进入到高原并在冬季严寒来临之前退回到低海拔地区，还有待白石崖遗址进一步发掘与研究来回答。

（二）奖俊埠遗址

奖俊埠遗址位于甘肃省永登县武胜驿镇奖俊埠村，白石崖溶洞遗址以北约 200 千米处[①]。该遗址同样地处青藏高原东北边缘，海拔 2763 米。遗址由 1、2 号两个地点构成。1 号地点距今 12 万～9 万年，出土的石制品属于"简单石核－石片类型"，工具主要由石片加工而成，但是加工多不精致。原料主要来自遗址附近常见的脉石英。遗址出土动物骨骼非常破碎，仅可鉴定出大中型食草类动物。奖俊埠第 2 地点出土的石制品以细石叶技术产品为主，年代在距今 1.5 万～1.3 万年。

（三）皮洛遗址

皮洛遗址位于四川省甘孜藏族自治州稻城县金珠镇皮洛村。遗址地处金沙江二级支流傍河和傍河小支流皮作河交汇处的宽谷区，地貌部位属傍河及支流的Ⅲ级阶地。遗址海拔约 3750 米，是青藏高原东南边缘的一处旧石器时代早期遗址。遗址发现于 2020 年，根据地表散落的大量石制品推测，遗址范围近长方形，近南北向，南北长约 2000、东西宽约 500 米，总面积约 100 万平方米。

2021 年对遗址进行了发掘，发掘面积共 200 平方米[②]。共揭露 10 个自然层，其中第 2～8 层含有打制石制品，出土石制品 7000 余件，未发现动物化石。第 4～8 层的石制品原料以砂岩占绝对主导，石制品组合属于"简单石核－石片体系"，石核剥片率很低，石片背面大多保有石皮，石器类型包括刮削器、砍砸器和锯齿刃器等。第 3 层仍以砂岩为主，板岩和石英比例略增，新出现了阿舍利大型切割工具（图 7-16；图版四，3）[③]。第 2 层的石制品包括两面器在内呈现出小型化的趋势。遗址第 3 层的年代不晚于距今 13 万年，第 3 层下各层堆积的测年结果暂不明确。根据下部地层厚度可以推断遗址古人类开始活动的时间已经进入中更新世晚期。

---

① Cheng T, Zhang D J, Smith G M, et al. Hominin Occupation of the Tibetan Plateau During the Last Interglacial Complex. Quaternary Science Reviews, 2021, 265, 107047.
② 郑喆轩、冯玥、谭培阳等：《四川稻城县皮洛旧石器时代遗址》，《考古》2022 年第 7 期，第 3～14 页。
③ 郑喆轩、冯玥、谭培阳等：《四川稻城县皮洛旧石器时代遗址》，《考古》2022 年第 7 期，第 3～14 页。

图 7-16　皮洛遗址出土的手斧典型标本

## 二、晚更新世

晚更新世是指地质学上第四纪更新世的晚期，时间距今 13 万～1.2 万年，属旧石器时代人类文化的中期和晚期。

### （一）尼阿底遗址

尼阿底遗址位于西藏自治区那曲市申扎县，地处青藏高原腹地——羌塘高原，海拔 4600 米。该遗址发现于 2013 年，面积约 2 平方千米的地表散落着大量的打制石器。2016 年，正式发掘的尼阿底遗址，发掘面积 20 平方米。揭露地层厚度约 1.7 米，可分为 3 个堆积层。底部的第 3 层属于遗址的原生堆积，光释光年代在距今 4 万～3 万年。从地层中发掘出土了 4000 余件石制品，包括石核、石片、石叶和刮削器、尖状器、雕刻器、凹缺器等。遗址出土有典型的棱柱状石叶石核和石叶制品，器物组合具有旧石器时代晚期初段的技术特点（图 7-17）[①]。由于遗址石制品密集，且没有发现动物化石和用火的迹象，发掘者认为尼阿底遗址是一座大型旧石器时代晚期人类石器制造场，优质、丰富的石器原料——黑色硅质页岩，是吸引先民前来的重要原因。有学者认为由于该遗址深居高原内陆腹地，古人类可能在这一时期已经能够全年在高原内部迁徙流动，而不需要通过超远距离的迁徙在冬季到来之前退出高原。

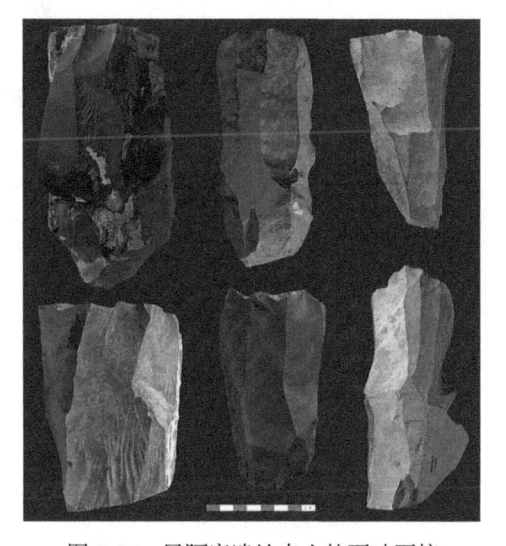

图 7-17　尼阿底遗址出土的石叶石核

---

① Zhang X L, Ha B B, Wang S J, et al. The Earliest Human Occupation of the High-altitude Tibetan Plateau 40 Thousand to 30 Thousand Years Ago. Science, 2018, 362(6418): 1049-1051.

## （二）青海地区末次冰消期遗址群

在青藏高原目前尚未发现末次冰盛期的旧石器遗存，随着末次冰消期（距今1.8万～1.16万年）的到来，高原气候转向暖湿，在青海地区涌现了一批旧石器地点。这些地点主要是2009年科研人员在青海湖周边调查时发现的，包括拉乙亥、铜线、晏台东、河东种羊场、黑马河1地点及151地点、江西沟1号地点和下大武1号地点。

对这些地点开展的小规模试掘均发现了较为浅层的埋藏。出土的石制品既包括"简单石核－石片类型"的产品，也出现了少量的细石核和细石叶。石制品原料以脉石英、石英砂岩为主，生产细石器的原料主要是燧石和硅质岩。石器的数量不多，以刮削器为主。刮削器既有边刮器，也有旧石器时代晚期典型的端刮器。发现有丰富的用火遗迹，除了一些灰堆以外，还发现了具有石围结构的火塘，且内部有较厚的燃烧堆积。出土的动物骨骼较为破碎，难以鉴定种属。这些遗址大多被认为属于古人类的季节性营地遗存。

# 思 考 题

1. 简述我国北方地区的早期旧石器时代文化。
2. 简述华北地区主要的细石器文化。

# 延 伸 阅 读

裴文中、吴汝康、贾兰坡等：《山西襄汾县丁村旧石器时代遗址发掘报告》，科学出版社，1958年。

张森水：《中国旧石器文化》，天津科学技术出版社，1987年。

# 第八章　新技术在旧石器时代考古中的应用

新技术能够给考古学研究注入新活力，为解决相关科学难题打开新局面。在过去的二十年里，考古学领域涌现了一批代表性的新技术，如古 DNA、古蛋白质、人工智能、非传统稳定同位素和牙切片元素图像等。这些技术在推进人类起源与演化、复杂分类鉴定任务、古食性重建等课题的进展起到了重要的作用。本章旨在对这些技术进行简单介绍，以便读者对它们有初步了解。需要注意的是，本章不会深入探讨各种技术的原理，而是尽可能通过典型案例来提供更多细节。

## 第一节　分子生物学

### 一、古基因组方法简介

DNA 全称为脱氧核糖核酸（deoxyribonucleic acid），是一种长链聚合物，也是遗传信息的重要载体。核苷酸是 DNA 的基本组成单位，它以戊糖和磷酸为骨架，通过与四种不同碱基（A、T、C 和 G）相连组成核酸序列。这个序列被称为遗传密码，并控制着蛋白质氨基酸序列的合成，从而影响着生命基本分子的构建。古 DNA 研究是一种利用分子克隆、聚合酶链式反应（polymerase chain reaction，PCR）、高通量测序、杂交捕获等扩增和测序技术，并结合遗传学分析方法对考古样品中的 DNA 进行提取和分析的研究[1]。它致力于从考古材料（如骨骼、牙齿、木乃伊等）中提取和解析"古物"的 DNA 信息，以此为基础推动古代人群/动物群起源、演化、扩散和生态适应等多个方面的研究。

古 DNA 的研究对象包括线粒体 DNA、Y 染色体 DNA 和核基因组 DNA。线粒体是除细胞核以外唯一携带 DNA 的细胞器。精子细胞仅含有少量线粒体，而卵细胞则含有大量线粒体，因此受精卵中的线粒体 DNA 几乎全部来自卵细胞，后代个体的线粒体 DNA 表现出母系遗传特点。性染色体包括 X 染色体和 Y 染色体，Y 染色体 DNA 与线粒体 DNA 有明显区别。首先，Y 染色体仅存在于精子细胞中，因此 Y 染色体 DNA 呈

---

[1] 付巧妹：《古 DNA 探秘东亚人群演化图谱》，《科学通报》2020 年第 67 卷第 32 期。

现出父系遗传特点。其次，Y 染色体 DNA 长度更长，是线粒体 DNA 的 4000 多倍。核基因组位于细胞核内，由 23 对染色体组成，其中 1 对为性染色体，剩下的 22 对为常染色体。每对常染色体中，一条来自父亲，一条来自母亲，因此常染色体同时携带了父母的遗传信息。常染色体是研究人群混合、基因交流和人群演化的重要工具。

古 DNA 研究具有以下特点。首先，生物个体死亡后，体内修复酶失活，细胞的修复功能终止，导致 DNA 发生高度降解和不可恢复的碱基损伤，因此古 DNA 片段存在不完整性。其次，在考古遗址中，生物个体所处环境常夹杂大量微生物 DNA 分子，导致古 DNA 含量相对较低。最后，后期人类活动的干扰或者采样人员不够谨慎也会导致现代人类的 DNA 混入，导致古 DNA 容易受到污染。

古 DNA 的研究历史可追溯至 1980 年湖南医学院的研究人员尝试对长沙马王堆汉墓古尸中的 DNA 片段进行提取和研究[1]。根据各个阶段的技术特点，盛桂莲等人将古 DNA 的研究历程划分为三个阶段：以 PCR 为代表的萌芽阶段（1980～1995 年）；以古 DNA 提取技术的改进、古 DNA 研究标准的日臻成熟以及高灵敏度 PCR 技术为特点的发展阶段（1996～2005 年）；以第二代测序技术为代表的成熟阶段（2006 年至今）[2]。虽然古 DNA 技术逐步走向成熟，但是解决古 DNA 的污染问题一直是个挑战。近期，付巧妹团队开发出一套高效的古 DNA 捕获技术，对上述挑战提供了解决方案[3]。利用这套方法，研究人员能从洞穴堆积物中提取到古 DNA。古 DNA 技术为破解考古学领域的一些重大难题提供了全新的科技手段。2010 年，克劳泽（Krause）等人从丹尼索瓦洞中一小块指骨上的 DNA 中发现了一个新的古人类群体——丹尼索瓦人（Denisovan）[4]。2015 年，付巧妹联合国外科学家成功提取了罗马尼亚 Pestera cu Oase 洞穴中（$^{14}$C 定年结果为 4.2 万～3.7 万年）一个现代人下颌骨中的古 DNA，通过对比发现该个体的 4～6 代祖先中有尼安德特人[5]。这一突破性的成果从分子水平上或能解释为什么有的早期现代人牙齿上会有尼安德特人特征。在过去的十年间，古 DNA 技术在考古学领域大放异彩，诸多具有里程碑意义的进展都得益于该技术的成功应用。

## 二、古蛋白质组方法简介

生物个体会根据 DNA 记载的遗传编码将其转译为维持生命基本代谢的基础功能分

---

[1] 湖南医学院：《长沙马王堆一号汉墓古尸研究》，文物出版社，1980 年。
[2] 盛桂莲、赖旭龙、袁俊霞等：《古 DNA 研究 35 年回顾与展望》，《中国科学：地球科学》2016 年第 46 卷第 12 期。
[3] 付巧妹团队：《寻踪丹尼索瓦人－白石崖溶洞遗址沉积物古 DNA 分析获突破》，《化石》2020 年第 4 期；夏欢、张东菊、陈发虎：《丹尼索瓦人及其研究进展》，《科学通报》2020 年第 65 卷第 25 期。
[4] Krause J, Fu Q M, Good J M, et al. The Complete Mitochondrial DNA Genome of An Unknown Hominin from Southern Siberia. Nature, 2010, 464(7290): 894-897.
[5] Fu Q M, Hajdinjak M, Moldovan O T, et al. An Early Modern Human from Romania with A Recent Neanderthal Ancestor. Nature, 2015, 524(7564): 216-219.

子，这些分子即为蛋白质。在这个过程中，DNA 序列首先转录成氨基酸，多个氨基酸然后缩合组成多肽链，最后经折叠形成具有一定空间形态的蛋白质分子。和古 DNA 一样，古蛋白质也包含遗传信息，其排列序列倒映着遗传信息的编码规则[1]。不同样品蛋白质氨基酸序列的相似程度可以反映他们的亲缘关系。此外，通过不同物种的蛋白质序列还可以构建系统演化树。蛋白质序列的提取、识别、对比是古蛋白质技术的关键。古蛋白质分析的一般流程包括蛋白质提取、肽段分离、样品离子化、质谱分析以及数据分析。

相比于古 DNA，古蛋白质有一些独特的优势。首先，古蛋白质更加稳定，在考古材料中残留的概率更高。研究人员成功地在距今约 190 万年的巨猿臼齿釉质中提取到了古蛋白质，并证明了巨猿属于猩猩亚科成员，大约在 1200 万～1000 万年前与猩猩分离[2]。这项研究为"巨猿是猩猩这一支演化而来"这一猜想提供了关键证据。此外，蛋白质是具有特异功能的大分子，与外源污染的区别较大，所以相比于古 DNA，古蛋白质的提纯相对简单些。最后，在化石中，古蛋白质的含量通常比古 DNA 更丰富，在分析过程中不需要海量样品进行分子化石提取[3]。借助这项技术，中国科学院陈发虎院士团队成功鉴定出一个来自夏河古人类下颌骨的属种——丹尼索瓦人[4]。该研究不仅验证了"丹尼索瓦人曾在东亚广泛分布"这一猜想，还将史前人类在青藏高原的活动时间推早至 16 万年前[5]。此外，研究人员通过对比先驱人和直立人牙齿上的古蛋白质，证明了先驱人是中晚更新世古人类群体（早期现代人、尼安德特人和丹尼索瓦人）的姊妹分支[6]。过去几年间，古蛋白质分析在人猿超科分类演化研究中发挥了重要作用，逐渐成为探索灵长类起源、分类和演化的强大工具。不过，这项技术还有值得进一步完善的空间。首先，目前的氨基酸分析技术还不够成熟。此外，建立更为广泛的灵长类蛋白质对比库尚未完成。最后，尽管研究人员在一颗非常古老的巨猿臼齿中提取到了古蛋白质，但这并不意味着一定可以从其他古老的人猿化石中提取蛋白质。这是因为巨猿拥有超厚的牙釉质，为蛋白质保存提供了独特条件，而其他人猿化石的牙釉质往往没有这么厚。

## 三、典型应用

在这里，我们以巨猿的古蛋白质研究为例，简要介绍这项技术的基本流程和

---

[1] 栗静舒：《扫描古人类的蛋白质"条形码"，回答"我们从哪里来"》，《科学通报》2020 年第 65 卷第 32 期。
[2] Welker F, Ramos-Madrigal J, Kuhlwilm M, et al. Enamel Proteome Shows that *Gigantopithecus* Was An Early Diverging Pongine. Nature, 2019, 576(7786): 262-265.
[3] 王伟：《利用古蛋白技术分析巨猿演化地位的评述》，《人类学学报》2020 年第 39 卷第 4 期。
[4] Chen F H, Welker F, Shen C-C, et al. A Late Middle Pleistocene Denisovan Mandible from the Tibetan Plateau. Nature, 2019, 569(7756): 409-412.
[5] Vernot B, Tucci S, Kelso J, et al. Excavating Neandertal and Denisovan DNA from the Genomes of Melanesian Individuals. Science, 2016, 352(6282): 235-239.
[6] Welker F, Ramos-Madrigal J, Gutenbrunner P, et al. The Dental Proteome of *Homo antecessor*. Nature, 2020, 580(7802): 235-238.

原理[1]。

（1）样品来源。一颗步氏巨猿（*Gigantopithecus blacki*）下颌白齿（编号：CF-B-16），化石发掘自广西壮族自治区田东县布兵盆地吹风洞[2]。洞穴堆积物中共发掘出 24 种动物化石，其中硕豪猪（*Hystrix magna*）、中华乳齿象（*Sinomastodon* sp.）、先东方剑齿象（*Stegodon preorientalis*）、大熊猫小种（*Ailuropoda microta*）、桑氏硕鬣狗（*Pachycrocuta licenti*）、山原貘（*Tapirus sanyuanensis*）和裴氏猪（*Sus peii*）是华南地区早更新世的典型代表。

（2）取样。使用经消毒处理的微钻分别在牙釉质和牙本质处进行取样，总共获得了两份牙釉质粉末样品（重量分别为 185mg 和 118mg）以及一份牙本质样品（重量为 192mg）。

（3）样品去矿化（demineralized）。将一份牙釉质和一份牙本质样品溶解于 1.2M 盐酸（HCl），而余下的一份牙釉质样品则在 10% 三氟乙酸（trifluoroacetic acid，TFA）中进行溶解处理，反应过程在 3℃的温度下进行，持续时间为 24 小时。

（4）蛋白质提取。这个过程主要是对含有多肽的溶解液进行提纯和浓缩，并将多肽固定于 StageTips 上。StageTips 是"Stop and go extraction tips"的缩写，其主要目的是使用高分子纤维膜片来筛选和捕获多肽[3]。

（5）液相色谱与串联质谱检测（liquid chromatography-tandem mass spectrometry，LC-MS/MS）。液相色谱技术是为了高效连续地分离液体混合物中的蛋白质，是目前蛋白质分析中最为常见的质谱前端分离技术。在质谱分析中，样品经过离子源电离后会生成带电离子，这些离子在加速后通过质量分析器，根据离子质量与电荷比（$m/z$，其中 $m$ 为离子的质量，$z$ 为电荷数）的大小顺序通过检测器，形成质谱图。串联质谱技术可以看作是两个或多个质谱仪连接起来的技术。第一个质量分析器用于检测前体离子（如肽段），前体离子随后进一步碎片化，并在第二个质量分析器中进行检测（分析氨基酸序列）。第一个和第二个质量分析器所对应的结果分别是一级质谱图和二级质谱图。简而言之，液相色谱－质谱联用技术可以实现以下功能：分离不同肽段（液相色谱）→检测肽段（一级质谱）→分析氨基酸序列（二级质谱）。

（6）标准库和数据分析。研究人员在已知数据的基础上，重新构建了一个包含现生人猿超科成员的釉质蛋白序列数据库。对于婆罗洲猩猩（*Pongo pygmaeus*）和苏门答腊猩猩（*Pongo abelii*）缺失的蛋白质序列数据，研究人员通过基因组数据预测了蛋白质序列数据，并将其添加到标准库中。研究人员还在标准库中添加了猕猴（*Macaca mulatta*）数据，该数据用于在系统发育分析中作为人猿超科外类群。最后，使用 PEAKS 和

---

[1] Welker F, Ramos-Madrigal J, Kuhlwilm M, et al. Enamel Proteome Shows that *Gigantopithecus* Was An Early Diverging Pongine. Nature, 2019, 576(7786): 262-265.

[2] Wang W. New Discoveries of *Gigantopithecus blacki* Teeth from Chuifeng Cave in the Bubing Basin, Guangxi, South China. Journal of Human Evolution, 2009, 57(3): 229-240.

[3] Cappellini E, Welker F, Pandolfi L, et al. Early Pleistocene Enamel Proteome from Dmanisi Resolves *Stephanorhinus* Phylogeny. Nature, 2019, 574(7776): 103-107.

MaxQuant 两个软件将巨猿蛋白质质谱数据与上述蛋白质数据库进行比对分析。

（7）系统发育分析。通过最大似然法（maximum-likelihood）和贝叶斯法（Bayesian），对比巨猿和其他人猿超科成员的蛋白质序列，构建巨猿的系统发育树（图 8-1）。

图 8-1 巨猿的系统发育关系

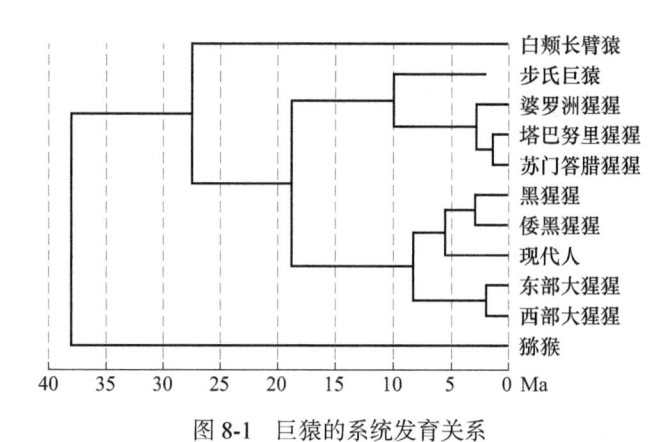

[图中物种的拉丁名：白颊长臂猿（*Nomascus leucogenys*）；步氏巨猿（*Gigantopithecus blacki*）；婆罗洲猩猩（*Pongo pygmaeus*）；塔巴努里猩猩（*Pongo tapanuliensis*）；苏门答腊猩猩（*Pongo abelii*）；黑猩猩（*Pan troglodytes*）；倭黑猩猩（*Pan paniscus*）；现代人（*Homo sapiens*）；东部大猩猩（*Gorilla beringei*）；西部大猩猩（*Gorilla gorilla*）；猕猴（*Macaca mulatta*）]

通过上述流程，研究人员在巨猿牙釉质中提取出一个由 409 个独特多肽组成的蛋白质组。在这些蛋白质中，鉴定出了 6 种内源蛋白质，包括釉原蛋白 -X（amelogenin X）、成釉蛋白（ameloblastin）、釉成熟蛋白（amelotin）、釉质素（enamelin）、基质金属蛋白酶 -20（matrix metalloproteinase-20）和 alpha-2-HS 糖蛋白（glycoprotein）。由于没有发现釉原蛋白 -Y，研究人员推测牙齿样本可能属于巨猿的雌性个体。系统发育分析显示，相比于其他现生大猿，猩猩和巨猿的蛋白质序列相似度更高，巨猿被认为是猩猩的姊妹分支，两者的共同祖先大约在 1200 万～1000 万年前发生了分离。

# 第二节 深度学习

## 一、方法简介

深度学习（deep learning）是机器学习（machine learning）领域的一个分支。在分类任务中，常规的机器学习流程包含数据预处理、特征提取、特征选择、训练和分类。相比于传统的机器学习方法，深度学习的模型结构更加复杂，并且能够在大量数据中自动筛选出对目标任务有用的特征。2019 年，图灵奖（也称计算机领域的诺贝尔奖）被授予了三位在深度学习领域做出显著贡献的科学家，这也印证了深度学习对计算机研究领域的重要推动作用。在过去的十年里，深度学习在图像分割、特征检测、模式识别、图像分类以及场景理解等各方面的应用都取得了突出进步。

深度学习可以分为三类：监督学习、半监督学习（包括强化学习）和非监督学习。这些类别涵盖了深度学习在不同学习框架下的应用。对于监督学习，模型通过标注好的训练数据进行训练，以实现分类和预测任务。半监督学习训练有标注和无标注数据，在标注数据有限的情况下提供学习能力。非监督学习则是在没有标注数据的情况下，通过学习数据的内在规律和模式来进行学习。深度学习网络包括递归神经网络（recursive neural network，RvNN）、循环神经网络（recurrent neural network，RNN）和卷积神经网络（convolutional neural network，CNN）。其中，卷积神经网络在复杂分类任务中表现出卓越的性能。通过卷积层和池化层的结构，CNN 能够有效地提取输入数据的局部特征，并通过多个卷积层的堆叠来获取更高级别的特征。这种逐层堆叠的结构使得 CNN 非常适用于图像分类、目标检测和图像分割等计算机视觉任务。

近五年来，CNN 也被应用于考古学中的不同领域，例如古文字、古陶瓷、植物考古和古人类学，等等（表 8-1）。在实际的分类鉴定任务中，CNN 的准确度甚至有可能超过专家的鉴定准确度。根据不同的网络结构，CNN 还可以进一步细分为二十多种不同的架构，例如视觉几何组（Visual Geometry Group，VGG）、残差网络（Residual Network，ResNet）、残差注意力网络（Residual Attention Network，RAN）、谷歌网络（Inception）、卷积块注意模块（Convolutional Block Attention Module，CBAM）、高分辨网络（High-Resolution Network，HRNet）和基于区域的快速卷积网络（Faster Region-Based Convolutional Neural Network，Faster R-CNN）等[①]。

表 8-1　深度学习在考古学分类鉴定任务中的应用

| 应用领域 | 架构 | 类别 | 文献 |
| --- | --- | --- | --- |
| 青铜器铭文的辨识 | ResNet | 77 | 李文英等，2018 |
| 古瓷器铭文款识分类 | EasyDL | 20 | 穆天红，2020 |
| 古陶器纹饰图像分类 | VGG、ResNet | 8 | Pawlowicz and Downum, 2021 |
| 猩猩和人属化石分类 | ResNet | 2 | Yi et al., 2021 |
| 植硅体种属分类 | VGG、ResNet | 5 | Berganzo-Besga et al., 2022 |
| 岩壁雕刻图像分类 | Faster R-CNN | 5 | Horn et al., 2022 |
| 岩壁象形图分类 | VGG、Inception、ResNet | 2 | Jalandoni et al., 2022 |

## 二、典型应用

在更新世，猩猩（*Pongo*）和人属（*Homo*）成员共同生活在亚洲大陆和岛屿上，因而两者常共同出土于同一个洞穴遗址中。猩猩的化石记录遍布于包括中国华南、越

---

① Gu J X, Wang Z H, Kuen J, et al. Recent Advances in Convolutional Neural Networks. Pattern Recognition, 2018, 77: 354-377; Alzubaidi L, Zhang J L, Humaidi A J, et al. Review of Deep Learning: Concepts, CNN Architectures, Challenges, Applications, Future Directions. Journal of Big Data, 2021, 8(53).

南、泰国、老挝、柬埔寨、马来半岛、苏门答腊、婆罗洲和爪哇等地的许多区域。此外，更新世人属的化石记录也较为广泛，例如中国和爪哇的直立人，以及亚洲大陆和岛屿上的现代人。由于猩猩和人属化石的时空重叠，所以亚洲洞穴考察的一个基础任务是区分两者。在这里，我们介绍一种基于 CNN 的深度学习方案，以实现猩猩／人属牙齿化石的高准确度分类鉴定。

该方案可以总结为两大步骤。第一步是制作牙釉质－牙本质连接面（enamel-dentine junction，EDJ）卡片。将三维 EDJ 往牙颈面进行投影，然后得到 EDJ 的二维地形图。这个二维地形图即为 EDJ 卡片。在卡片上，颜色映射（colormap）代表 EDJ 表面到牙颈面的高度模式（height pattern）。第一步的具体流程如下。

（1）用 Micro-CT 扫描牙齿。将扫描得到的 CT 图像导入到图像处理软件（例如 Mimics、VG Studio、Avizo、ImageJ 和 Gragonfly）进行图像分割（可以用分水岭算法）。必要时，对缺失的牙齿部位进行人工修复。

（2）以分割数据为基础，用约束光滑算法得到三维虚拟模型（图 8-2-a；图版一，3a），并将虚拟模型以 .stl 格式导出。

（3）将牙齿虚拟模型（.stl 文件）导入到 Geomagic Design 中，以牙颈平面为基准分离牙冠和牙根（图 8-2-b；图版一，3b）。随后，将 EDJ 导出为点云数据（.asc 文件）。在该数据格式下，每个点都对应一个三维坐标。

（4）制作 EDJ 卡片。这一步可以在软件 Surfer 中进行。首先用克里金算法（Kriging algorithm）将点云数据转换成栅格数据（grid data）。然后，通过 "Color Relief" 模块将网格数据可视化，最终结果即为 EDJ 卡片（图 8-2-c；图版一，3c）。

通过以上流程，可以实现三维 EDJ 数据到二维 EDJ 卡片的转换。在所有样本都处理完后，按照以下流程进行第二步，即 CNN 训练。

（1）分配训练集和验证集。大多数 EDJ 卡片分配到训练集，其余卡片分配到验证集。为了确保 CNN 分类器能学习到有效的分类特征，训练集的 EDJ 卡片需要覆盖尽量多的形态类型（morphotype）。

（2）训练 CNN 分类器。在这里，以牙本质切片（输入层）为例，介绍 CNN 的简要原理。用核矩阵（matrix kernel）对输入层进行卷积计算，得到第一卷积层。一般来说，较宏观的特征（例如近中边缘脊的形态）会在更外层的卷积层（例如第一卷积层）中提取出来。卷积层之后是采样层（也叫池化层，图 8-2-d/ 图版一，3d 中的箭头 3）。设置采样层的目的是减少数据量，减少过拟合现象，以及提高容错率。获得采样层最常用的方法包括最大值池化（max pooling）和平均值池化（average pooling）。然后，反复进行卷积和采样，得到更深的卷积层和采样层（图 8-2-d/ 图版一，3d 中箭头 4、5 和 6）。层数越深，特征越偏微观（如牙本质尖的形态）。全连接层（图 8-2-d/ 图版一，3d 中箭头 7）将前面的特征矩阵转换成一个矢量，该矢量包含判别信息，决定了分类结果（输出层）。

图 8-2 基于 CNN 的牙齿分类鉴定流程

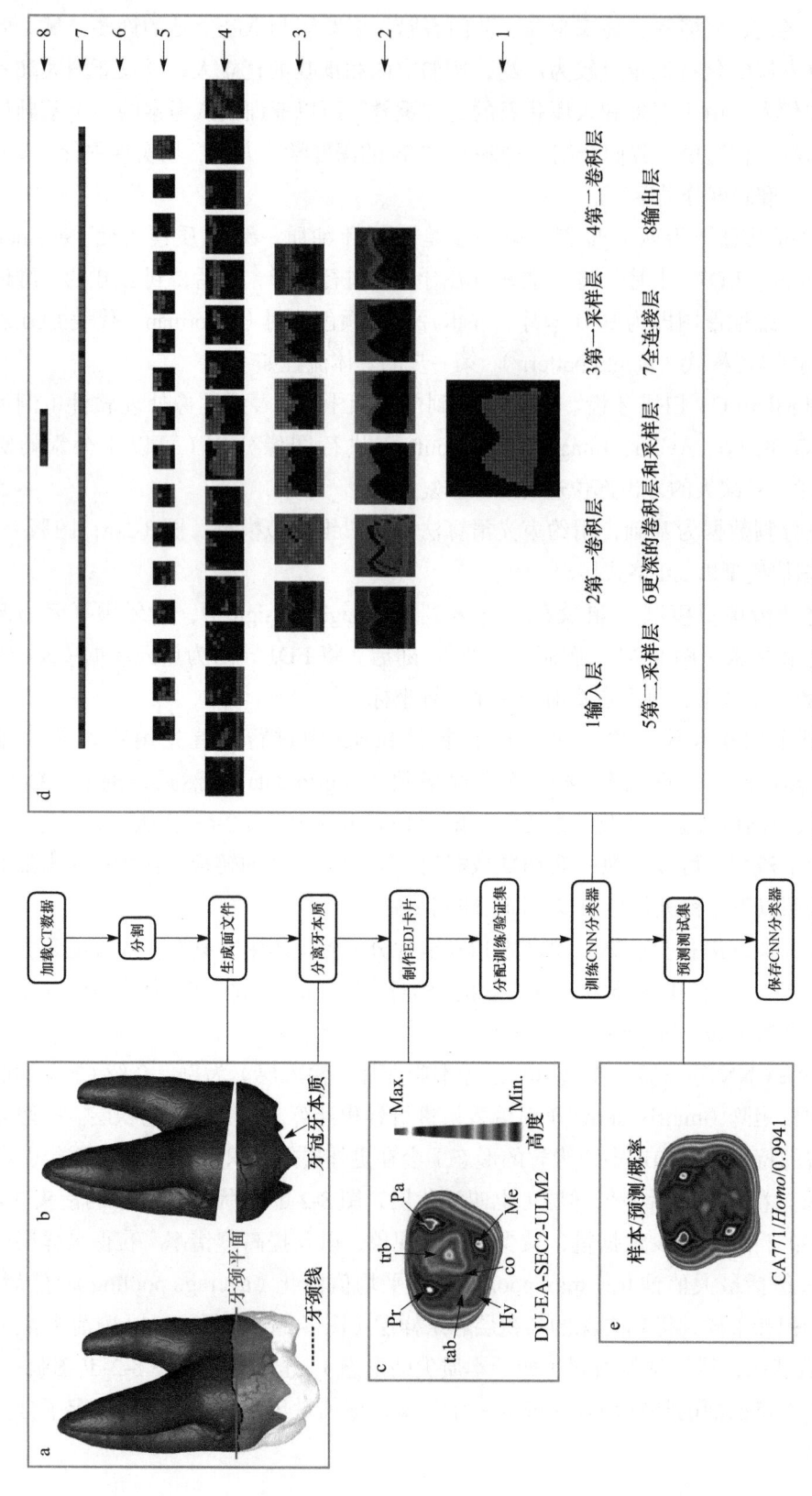

1 输入层；2 第一卷积层；3 第一采样层；4 第二卷积层；5 第二采样层；6 更深的卷积层和采样层；7 全连接层；8 输出层

[图 c 中的缩写：Pr，原尖（protocone）；Hy，次尖（hypocone）；Pa，前尖（paracone）；Me，后尖（metacone）；co，斜脊（crista obliqua）；trb，三角盆地（trigon basin）；tab，跟座盆地（talon basin）]

（3）进行预测。训练 CNN 直到满足以下基本条件：验证集中的分类准确度比较高；训练损失和验证损失都比较低；验证损失比训练损失低。训练完成的 CNN 分类器可以用来判断待测样本的属种（图 8-2-e；图版一，3e）。如果大量预测都比较准确，说明训练出的 CNN 分类器比较可靠。

可以用 Jupyter notebook 编写程序来实现上述过程，在程序中，以 fastai（www.fast.ai）作为应用程序接口（application programming interface），并调用 ResNet18 作为 CNN 架构[①]。

为了测试上述流程是否有效，我们对 106 颗上颌第一 / 二臼齿进行处理（其中猩猩和人属牙齿各 53 颗），得到各自的 EDJ 卡片，并用这些卡片来训练 CNN，得到猩猩 - 人属牙齿两类分类器。表 8-2 列出了训练集、验证集和测试集的简要信息。可以看出，训练集和验证集中都有不同产地的样本，这种分配方案有望提高 CNN 识别泛化分类特征（generalizable classification features）的概率[②]。值得注意的是，CNN 训练过程中不涉及测试集中的样品，测试样本只用来评估训练完成后的分类器性能。

表 8-3 列出了训练细节。表中，训练损失和验证损失分别是反映训练集和验证集分类精度的参数。损失越低则分类精度越高。验证损失比训练损失低，说明过拟合的概率低。在第二个训练周期中，训练损失和验证损失都比第一个周期低，说明模型性能在第二个训练周期中得到了提高。经过前两个训练周期，验证集的分类准确度已经达到 100%，且验证损失和训练损失都较小，这说明 CNN 训练已经得到较好效果，不需要更多的训练周期。

表 8-2 训练集、验证集和测试集

| 数据集 | 化石猩猩（Pongo） | | 人属（Homo） | |
| --- | --- | --- | --- | --- |
| | 产地[a] | 样本量 | 产地[b] | 样本量 |
| 训练集 | 岩利洞 | 42 | 以色列卡夫泽 | 42 |
| | 那线洞 | | 法国古尔吉 | |
| | 感仙洞 | | 克罗地亚克拉皮纳 | |
| | 咁前洞 | | 法国拉奎纳 | |
| | 三谢山洞 | | | |

① He K M, Zhang X Y, Ren S Q, et al. Deep Residual Learning for Image Recognition. Paper presented at the 2016 Ieee Conference on Computer Vision and Pattern Recognition, 2016; Howard J, Gugger S. Fastai: A layered API for Deep Learning. Information, 2020, 11(108).
② 沈冠军、王頠、王谦等：《广西柳江土博咁前洞的铀系年代》，《人类学学报》2001 年第 20 卷第 3 期；王頠、黄启善、周石保：《广西柳江土博新发现的人类化石》，《龙骨坡史前文化志》1999 年第 1 期；Yao Y Y, Liao W, Bae C J, et al. New Discovery of Late Pleistocene Modern Human Teeth from Chongzuo, Guangxi, Southern China. Quaternary International, 2020, 563: 5-12; Liao W, Harrison T, Yao Y Y, et al. Evidence for the Latest Fossil *Pongo* in Southern China. Journal of Human Evolution, 2022, 170, 103233; Liang H, Harrison T, Shao Q F, et al. Middle Pleistocene *Pongo* from Ganxian Cave in Southern China with Implications for Understanding Dental Size Evolution in Orangutans. Journal of Human Evolution, 2023, 178, 103348.

续表

| 数据集 | 化石猩猩（Pongo） || 人属（Homo） ||
| --- | --- | --- | --- | --- |
| | 产地[a] | 样本量 | 产地[b] | 样本量 |
| 验证集 | 岩利洞 | 11 | 以色列卡夫泽 | 11 |
| | 宜村洞 | | | |
| | 山祖洞 | | 法国古尔吉 | |
| | 那线洞 | | | |
| | 感仙洞 | | 克罗地亚克拉皮纳 | |
| | 咁前洞 | | 法国拉奎纳 | |
| 测试集[c] | CA673, CA796, CA799, CA771, CA772, CA770 ||||

a 化石猩猩均来自广西的洞穴遗址。
b 部分现代人牙齿数据来源于杜克大学人类演化中心，它们的出处不明。
c 测试集数据来源于孔尼华在华南中药铺收集的人科牙齿化石（http://paleo.esrf.eu/）。

表 8-3 训练损失、验证损失以及验证集的分类准确度

| 训练周期 | 训练损失 | 验证损失 | 准确度（%） |
| --- | --- | --- | --- |
| 1 | 0.3848 | 0.0523 | 100 |
| 2 | 0.3344 | 0.0046 | 100 |

表 8-4 列出了测试集的预测结果。测试集中的样本没有参与之前的 CNN 训练，也就是说 CNN 分类器之前没有"见过"这些样本。测试集的预测结果与基于多种常规方法的判断结果一致，且精度较高（>0.93）。这个结果说明，CNN 分类器可能学习到了对区分猩猩和人属的有效泛化分类特征。CNN 学习的最佳结果是学到更加底层的分类特征，且它们对于区分除训练集和验证集之外的新样品依然有效，这种能够泛化到未见过的样本的分类特征被称为泛化分类特征。分类器的泛化能力指的是对新样本（测试集）进行正确分类的能力。泛化能力高的分类器即便从没有"见过"某个样品，也能对该样品准确预测。一般而言，如果 CNN 能够学习更多的数据，其泛化能力通常也会得到提升。

表 8-4 测试集的预测结果

| 样本编号 | EDJ 卡片 | 本书结果 || Smith 等（2018）[a] ||
| --- | --- | --- | --- | --- | --- |
| | | 预测结果 | 预测概率 | 分类结果 | 所用方法 |
| CA673 | | 猩猩 | 0.9329 | 猩猩 | A, B, C |
| CA770 | | 人属 | 0.9995 | 人属 | A, B, C, D |

续表

| 样本编号 | EDJ 卡片 | 本书结果 预测结果 | 本书结果 预测概率 | Smith 等（2018）[a] 分类结果 | Smith 等（2018）[a] 所用方法 |
|---|---|---|---|---|---|
| CA771 |  | 人属 | 0.9941 | 人属 | A, B, C |
| CA772 |  | 人属 | 0.9995 | 人属 | C |
| CA796 |  | 猩猩 | 0.9857 | 猩猩 | A, B, C, D |
| CA799 |  | 猩猩 | 0.9999 | 猩猩 | A, B |

a 常规定量方法：A，二维釉质厚度；B，近中二维切片 EDJ 的几何形态学分析；C，长周期线的周期；D，成冠时间。

## 第三节 地球化学

### 一、非传统稳定同位素

对于某一元素（例如钙元素），其质子（proton）数量是恒定的，而中子（neutron）数量可以发生改变。元素质量取决于质子数量和中子数量。对于拥有相同质子数但不同中子数的一系列元素，它们互为同位素。同位素组成通常以丰度比的形式来表示（例如 $^{44}Ca/^{42}Ca$）。为了减少不同仪器之间系统性测量差异的影响，同位素组成进一步通过待测样品和标准样品之间同位素组成差异的形式表示。以钙同位素为例，可以用以下公式计算待测样品的同位素组成。

$$\delta^{44/42}Ca\left[\frac{(^{44}Ca/^{42}Ca)_{待测样品}}{(^{44}Ca/^{42}Ca)_{标准物质}}-1\right]\times 1000$$

目前，在考古学领域中还没有一个统一的标准样品来测量钙同位素。一般常用的标准样品包括 NIST SRM915a、ICP Ca Lyon、NIST SRM915b、IAPSO 和 CaF2，其中前两种在本领域应用较多。以这两个标准样品为基准的测量结果可以通过下述公式进行相互转换[①]。

---

① Martin J E, Tacail T, Braga J, et al. Calcium Isotopic Ecology of Turkana Basin hominins. Nature Communications, 2020, 11, 3587.

$$\delta^{44/42}Ca_{SRM915a} = \delta^{44/42}Ca_{ICP\,Ca\,Lyon} + 0.518$$

除了 $\delta^{44/42}Ca$ 之外，$\delta^{44/40}Ca$ 也是常用的同位素结果。两者可以通过以下公式进行换算[①]。

$$\delta^{44/42}Ca = \delta^{44/40}Ca / 2.0483$$

如果某一同位素不会随着时间发生放射性衰变，则该同位素是稳定同位素，反之，则是放射性同位素。在考古学领域，常用的稳定同位素包括碳（carbon, C）、氧（oxygen, O）、氮（nitrogen, N）和硫（sulphur, S）。其中，碳同位素（$\delta^{13}C$）可以用来区分 $C_3$ 和 $C_4$ 植物，这两类植物在光合作用过程中存在差异。乔木和灌木多为 $C_3$ 植物，而草本植物多为 $C_4$ 植物。氮同位素（$\delta^{15}N$）主要用来区分食素行为和食肉行为。相比于素食动物，肉食动物骨胶原中的 $\delta^{15}N$ 值一般更高。这是因为食肉动物获取的氮源通常处于食物链的较高层级。氧同位素（$\delta^{18}O$）可以用来指示饮用水的来源（河湖水或食物中的水分），也可以用于计算大气平均温度，从而重建古气候条件。硫同位素（$\delta^{34}S$）可以用于海洋食物资源和陆地食物资源的区分。上述同位素技术均属于传统稳定同位素技术。

随着质谱仪器的不断发展和技术进步，研究人员现在可以分离并测量更重的同位素，非传统稳定同位素测量技术应运而生，包括镁（magnesium, Mg）、铜（copper, Cu）、铁（iron, Fe）、锌（zinc, Zn）、锶（strontium, Sr）和钙（calcium, Ca）。这些元素对应的同位素如表 8-5 所示。镁同位素、锌同位素、钙同位素和锶同位素（$\delta^{88/86}Sr$）在食物链中存在较为明显的分馏作用，即随着食物链中生物的营养级别升高，其体内的同位素组成会发生变化，因为食物链上的各个营养级生物摄取的元素同位素组成不同。这种现象被称为同位素分馏。同位素分馏现象不仅有助于揭示食物链生态系统中生物之间的相互关系，还可以解释不同营养水平生物的饮食构成，并帮助我们了解古代动物和人类的饮食偏好。结合其他地球化学结果，这些同位素指标可以用来区分素食、杂食和肉食行为。值得一提的是，除了 $\delta^{88/86}Sr$，锶同位素还存在另外一个常用指标，即 $\delta^{87/86}Sr$。$^{87}Sr$ 是 $^{87}Rb$（铷）的放射性衰变产物，是一种放射性同位素，它在不同的地理区域存在较大差异。当人群或动物摄入不同地区的食物和水源时，其体内的锶同位素比例也会随之改变。因此，$\delta^{87/86}Sr$ 结果可以用来追溯过去人群/动物群的迁移行为。

相关研究表明，男性和女性在代谢铜和铁的过程中存在着生理学上的差异。这些差异可能导致不同性别的体内铜和铁同位素组成有差异。因此，通过对人骨样本中铜和铁同位素的测量，也许可以用于鉴定人骨的性别[②]。对于铜、铁、锌三种元素，可以

---

[①] 刘芳：《钙同位素分析方法及其地质应用——以腾冲火山岩和粤北碳酸盐风化壳为例》，中国科学院广州地球化学研究所博士学位论文，2018 年。

[②] Jaouen K, Balter V, Herrscher E, et al. Fe and Cu Stable Isotopes in Archaeological Human Bones and Their Relationship to Sex. American Journal of Physical Anthropology, 2012, 148(3): 334-340.

通过类似的制样和净化流程进行处理，但是测量锌同位素的可行性更高，主要是由于以下几个原因：①Zn 在生物组织中的浓度通常高于 Cu，在一定程度上提高了测量锌同位素的成功率；②Zn 元素的净化成本比另外两种元素更低，减轻了分析过程中的经济负担，此外，经过几十年的研究和发展，已经有了一些高效的锌同位素净化方法，从而缩短了净化时间；③Zn 同位素的测量对于仪器的技术要求低于 Fe 同位素。

在考古遗址中，生物软组织易受到分解和腐化的影响，常常难以保存下来。牙齿和骨骼具有较高的抗腐化性和耐久性，能够在较长时间内保存其内部的同位素信息。因此，在研究上述同位素时，通常使用牙齿和骨骼等硬组织样本。对于非传统稳定同位素，目前主要依靠多接收电感耦合等离子质谱仪（multi-collector inductively coupled plasma mass spectrometry，MC-ICP-MS）和热离子化质谱仪（thermal ionization mass spectrometry，TIMS）进行测量。

表 8-5　非传统稳定同位素的组成及其丰度[①]

| 元素 | 类别 | 同位素及其丰度 | 常用的指标 |
| --- | --- | --- | --- |
| Ca | 碱土金属 | $^{40}$Ca(96.9%), $^{42}$Ca(0.6%), $^{43}$Ca(0.1%), $^{44}$Ca(2.1%), $^{46}$Ca(0.004%), $^{48}$Ca(0.2%) | $\delta^{44/42}$Ca, $\delta^{44/40}$Ca |
| Cu | 过渡金属 | $^{63}$Cu(69.2%), $^{65}$Cu(30.9%) | $\delta^{65}$Cu |
| Fe | 过渡金属 | $^{54}$Fe(5.8%), $^{56}$Fe(91.7%), $^{57}$Fe(2.2%), $^{58}$Fe(0.3%) | $\delta^{56}$Fe, $\delta^{57}$Fe |
| Mg | 碱土金属 | $^{24}$Mg(79.0%), $^{25}$Mg(10.0%), $^{26}$Mg(11.0%) | $\delta^{25/24}$Mg, $\delta^{26/24}$Mg |
| Sr | 碱土金属 | $^{84}$Sr(0.6%), $^{86}$Sr(9.9%), $^{87}$Sr(7.0%), $^{88}$Sr(82.6%) | $\delta^{88/86}$Sr |
| Zn | 过渡金属 | $^{64}$Zn(49.2%), $^{66}$Zn(27.7%), $^{67}$Zn(4.0%), $^{68}$Zn(18.5%), $^{70}$Zn(0.6%) | $\delta^{66}$Zn, $\delta^{67}$Zn, $\delta^{68}$Zn |

物质由元素组成，根据"我即我食"的准则，生物个体的同位素组成取决于生存环境和食物的同位素特征以及新陈代谢过程中的元素分馏作用，其中，食物有最直接的影响。

如图 8-3 所示，不同类型食物的钙同位素组成有很明显的差别，例如单子叶植物（包括谷物）比鸟蛋和海洋动物的钙同位素值要低得多。假设有两个人群长期分别以谷物和海洋动物为主要食物来源，可以预见的是后者骨骼中的钙同位素值可能会更高。动物在消化食物的过程中往往会优先吸收偏轻或者偏重的同位素，导致自身比食物更加富集更轻或者更重的同位素。例如，在同一生态环境中，一级消费者的骨骼比初级生产者的钙同位素值低～0.57‰（$\delta^{44/42}$Ca），二级消费者比一级消费者的骨骼钙同位素值低～0.57‰（$\delta^{44/42}$Ca）。以此类推，营养级更高，钙同位素值往往越低（图 8-4）。这是大多数非传统稳定同位素能够用于区分素食动物（一级消费者）、杂食动物（中间消费者）和肉食动物（高级消费者）的基本原理。

---

[①] Jaouen K, Pons M-L. Potential of Non-traditional Isotope Studies for Bioarchaeology. Archaeological and Anthropological Sciences, 2017, 9: 1389-1404.

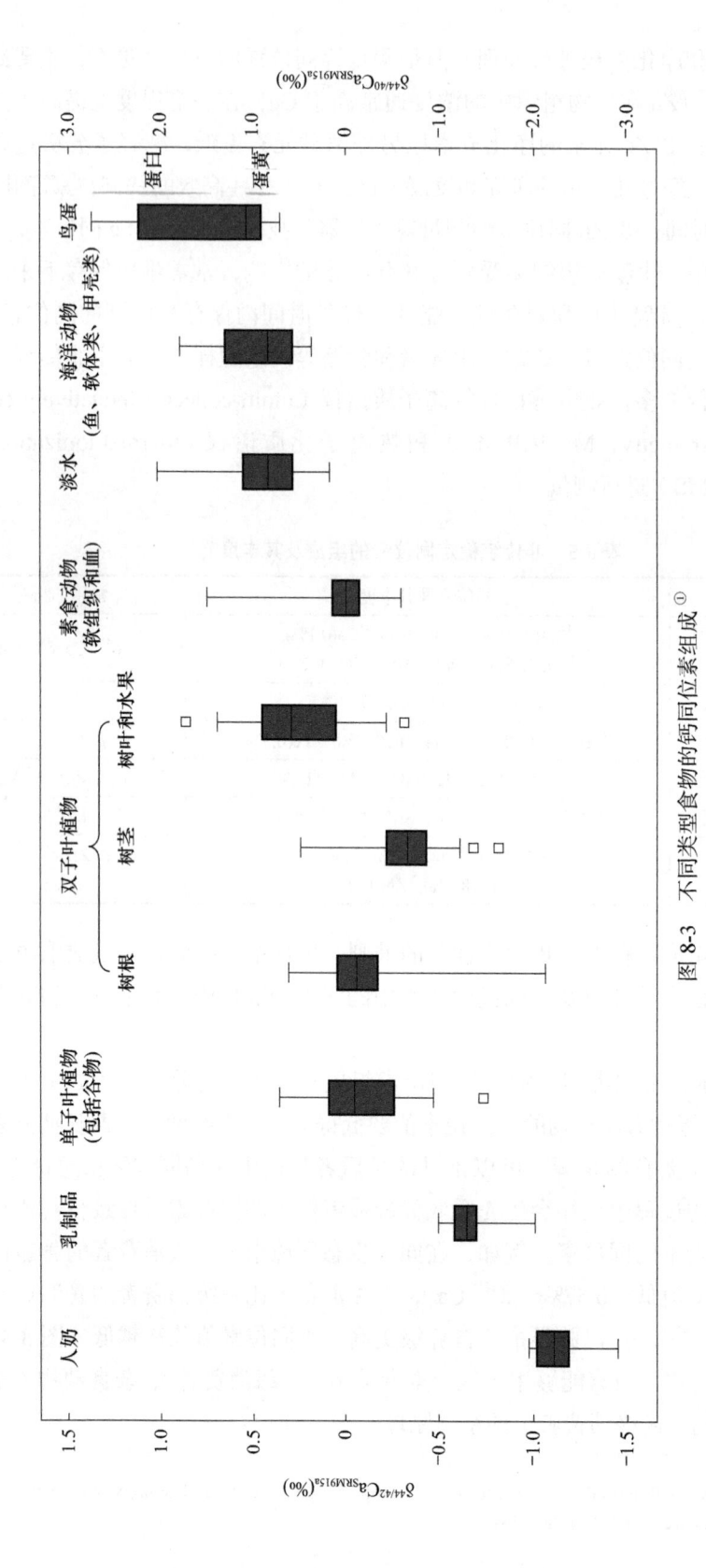

图 8-3 不同类型食物的钙同位素组成[1]

---

[1] Tacail T, Le Houedec S, Skulan J L. New Frontiers in Calcium Stable Isotope Geochemistry: Perspectives in Present and Past Vertebrate Biology. Chemical Geology, 2020, 537, 119471.

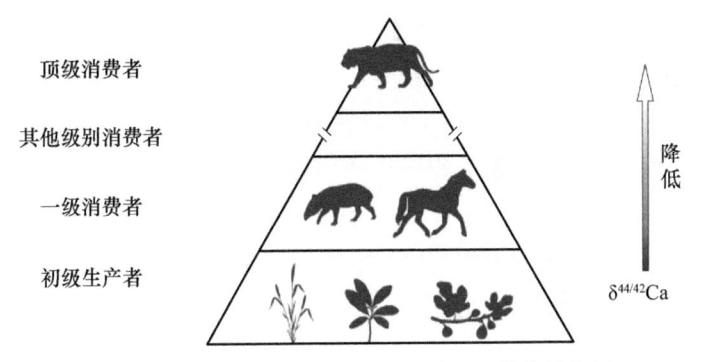

图 8-4  钙元素在不同营养级生物中的生物分馏作用

另外一个影响同位素组成的因素是新陈代谢作用。在骨骼形成过程中，血液中的钙同位素会发生分馏作用，较轻的钙同位素会优先进入矿化骨骼，导致骨骼（包括牙齿）比血液 $\delta^{44/42}Ca$ 值要低（图 8-5）。类似的分馏现象也发生在繁殖过程中，例如卵生动物下的蛋（蛋壳部分）以及怀孕期胎儿形成的骨骼。前人的研究发现，卵生动物的蛋壳、胎儿骨骼以及母乳比母体所吃食物的 $\delta^{44/42}Ca$ 值低~0.6‰。血液中的钙进入到尿液的生理过程会导致重钙离子的富集，因此尿液比血液的 $\delta^{44/42}Ca$ 值高~1.0‰。可以发现，血液中的钙离子进入到不同的组织或者代谢产物中也会发生分馏作用，有的发生钙离子正偏，有的发生负偏，从而实现钙离子的内稳态平衡。

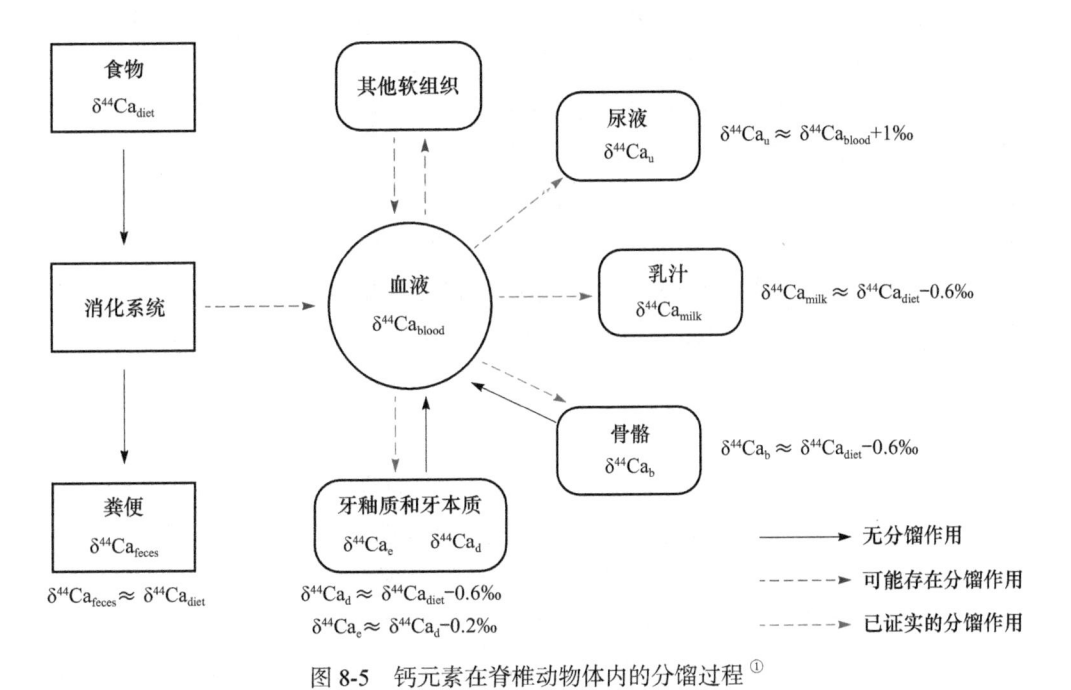

图 8-5  钙元素在脊椎动物体内的分馏过程[1]

---

[1] Tacail T, Le Houedec S, Skulan J L. New Frontiers in Calcium Stable Isotope Geochemistry: Perspectives in Present and Past Vertebrate Biology. Chemical Geology, 2020, 537, 119471.

除了上面提到的非传统稳定同位素，还有其他元素也有可能用于考古学的研究，例如汞（mercucy，Hg）和锂（lithium，Li）。人类的头发曾被用于测试汞同位素，用于追踪食物中汞的来源以及区分鱼类食物的地理来源（淡水、海滨或者远洋）。事实上，一个元素在考古学研究中能否得到广泛应用，往往需要满足以下三个条件。首先，该元素至少有两个稳定的同位素。其次，目前存在可靠的技术对该元素进行提取和提纯。最后，该元素在生物组织中的同位素浓度应符合目前质谱仪器的最低检测要求。

尽管非传统稳定同位素技术还处于萌芽期，但相比传统稳定同位素，该技术具备一些优势。以钙同位素为例，该技术有以下优点。首先，钙是生物磷灰石（生物骨组织中的主要成分）中的主要元素，物理化学稳定性高，不易受到成岩作用的影响。目前，钙同位素已经被成功应用到晚泥盆世（约 3.72 亿年前）时期的化石样品中。考古学领域最古老的样品一般为百万年级别，因此，成岩作用对于考古样品钙同位素的测量一般不会有很大的影响。其次，多数非传统稳定同位素（包括钙同位素）都能用于指示生物个体的营养级，揭示更加细致的食性行为。虽然传统稳定同位素中氮同位素也能用于这个研究目的，但氮同位素样品一般是从保存时间不超过一万年的骨胶原中提取，这就限制了该技术在更古老的考古样品中的推广和应用。最后，由于骨样中钙元素非常丰富，用于同位素分析的样品量不用太多（一般几十到几百微克就够），因此可以用微钻取样，这对于珍贵的考古样品破坏性较小。

这些优点使得非传统稳定同位素技术具有潜力成为考古学研究中的重要工具。然而，该技术还存在一些不足之处，需要进一步完善以推进其在考古学中的应用。首先，需要通过大量的基础实验研究，进一步确定不同食物类型的同位素特征，这将有助于建立更准确的同位素比对食物来源和食物链关系的模型。其次，需要进一步厘清不同生理学因素对同位素组成的影响。除了前述的骨骼矿化、怀孕、哺乳等因素对同位素组成的影响，其他生理学因素也值得进一步研究，例如有角动物的成角过程（antlerogenesis）、嗜骨癖（osteophagia）、舔矿（mineral licks）等。最后，需要提升对同位素分馏过程和机制的认识，为合理解释同位素结果奠定更加坚实的基础。

## 二、典型应用

在本小节，我们以图尔卡纳盆地古人类钙同位素研究为例来说明非传统稳定同位素技术在考古学中的应用[①]。研究流程主要包括以下几项。

（1）样品来源及取样。化石样品来自肯尼亚国家博物馆和图尔卡纳盆地研究所，现生样品主要来自肯尼亚察沃国家公园，现生动物包括牛科（Bovidae）、猫科（Felidae）、鬣狗科（Hyaenidae）、象科（Elephantidae）、长颈鹿科（Giraffidae）、犀牛

---

[①] Martin J E, Tacail T, Braga J, et al. Calcium Isotopic Ecology of Turkana Basin hominins. Nature Communications, 2020, 11, 3587.

科（Rhinocerotidae）、马科（Equidae）和猪科（Suidae）。根据现生动物的食性行为，可以将它们分为素食动物和肉食动物。对所有牙齿样品进行清洗，等样品自然干燥后，用低速微钻在牙釉质上取样，用剃刀收集牙釉质粉末，每颗牙齿上采集 100~200μg 粉末样品用于分析。在每颗样品取样前，需要用 99% 纯度的酒精对牙釉质表面、钻头表面和剃刀进行清洗，避免不同样品之间的污染。一部分粉末用于碳同位素测试，而另外一部分粉末用于钙同位素测试。

（2）样品预处理和碳同位素测试。先后用 3% $H_2O_2$ 和 0.1M 醋酸消除样品粉末中的有机质和钙质胶结物。然后，用 100% $H_3PO_4$ 消解法分离羟基磷灰石中的碳和氧。最后，用同位素质谱仪测试碳同位素。碳同位素结果对比的标准物质为 VPDB（Vienna-PDB）。

（3）样品预处理（用于钙同位素分析）。用大约 3mL 的 3N $HNO_3$ 对粉末进行溶解，然后密封小瓶，在 100℃的加热板上加热 3 至 5 小时，反复脱气，并蒸发至干。

（4）钙离子提纯。经过多轮提纯过程，对样品中的钙离子进行提纯，消除等重离子和样品基质对同位素测试的干扰。与钙离子等重的离子主要包括锶、钾和镁（例如 $^{84}Sr^{2+}$、$^{41}K^1H^+$ 和 $^{25}Mg^{16}O^+$）。第一轮提纯的目的是消除钾离子和样品基质。首先，将样品溶于 1M HCl，并经过装有 2mL 的 Biorad AG50X-W12 阳离子交换树脂（200~400 目）的层析柱进行提纯。第一轮提纯后得到含 Ca、Sr、Fe（包括 Zn 和 Cu）等离子的样品。需要注意的是，层析柱最多使用 5 次，以避免树脂老化。第二轮提纯主要目的是去除铁离子。这一轮提纯层析柱中的填充物质为 100~200 目的 Biorad AG1-X8（2mL），并使用 6M HCl 作为溶解液。第二轮提纯后得到含钙和锶等离子的样品。最后一轮提纯的主要目的是消除锶离子。在这一轮提纯中，使用 0.7mL Eichrom 脱锶专用树脂封装在 2mL 的 Eichrom 柱子中。溶解液为 2M $HNO_3$。最后一轮提纯后，得到主要含钙离子的样品。

（5）钙同位素测试。在钙离子提纯后，将样品溶解于 0.05M $HNO_3$ 中，所有样品和标准物质（ICP Ca Lyon）的钙浓度都限定为 2ppm，然后用 MC-ICP-MS 仪器进行钙同位素测试。钙同位素结果表示为：

$$\delta^{44/42}Ca = \left[\frac{(^{44}Ca/^{42}Ca)_{待测样品}}{(^{44}Ca/^{42}Ca)_{ICP\ Ca\ Lyon}} - 1\right] \times 1000$$

通过上述流程，马丁（Martin）等人测量了图尔卡纳盆地古人类和现生动物的碳同位素和钙同位素结果，如图 8-6 所示。依据目前的研究进展，$\delta^{44/42}Ca$ 值越低，则代表营养级越高，因此肉食动物的 $\delta^{44/42}Ca$ 值一般低于素食动物；$C_3$ 植物的 $\delta^{13}C$ 值要明显低于 $C_4$ 植物，因此 $C_3$ 素食动物（以 $C_3$ 植物为食的动物）的 $\delta^{13}C$ 值低于 $C_4$ 素食动物（以 $C_4$ 植物为食的动物）。图 8-6 表明，湖畔南猿（*Australopithecus anamensis*）的 $\delta^{44/42}Ca$ 值较高，$\delta^{13}C$ 值较低，和现存 $C_3$ 食叶动物（browsers）重叠。该结果表明湖畔南猿以 $C_3$ 植物为主食，营养级较低，大概率是素食动物。鲍氏傍人（*Paranthropus *boisei*）的 $\delta^{44/42}$Ca 值和 $\delta^{13}$C 值都很高，说明该物种以 $C_4$ 植物为主食，营养级别较低，大概率是素食动物。早期智人（early *Homo*）的 $\delta^{44/42}$Ca 值分布较广，覆盖现存素食动物和肉食动物的结果，这表明早期智人可能是杂食动物，食物来源比较广泛。早期智人的 $\delta^{13}$C 值也介于 $C_3$ 素食动物和 $C_4$ 素食动物之间，这也许暗示了早期智人会同时进食 $C_3$ 植物和 $C_4$ 食物。

看起来，早期智人演化出了对食物更加广泛的适应性，这一特性也许对于智人的起源和演化，以及渡过食物匮乏期起到了关键作用。值得注意的是，该地区早期智人的属种较多，包括能人（*Homo habilis*）、鲁道夫人（*Homo rudolfensis*）和直立人（*Homo erectus*）。也许这些不同的早期智人物种均有独特的食性，从而使得早期智人这一整体只是表面看起来有很广泛的食性。如果能够将结果细分到物种级别，才能更好地认识早期人属的 C-Ca 同位素结果，这就要求对牙齿样品进行更加可靠的属种分类学研究。

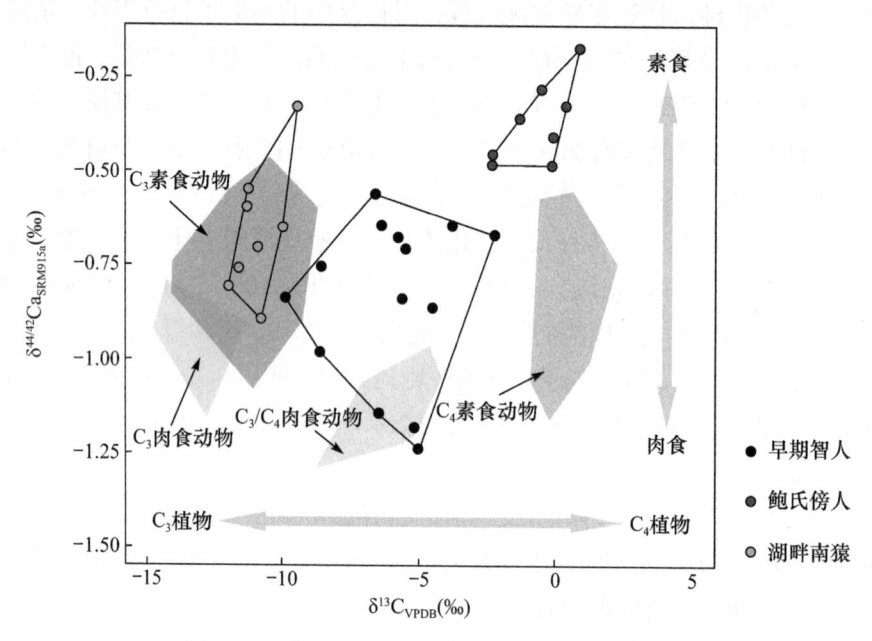

图 8-6　图尔卡纳盆地古人类的 C-Ca 同位素结果

## 三、牙切片元素图像

牙切片元素图像技术是牙切片生长发育分析和微区原位面扫描成像技术的结合。类似于树木年轮，哺乳动物牙齿上也存在反映生物节律的生长线，这些线是牙齿周期性生长发育过程中遗留下来的痕迹。在考古学领域，近中牙切面是备受关注的典型解剖学部位，该切面指的是垂直于牙颈平面，并穿过牙齿近中两个主尖的牙齿横截面（图 8-7-a、b）。

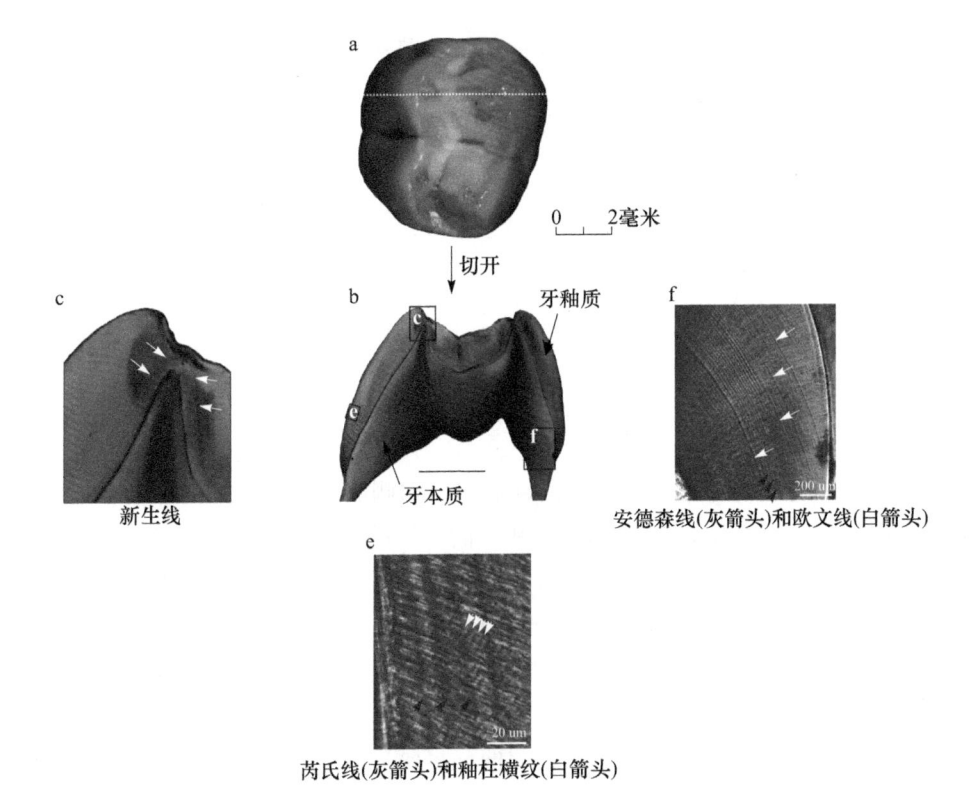

图 8-7 猕猴（*Macaca mulatta*）牙切面上的生长线[①]

牙齿硬组织由牙釉质和牙本质组成（图 8-7、图 8-8）。牙釉质的基本物质为微晶状羟基磷灰石（$Ca_{10}PO_4OH_2$），大量的微晶按照一定方向排列组成了釉柱。釉柱起点位于牙釉质 – 牙本质接触面（enamel-dentine junction，EDJ），并贯穿整个牙釉质层，终点为牙釉质表面。在釉柱的形成过程中，昼夜节律会导致造釉细胞按照规律分泌略有差异的牙釉质，形成沿着釉柱方向的规律性收缩横纹，也就是釉柱横纹（cross-striation）。两条釉柱横纹之间的距离除以一天则为日分泌率（单位为 μm/d）。牙齿从齿尖开始生长，向着牙颈线方向呈叠瓦状一层层地展开，在牙齿切面上表现为芮氏线（Retzius line）。芮氏线在牙釉质表面上表现为釉面横纹。釉柱横纹是一种短周期生长线，其生长周期为 1 天，而芮氏线是一种长周期生长线，通过两条芮氏线之间的釉柱横纹数量即可判断其周期。例如，如果两条芮氏线之间有 5 条釉柱横纹，则说明长周期为 5 天。在哺乳动物的乳齿和第一恒齿上，还存在着一条新生线（neonatal line）。这条线可能是由于幼儿从母体子宫内的环境转变到体外环境时，生物学和环境的变化所引起的。这个转变可能会导致牙齿组织的生长和沉积过程发生变化，从而形成新生线。

---

[①] Smith T M, Cook L, Dirks W, et al. Teeth Reveal Juvenile Diet, Health and Neurotoxicant Exposure Retrospectively: What Biological Rhythms and Chemical Records Tell Us. Bioessays, 2021, 43(9), 2000298.

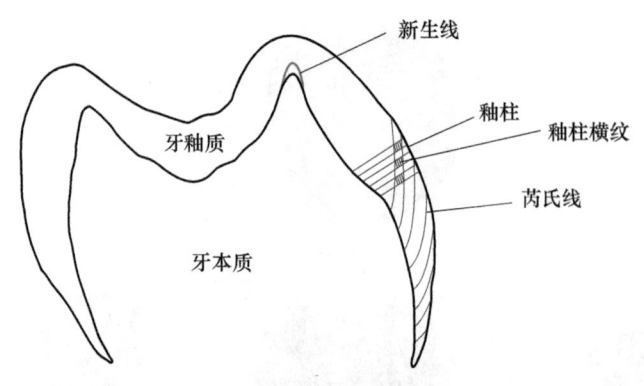

图 8-8 牙切面釉质生长线

牙釉质可以分为牙尖釉质（cuspal enamel）和侧面釉质（lateral enamel）。为计算牙冠形成时间，可以分别计算牙尖釉质和侧面釉质的形成时间，然后将两者相加。具体来说，牙尖釉柱长度除以牙尖釉质日分泌率可以计算出牙尖釉质的形成时间，而侧面釉质的形成时间则可以通过芮氏线周期乘以侧面芮氏线数量来确定。

除了牙釉质，牙本质上也存在生长线，包括冯－埃布纳线（von Ebner line）、安德森线（Andresen line）和欧文线（Owen line）（图 8-7-f）。其中，冯－埃布纳线为短周期生长线，周期为一天。安德森线是长周期生长线，两条安德森线之间的冯－埃布纳线的数量代表着长周期时间[①]。由于生存压力较大或者其他不利因素，牙本质的形成可能受到影响，从而形成欧文线。该生长线是特殊的安德森线，在显微镜下相比一般的安德森线更加显眼。值得一提的是，在考古学领域，对牙釉质生长线的研究较为广泛，相比之下对牙本质生长线的研究较少。然而，牙本质生长线对于了解古代人类和动物的个体发育史依然有一定的帮助和意义。

通过以上介绍，我们可以发现，牙切面的生长线实际上可以提供一个时间标尺，通过这些生长线，可以计算出牙釉质上不同位置对应的年龄。因此，牙釉质上不同位置的元素化学特征对应了不同时期的元素化学特征。牙釉质上的元素成分主要来源于摄入的食物，因此其元素组成和饮食密切相关。结合牙切片的生长发育分析和微区原位面扫描成像技术（即等间距地分析牙切面上不同位置的元素化学特征，如图 8-9 所示），可以研究个体在从出生到牙齿形成的这段时间内的食性生态。牙切面微区原位面扫描成

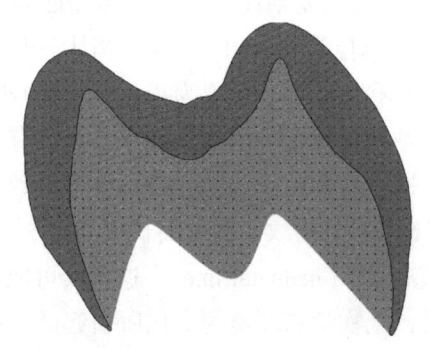

图 8-9 牙切面微区原位面扫描成像技术示意图
（图中小点代表分析位置，其尺寸一般在几十微米）

---

① Dean M C, Scandrett A E. The Relation Between Long-Period Incremental Markings in Dentine and Daily Cross-striations in Enamel in Human Teeth. Archives of Oral Biology, 1996, 41(3): 233-241.

像技术目前主要依靠激光剥蚀电感耦合等离子质谱仪（laser ablation-inductively coupled plasma-mass spectrometry，LA-ICP-MS），得到的结果一般包括 Ca、Ba、Sr、Zn、Pb（铅）和 Li（锂）的元素浓度（单位为 μg/g）。将元素分析结果映射到牙切面上（包含牙齿生长线信息），从而形成牙切面元素分布图。通过该图，可以获得个体的哺乳史、饮食史和生存环境等方面的信息。

## 四、典型应用

在这里，以尼人（Neanderthal）幼年期的食性行为为例，介绍牙切面元素图像分析的基本流程和指示意义[①]。研究流程主要包括以下几步。

（1）样品来源和前处理。一颗尼人上颌第一臼齿，样品来自比利时斯克拉迪纳洞穴（Scladina Cave）。用蒸馏水清洗牙齿，然后风干。

（2）牙切片制作[②]。使用清水和超声清洁设备对牙齿进行清洁，以去除表面的污垢和残留物，然后将牙齿烘干。将聚酯树脂固体颗粒均匀地铺在准备好的包埋盒中，然后将牙齿置于盒内。将液态聚酯树脂倒入包埋盒，覆盖牙齿。确保牙齿完全被树脂包裹，以保护牙齿并提供适当的支撑。用光固化仪对包埋盒进行照射，通常会使用蓝光和黄光交替照射，每种光照射 6 个小时，以确保树脂充分固化。使用微距切片机沿近中主尖的方向，将牙齿首先切开，创建一个切口。然后更换薄刀片，再从切口处切割出厚约 150 微米左右的牙切片。对牙切片进行抛光，以消除切割引起的不规则表面。然后进行清洗，确保牙切片没有残留的树脂或抛光剂。

（3）牙切片发育分析。在对牙切片进行微区原位面扫描成像之前，需要使用偏光显微镜观察牙切片的生长线。使用高倍偏光显微镜观察并计算牙釉质长周期线周期和牙尖处的日分泌率。在显微镜下对牙切片不同部位进行拍照，然后利用图像软件（例如 Photoshop）对照片进行拼接，得到包含牙齿生长线的牙切片图像（图 8-10-a）。利用该图像可以准确地判断牙切片上不同位置的年龄。

（4）牙切片微区原位面扫描成像。首先用去离子水对牙切片进行超声清洁，然后将样品置于 60℃烤箱中干燥 2 小时。调好 LA-ICP-MS 仪器的参数（例如氩气流速、采样深度、光斑尺寸、激光扫描速度，等等），用仪器对牙切片进行元素分析（图 8-10-b）[③]。

（5）整理结果。依照牙切面图像，将牙切片上不同位置上的元素结果配准年龄。整理完成后，建立牙切片年龄和元素浓度之间的关系（图 8-10-c）。

---

[①] Austin C, Smith T M, Bradman A, et al. Barium Distributions in Teeth Reveal Early-life Dietary Transitions in Primates. Nature, 2013, 498(7453): 216-219.
[②] 胡荣、赵凌霞、吴新智：《华南化石猩猩牙齿的芮氏线生长周期》，《科学通报》2012 年第 57 卷第 6 期。
[③] Hare D, Austin C, Doble P, et al. Elemental Bio-imaging of Trace Elements in Teeth Using Laser Ablation-inductively Coupled Plasma-mass Spectrometry. Journal of Dentistry, 2011, 39(5): 397-403.

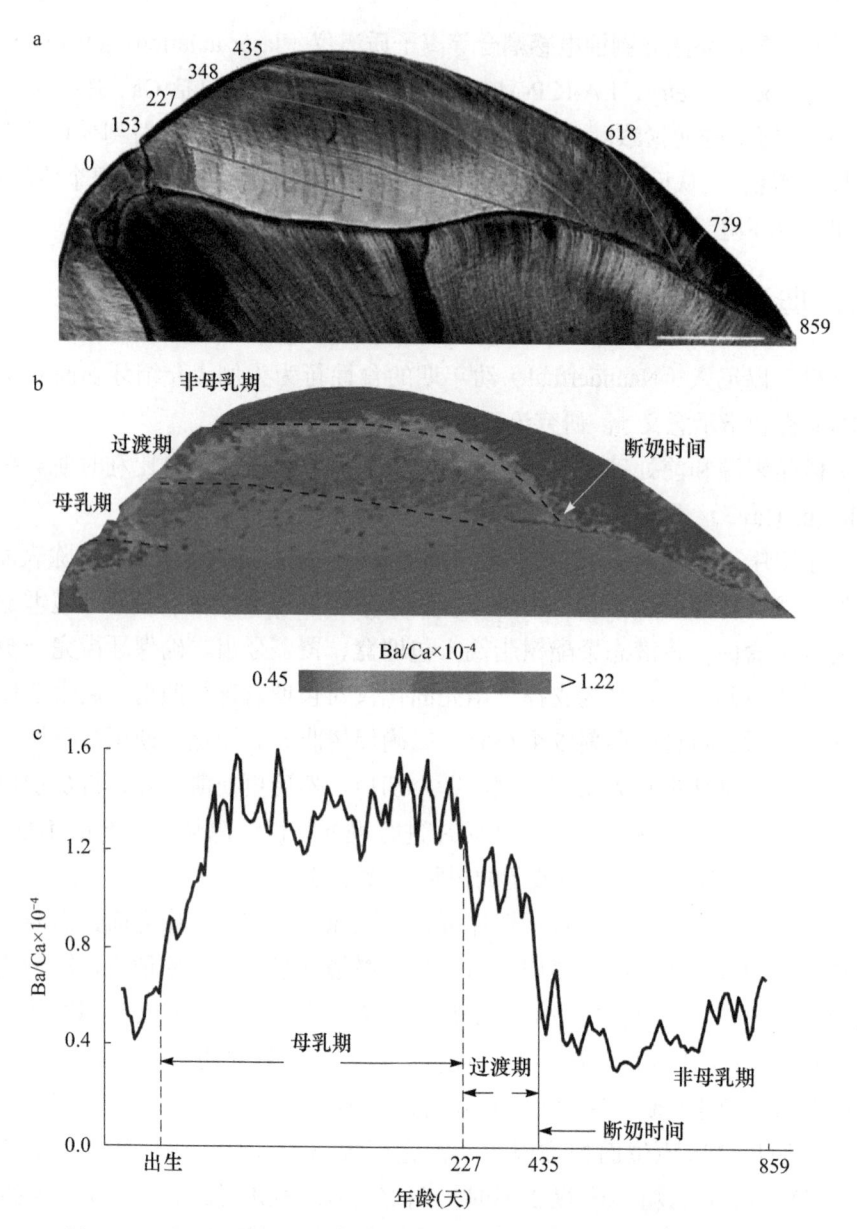

图 8-10　牙切片元素图像分析流程及其对个体早期食性行为的指示意义

图 8-10-b 显示牙釉质上 Ba 浓度显示出三个明显的阶段。第一阶段，Ba 浓度很高，元素图像上呈现出大量红点。第二阶段，Ba 浓度逐渐降低至中等水平，元素图像上以黄色和绿色点居多。第三阶段，Ba 浓度较低，元素图像上以蓝色点为主。图 8-10-c 上也显示出同样的规律。母乳里边的 Ba 离子浓度比一般的食物要高得多，所以元素图像上的第一阶段对应的是哺乳期（约 227 天），第二阶段由于母乳喂养逐渐减少，导致 Ba 离子浓度开始有较为明显的下降，这一阶段属于过渡期（一直持续到约 435 天的时候）。在个体年龄为 435 天的时候，基本上已经完全断奶，后续第三阶段的 Ba 浓度就

一直比较低，反映了这个阶段个体只进食非母乳食物。

以上案例中，通过牙切片元素分析技术，可以得到个体的哺乳周期、断奶时间等早期生活史信息。此外，如果外部环境发生突变，例如食物供应骤减，在牙切片元素图像上有可能会有相应的反映（比如某类元素的骤减或者骤增），在这种情况下，这项技术还能反映个体遭受到的生存压力。例如，乔阿内斯－博约等人利用该技术发现一些非洲南猿（Australopithecus africanus）个体在生前曾受到了食物供应的季节性影响，在 Li/Ca 和 Ba/Ca 两个结果上均显示出周期性变化[①]。

# 思 考 题

1. 简述古 DNA 和古蛋白质方法的优缺点。
2. 深度学习方法还能应用于考古学哪些方向的研究。

# 延 伸 阅 读

李文英、曹斌、曹春水等：《一种基于深度学习的青铜器铭文识别方法》，《自动化学报》2018 年第 44 卷第 11 期。

夏欢、张东菊、陈发虎：《丹尼索瓦人及其研究进展》，《科学通报》2020 年第 65 卷第 25 期。

---

① Joannes-Boyau R, Adams J W, Austin C, et al. Elemental Signatures of *Australopithecus africanus* Teeth Reveal Seasonal Dietary Stress. Nature, 2019, 572(7767): 112-115.

# 后 记

《旧石器时代考古》是山东大学"中国考古学通论系列教材"中的一册。在编写过程中，得到历史学院与考古学院党委的大力支持，得到"2024年山东大学高质量教材"经费的资助。

本教材由李占扬、王伟主持编著，山东大学人类演化研究实验室教师负责撰写。第一章李占扬、王伟撰写，第二章廖卫撰写，第三章陈琼撰写，第四章张亚盟撰写，第五、六、七章赵宇超撰写，第八章易智星撰写。两位国内同行专家审读了教材初稿并提出修改意见。科学出版社雷英老师、责任编辑樊鑫老师、考古学院宋艳波老师做了大量具体工作，对他们的辛劳深表感谢！

编著者

2024年11月1日

图版一

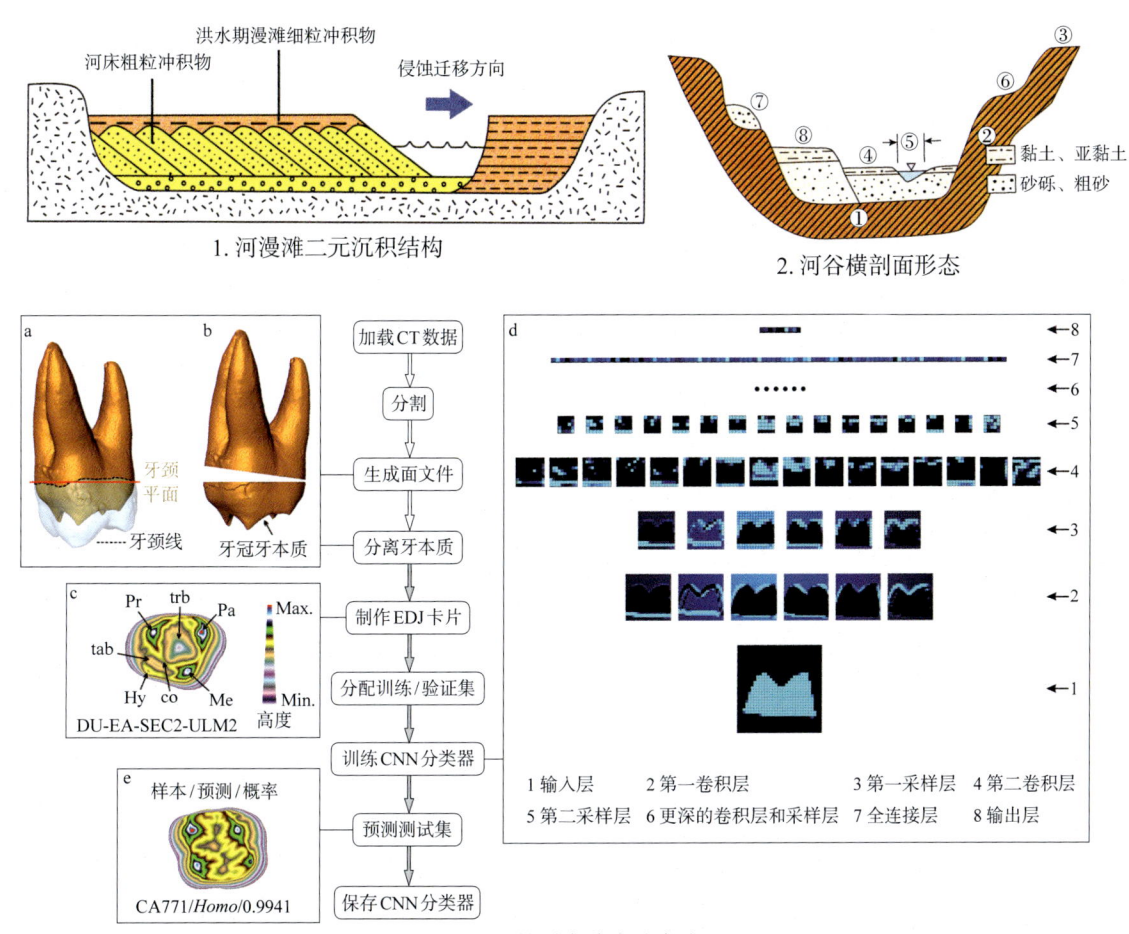

1. 河漫滩二元沉积结构

2. 河谷横剖面形态

3. 基于CNN的牙齿分类鉴定流程

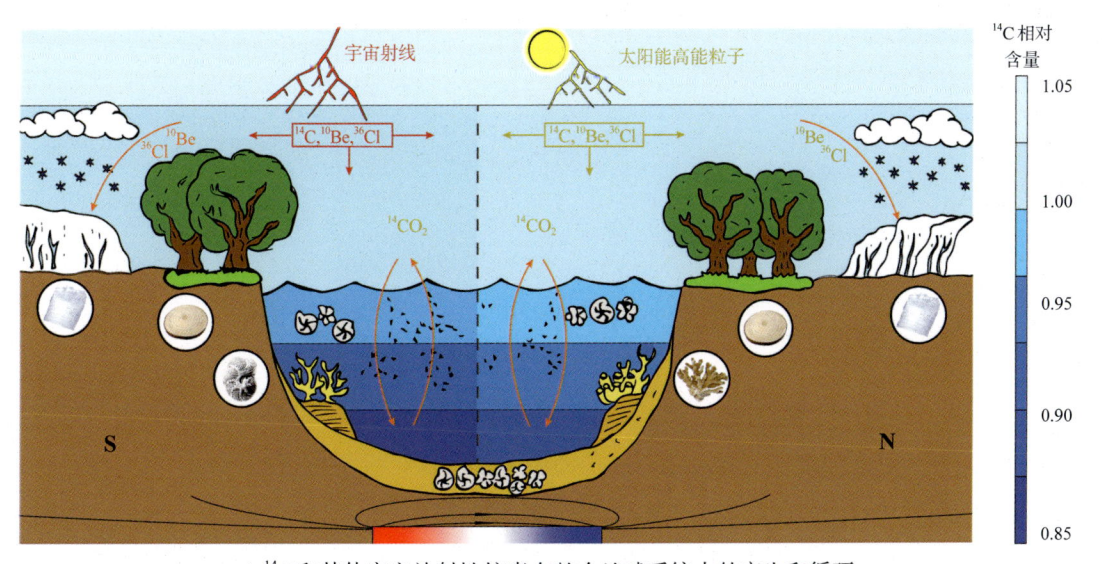

1 输入层　　2 第一卷积层　　3 第一采样层　　4 第二卷积层
5 第二采样层　6 更深的卷积层和采样层　7 全连接层　8 输出层

4. $^{14}C$和其他宇宙放射性核素在整个地球系统中的产生和循环

科技考古

**图版二**

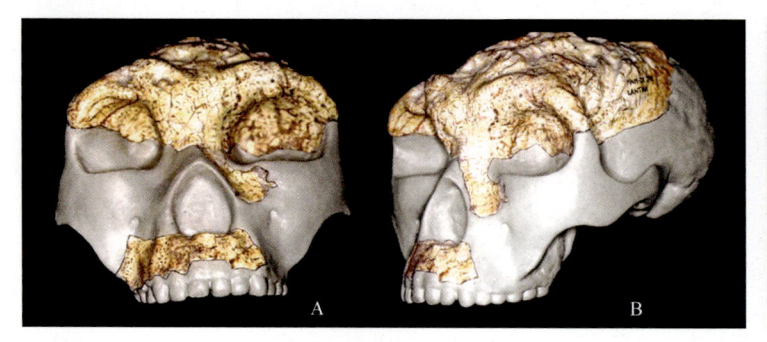

1. 蓝田人头骨
A 前面；B 左侧面

2. 大荔人头骨

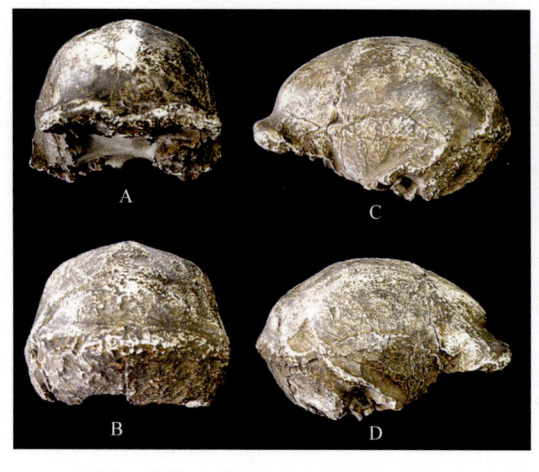

3. 周口店第1地点北京人头盖骨（模型）
A 前面；B 后面；C 左侧面；D 右侧面

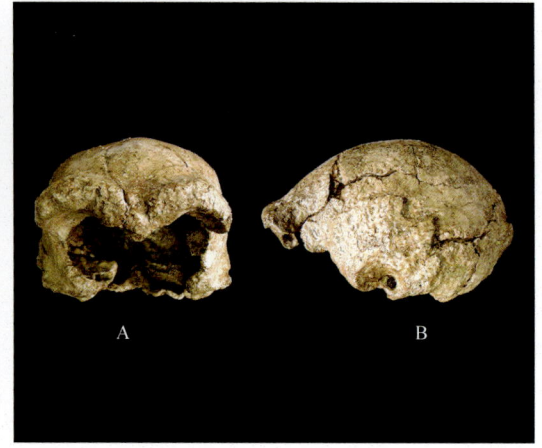

4. 和县人头盖骨
A 前面；B 左侧面

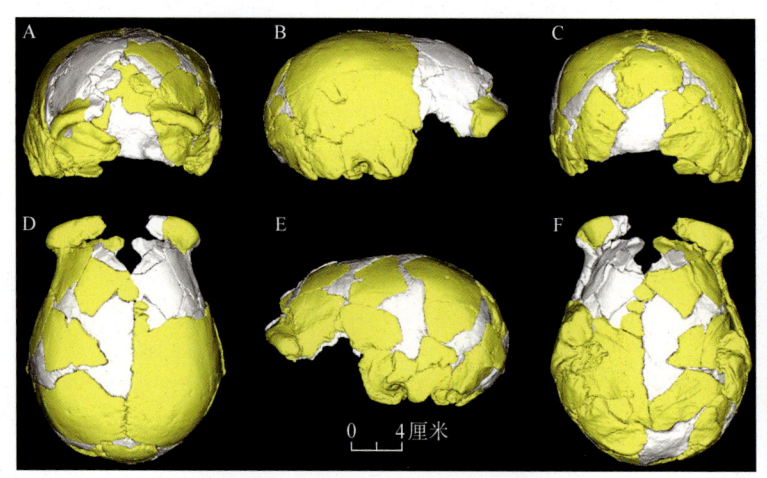

5. 许昌人1号头盖骨3D虚拟复原图
A—F 为前面、后面、顶面及各侧面

6. 在坦桑尼亚发现的人类脚印

古人类头骨及脚印（遗迹）化石

图版三

1. 以河卵石为毛坯的小石锤

2. 压制修理实验（左）与博罗姆博思洞穴发现的压制两面器标本（右）

3. 阿特林尖状器

4. 坎汀考皮遗址发现的西维多利亚石核典型标本

外国石制品

## 图版四

1. 上陈遗址剖面

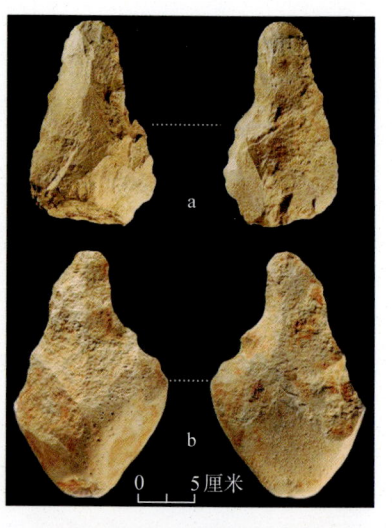

2. 枫树岛遗址发现的手斧典型标本

3. 皮洛遗址出土的手斧典型标本

4. 小长梁遗址的石器典型标本

中国旧石器